LIFE IS IN THE TRANSITIONS

［抄訳版］

人生の岐路に立ったとき、あなたが大切にすべきこと

ブルース・ファイラー［著］ BRUCE FEILER
高橋功一［訳］ KOICHI TAKAHASHI

CROSSMEDIA PUBLISHING

本書は抄訳版であり、原書の一部の章が削除されています。

人生とは時期を問わず、いついかなるときも変化のなかにある

ウィリアム・ジェームズ

CONTENTS

ライフストーリー・プロジェクト
The Life Story Project
お伽噺につまずくと、私たちの身に何が起こるのか……6

I

人生のかたち……41
The Shape of Your Life

非線形の人生を受け入れる
秩序のない人生を送るとはどういう意味か……42

意味を示すABC
あなたの人生の形は？……90

形状変化
変化の時代に、いかに意味を作るか……131

人生は、雨のなかで踊るのを学ぶことです
人生の移行における新たなモデル……163

II 人生を立て直す Reshaping Your Life …… 199
マークする
変化を儀式化する …… 200
語る
新たな物語を組み立てる …… 236

結論 夢のあいだで In Between Dreams
「人生の移行」を成功させる秘訣 …… 265
ライフストーリー インタビュー …… 301
出典 …… 317

ライフストーリー・プロジェクト

お伽噺につまずくと、私たちの身に何が起こるのか

The Life Story Project

What Happens When Our Fairy Tales Go Awry

それまで、人生が電話ひとつで変わるはずはないと思っていた。だがある日、本当にそういう電話がかかってきた。母親からだった。「お父さんが自殺しようとしてるの」

「父さんが何だって？」

唐突に始まった母の話は、私の頭にすんなりとは入ってこなかった。風呂場やカミソリ、苦しみから解放されるための捨て身の行動、そんなところだ。

「まさか」

「しかもそれで終わりじゃなかったのよ。その後、私がスクランブルエッグを作っている

あいだに、窓によじ登って飛び降りようとしたんだから」

作家である私は、文章の書き方は父親から学んだのかと、よく聞かれる。答えはノーだ。父はいかなるときも、極めて人なつこく親切な人物で、私たちはジョージア州の海辺の町、サバンナに80年も暮らしていた彼を、プロのサバンナ人と呼んだほどだ［訳注：サバンナは南部人のおもてなしの温かさを表す「サザン・ホスピタリティ」でも有名］。つまり父は、物語の語り手や文筆家ではなく、むしろ聞き役であり活動家だったのだ。米国海軍の退役軍人で、かつて市民活動のリーダーであり南部民主党員だった父は、それまでの人生でほんのわずかでも落ち込むことなどなかった。

ただしそれは、パーキンソン病（身体の動きだけでなく、心さえも蝕む病）を患うまでの話だ。父方の祖父も晩年になってから同じ病気にかかり、私が高校を卒業するひと月前に、銃で自らの頭を撃ち抜いた。父は何年も、同じ過ちはしないと約束していた。

「それが苦しみを招き、家族の恥辱にさえなるということくらい、わかってる」

それから父は考えを改めた。少なくとも、いまだに自分の意思で判断できるその心の一部を翻意させたのだ。「充実した人生だったよ」と、彼は言った。「悲しまれたくはない。むしろ祝福してほしいんだ」

父はその後12週間で6回、自らの命を絶とうとした。私たちは、カウンセリングから電気けいれん療法［訳注：頭部を電気で刺激して脳のけいれんを誘発し、様々な精神疾患によって障害を受けた脳の機能を回復させようとする治療法］に至るまで、ありとあらゆる治療法を試みた。だがそれでも、彼の抱える根本的な問題は解消されなかった。父は生きる理由を失ってしまったのである。

私の家族は常に何かをせずにはいられない性分で、彼らはすぐに行動を起こした。兄は家業の不動産ビジネスを引き継ぎ、妹は治療法に関する情報収集に手を貸した。

しかし、私は物語を扱う人間だ。この30年を、古代世界の部族の集まりから、今日の混沌とした家族の夕食に至るまで、人生に意味を与えてくれるような物語の探求に自分の人生を捧げてきた。長いあいだ、物語がいかに社会的レベルで私たちを結びつけ、そして分断するのか、あるいはいかに個人的レベルで私たちを特徴づけ、そしてその心をくじくのかについて、心を奪われ続けてきたのだ。

こうした関心から私は、もしも父が自らの物語に対する問題に直面しているのなら、少なくともある部分では、同じように物語上での解決を図らねばならない――そう考えるようになっていた。おそらく父には、人生の物語にもう一度、生気を与えてくれる何かが必要なのだ。

ある月曜日の朝、私は椅子に腰をかけ、考えつく限りの最もシンプルかつ最も回復効果が見込める、ある行動をとった。

父に、ひとつの質問を送ったのだ。

子どものころ、一番のお気に入りだったおもちゃは何？

これをきっかけに起こった現象は、彼だけでなく彼を取り巻くすべての人たちを変えた。結局のところ私はこの事実から、いかにして人は人生の意味や精神の安定、そして喜びを達成するのか、もう一度考え直さざるを得なくなった。

これが、その後に起こったこと、私たちの誰もがそこから学べることについての物語である。

すなわち、「ライフストーリー・プロジェクト」だ。

あなたの人生の物語

少しのあいだ立ち止まり、頭のなかで語られる物語に耳を傾けてみよう。それはぼんやりとした背景のすぐそこに、あるいはどこかにある。それは初めて人に会うとき、彼らに語る物語だ。それは重要な場所を訪れたり、古い写真をぱらぱらとめくったり、成功を祝ったり、大急ぎで病院に駆けつけたりするとき、自分自身に語る物語だ。

それはあなたが何者で、どこからやって来て、将来どんな場所に行きたいと夢見ているかを語る物語だ。

それはあなたの人生の最良のとき、最悪のとき、そして重大な転機だ。

それはあなたが信ずるもの、闘うに値するもの、そしてあなたにとって最も大切なものだ。

それはあなたの人生の物語だ。

そして、その物語は単なるあなたの一部などではない。それこそ根本的な意味でのあなた自身だ。

人生こそ、あなたが自分自身に語る物語なのだ。

だがその物語をどう語るか――あなたはヒーローなのか、犠牲者、献身者、勇士、世話人、あるいは信仰者なのか――は極めて重要だ。また物語をどう捉えていくか――人生のなかで物事が変化したり、揺れ動いたり、あるいは誤った方向に向かったりするとき、あなたの個人的な物語をどう見直し、修正し、書き直しを図るか――はさらに重要だ。

私は最近、ある出来事に遭遇し、それをきっかけにこうした問題に注目するようになった。頭のなかで飛び跳ねるその物語がコントロールできなくなったのだ。しばらくのあいだ、自分がいったい誰なのか、自分がどこに向かおうとしているのか、わからなくなっていた。

私は途方に暮れた。

そして気づき始めたのだ。近年、物語を語るのが学術的にも一般的にも大きな関心を集めるようになっていたが、その一方で、個人的な身の上話には、それほど注目されない側面があるのだと。人生に誤った筋書きが与えられたら、どうなるのか？　不愉快になるほど続けざまに、災難や不手際、あるいは運命の逆転劇に見舞われ、停滞を余儀なくされたらどうなるのか？

自らのお伽噺につまずくと、私たちの身に何が起こるのか？

これがあの秋、私の父に、そして当時の私の身に起こった事実であり、さらには私たちの誰もが、一度や二度は経験する出来事なのだ。

私たちはともすれば森のなかで立ち往生し、そこから出られなくなる。

しかし私は今回、この問題に立ち向かおうと決めた。なんとか抜け出せる方法を学ぶのだ。

いかにしてライフストーリー専門家になったのか

そして私が取り組んだのは、アメリカ中を回り、ごくありふれた人たちから数百に及ぶ人生の物語を収集し、そこから、私たちの誰もが人生の道を踏み外したとき、その困難を乗り越えるのに役立つテーマやヒントを探し出すことだった。そこには、過去のちょっとした出来事が関係していた。

私はジョージア州のサバンナで、南部ユダヤ人の第五世代の1人として生まれた。そこにはユダヤ人と南部人の物語が存在し、そうしたアウトサイダーとしての2つの伝統が私のなかでぶつかり合っていた。私は大学進学のために南部から北部に生活を移し、さらに卒業後は日本に移り住んだ。東京から約80キロ離れ、50年遅れたその町で、私はエアメール用のしわくちゃの紙に手紙を書いては、家族に送るようになった。**今日、私の身に起こった事実を、おそらくあなたは信じないだろう。**まず故郷に帰ると、行く先々で人々がこう声をかけてきたのだ。「あなたの手紙、素敵だったわよ！」と。

「そりゃよかった」と私は言った。「ところで以前、お会いしましたか？」

あとでわかったのは、祖母が私の手紙をコピーしては近所に回覧していたという事実だった。つまり昔ながらのやり方で、人づてに広まっていたのだ。**それほどみんなが面白いと思ってくれるなら、いっそ本にしたらどうだ**――そう考えた私は、幸運にも出版契約にまでこぎつけた。さらに、天職と言うべきものを見つけたのも重要だった。私は物語のおかげで、つまり不安感や、アウトサイダーであるという孤立感や孤独感を、誰もが理解できる形に置き換え、自分を見失わずに済んだのだ。

私はその後20年にわたり、六大陸、72カ国から、書籍、記事、テレビを通じて物語を書いた。サーカスの道化師として1年間をすごした。著名なカントリー歌手であり作曲家でもある、かのガース・ブルックスと一緒に旅をした。ノアの箱舟から出エジプトに至るまで、その足跡をたどった。結婚もし、一卵性双生児の女の子の父親になった。人生は順風満帆だった。

だがそんな一筋の道は、続けざまに降りかかる一連の出来事によって、粉々に砕け散った。――自分の人生の物語は自分でコントロールできるという幻想とともに。

まず、左足に悪性骨肉腫が見られると診断された。それは珍しい病気で、成人発症性小児がんだった。私は死と向き合い、怯えながら、16回以上もの化学療法と、大腿骨を摘出してチタン製の人工骨に置き換え、ふくらはぎの腓骨を大腿部に移植するという17時間に及ぶ手術に耐え、過酷な1年をすごした。その後2年間は松葉杖の世話になり、さらにもう1年は杖をついて歩いた。以来、1歩踏み出したり、何かを口にしたり、誰かを抱きしめたりするたびに、恐れや危うさがそっと忍び寄るのをどうしようもできなかった。

次に私は、破産寸前にまで追い込まれた。父が築いたささやかな不動産ビジネスは、大不況［訳注：2007年~2009年に及ぶサブプライム住宅ローン危機に端を発した世界的金融不況］のあおりを受け、壊滅的な打撃を被ったのだ。三世代にわたり抱いてきた夢は大きく萎んだ。私の蓄えは底をつき、その一方で、20年にわたり携わってきた出版業界はインターネットにより衰退の道をたどっていく。友人は1人、また1人と表舞台から姿を消していった。私は夜、週に3度冷や汗をかいて目を覚まし、天井を見つめながら、なぜこんなふうになったのだろうと思いを巡らせた。

さらにそこへ父の自殺騒ぎが加わった。この秋に私たちが交わした会話はほぼ成立していなかったし、目の前の選択肢に対して言葉が十分に尽くせていなかった。しかし私はこの状況下で、すでにこれまで経験したある感覚を強く覚えていた。それは私を、危機に対して常にとる基本的反応、すなわち——混乱に陥れば物語に目を向けよ——という原則に引き戻したのである。挫折に対する適切な対応、それは物語なのだ。

当時、この考えは広く世間に認知されつつあった。その前年、私は問題解決能力の高い家族について調査を行っていたときに、エモリー大学の心理学教授であるマーシャル・デューク氏の自宅を尋ねた。デューク教授と同僚のロビン・フィバッシュ教授は、デューク教授の妻であるサラが最初に気づいた現象について研究を行っていた。サラは障害を抱えた児童を担当する教員で、子どもたちが家族の歴史について知れば知るほど、人生を上手に歩んでいけるようになるのではないかという事実に気づいていた。デューク教授とフィバッシュ教授は、この命題の真偽を確かめようと一連の質問を考案した。——あなたの祖父母がどこで出会ったか知っていますか？　あなたの両親がまだ若いとき、どんな病気にかかり、どんな手術を受けたのか知っていますか？　あなたが生まれたとき、どんなことが起こったか知っていますか？　こうしたテストで最高得点を記録した子どもたちは、自分を取り巻く世界をコントロールできるという大きな信念を持っていた。それは子どもの精神的健康を予測する際の、最も重要な指標だった。

なぜ家族の歴史を知ると、自分自身の人生の歩みに役立つのか？「どんな家族の物語も3つのうちいずれかの形をとる」と、デューク教授は語った。ひとつめは上昇する家族の物語である——**私たちは無一物からスタートし、懸命に働き、大成功を収めました**。2つめは下降する家族の物語である——**かつて私たちはすべてを手にし、その後すべてを失いました**。

「最も健康によい物語は3つめのタイプだ」と、教授は続けた。それは上昇と下降を繰り返す物語だった。——**私たちの家族には、よいときもあり悪いときもありました。祖父は銀行の副頭取でしたが、火事で家を失いました。おばは家族のなかで初めて大学に通ったのですが、乳がんを患いました**。人生には様々な局面があると知っている子どもたちには、逃れられない人生の混乱に向き合う力が格段に備わっているのだ。

私はこの研究に大いに興味を覚え、これを『ニューヨーク・タイムズ』紙に寄稿すると、読者もまた共感を示した。「私たちをつなぐ物語」と題した記事は、現代風の言い方をすれば、拡散していったのだ。世界中の保護者、学者、リーダーからメッセージが寄せられ、そこでは誰もが同じことを語っていた。曰く、物語は私たち1人ひとりをつなぎ、世代と世代を結びつけ、最も希望が持てないときであっても、私たちの人生を向上させるために敢えてリスクを取る勇気を与えてくれるのだと。

その秋、そんな絶望的状況に直面した私に、この考えはひとつの望みをもたらしてくれた。**父に自分の物語を語ってくれるように頼んだら、どうなるだろう？** 長い必要はない、そう私は考えた。ほんの1ページか2ページでかまわないのだ。私が送った最初の質問——子どものころのおもちゃについて——はうまくいった。そこで私は、今度は別の質問を送った。**高校時代から、いまだに付き合いのある友だちはいる？** さらに次の質問。**子どものころ家はどんな感じだった？** 父は少しずつ自信を取り戻していき、私はメールの質問を、毎週月曜日の朝、父に送るようにした。**どうやってイーグル・スカウト**［訳注：たくさんの勲功バッジを受けた最高位のボーイスカウト団員］**になったの？　どうやって海軍に入隊したの？　どうやって母さんと出会ったの？**

そのころ父はまだ自分の指が自由にならず、当然タイプは打てなかったので、1週間かけて質問について考え、その物語をシリ（Siri）に口述し、原稿を印刷しては手直しを加えていた。幼いころから収集癖のあった父は、そのうちに写真や新聞の切り抜き、母に送ったラブレターなども付け加え始めた。こうして父の文章が明晰さを増すのに合わせ、彼に送る質問の内容も、その人生をさらに深掘りするようなものに変えていった。**一番大きな後悔は何？　初めての難局はどうやって切り抜けたの？**　こうしたやりとりは、メモよりも長い文章を書いたことのなかった父が自叙伝の執筆に戻るまで、およそ4年間続いた。これはそれまで家族の誰ひとり経験したことのない、最も驚くべき変化だった。

それにしても父のこの変わりようは、どう言えば説明がつくのだろう？　私は物語についてさらに学ぶため、神経科学と生化学の分野に飛び込んだ。人生を回想するのは、心理的、感情的にどんな恩恵をもたらすのか、専門家にインタビューを試み、その結果、ナラティブ老年学、ナラティブ思春期学、ナラティブ医学という、それぞれ老年期や思春期に特徴的な問題やその治療法を、物語《ナラティブ》という視点から扱う新たなメディカルサイエンス分野のパイオニアに行き着いた。私が見つけたのは、個人的物語の持つ意味を見直し再創造するプロセスは、充実した人生を送るための極めて重要な要素であるという考えに基づいて構築された、成長の見込まれる新たな領域だった。

一方で不足しているものにも気がついた。そうした新たな学問分野の話には、父や私、そして私の知る人たちの経験だけでは理解できない側面があったのだ。私たちに足りない要素とは、デューク教授が挙げた、家族の物語の重要な特性に関係していた。すなわち、物語の形である。

私たちの個人的な物語には、私の家族の物語同様、形がある――私はそう考えるようになっていた。口には出さずとも、誰もが自分の人生はこう展開するだろうという勝手な思い込みを抱いており、そうした期待はあらゆるものに由来し、自分が認識する以上に私たちに影響を与えている。例えば私たちは、人生は絶えず上昇し続けると思い込まされており、実は振り子のような動きをするのだとわかるとショックを受ける。社会は私たちに、進歩という恩恵に浴せばよいと言うが、自らの経験が語るのは、人生は災難に見舞われるという事実なのだ。この隔たりこそ、私たちの多くが感じている不安を説明する一助になるのではないだろうか？

これらはすべて、ある日、それに似つかわしくない場面で私の頭のなかに浮かんだ問題だった。きっかけは30年ぶりの大学の同窓会である。クラスメートのデイヴィッドは、腰を痛めていた私のために、２人が住むブルックリンから車で送ろうと言ってくれた。**互いの近況を確かめ合うよい機会だ**と、私は考えた。だがデイヴィッドにすれば数百万ドルの不動産取引が成立する瀬戸際で、車の移動中、電話の切り替え装置を使いながら、かたや熱意溢れる弁護士、かたや取り乱した様子の同僚を相手に、ずっと会話を続けていた。デイヴィッドには9カ月になる赤ちゃんを持つビジネスパートナーがいて、前日、その赤ちゃんが昼寝をしたまま目を覚まさなかったのだ。彼は幸福の絶頂にあると同時に、一方では打ちのめされていた。

その日の午後、私は名の知れた有名なクラスメートたちに、檀上で話を聞いていく役目を負っていた。私は事前に彼らの経歴書を集めておいたが、どれもきれいにタイプされ、内容も素晴らしいものばかりだった。しかし私はデイヴィッドが語ってくれた話に大きな衝撃を受けていたため、登壇し、満員の観客席を眺めると、用意していた経歴書を半分に引き裂いてしまった。「あなた方の成功は、どうでもいいのです」と、私は言った。「それはどうぞ、お母さんに話してあげてください。私はあなた方の苦闘や試練、夜になってもあなた方の眠りを妨げる物事についてお聞きしたいのです」

その晩、87年卒業生は巨大なテントの下に集まった。テントの片端にはバーが、反対側にはバーベキューが用意されていて、私はその端から端まで歩くのに2時間かかった。次から次へとクラスメートがやって来ては、自らの悲痛な話を打ち明けていったからだ。

私の妻は日常的な頭痛に悩まされ、病院で診てもらった翌日に亡くなったよ。娘は13歳で手首を切りました。

母はアルコール依存症だ。

私の上司はペテン師なの。

業務過失で訴えられています。

うつ病の治療を受けてるんだ。

私、怖いんです。

いずれにせよ誰もが同じ内容を語っていた。曰く、私の人生は崩壊してしまった、私の夢は砕け散った、私は自信を失った。上昇を続け、頼りになり、「どんな問題も錠剤、アプリ、あるいは5分間の瞑想で解決できる」と信じてきた人生と、不安定で予測がつかず、非常に流動的でありながら、それでもその状況に満足せざるを得ない人生とのあいだには差異がある。

私が生きている人生は、私が期待していた人生ではない。

私は秩序のない人生を生きているのだ。

その夜、私は妻に電話をかけた。「何かが起こってる。もはや誰も自分の物語をいかに語るべきかがわからないんだ。僕はそこから助け出す方法を考えなきゃならない」

あなたのライフストーリーを話して

私がやったのは「ライフストーリー・プロジェクト」を立ち上げることだった。国内をあちこち飛び回り、語るべき興味深い人生の物語を持った人たちを探し出すと、彼らに人生の転機、混乱、そして再出発に至る道筋について何時間でもインタビューを行い、そうして集めた物語からパターンや手がかりを見つけ出そうとした。最初は自然な流れに従い、自分の知人からスタートし、その後、厳密さや正確さを重視するようになるにつれ、あらゆる階層の人たちを対象にしていった。私はその際、考え得る最も古典的手段、すなわち話を聞きに行くという方法をとり、そしてそれを最も現代的なやり方で実行した。場所は居間、寝室、病室、船、バー、エアストリーム（高級キャンピングカー）、ネイティブ・アメリカン居留地、ブロードウェイ劇場、フランシスコ会女子修道院などであり、話は対面、もしくは携帯電話や固定電話、あるいはズーム、フェイスタイム、スカイプなどを使って行った。

200年前、かの有名な「単独者」たるデンマークの哲学者、セーレン・キェルケゴールは、自らの孤独を一時的に中断するため、午後になるとコペンハーゲンの通りに繰り出し、知り合いを見かけては引き止めて長話をしたり、見知らぬ人とも闊達に語り合ったりしたという。私もまさに同じような気分だった。私は3年にわたり、人々にインタビューをし続けたのである。

そして最終的に私がたどり着いたのは、あらゆる年齢、背景、社会的地位を持つ、国内全50州にわたる人たちの225話に及ぶ人生の物語だった。そこには信じられないような数々の人生経験が含まれていた。四肢や、仕事や、家を失った人たちもいれば、それまで打ち込んできた職業、信仰、性別を変えた人たちもいた。酒や薬物を断った人、離婚した人、カルト教団から抜け出した人もいた。それ以外にも多くの人たちが希望、復活、そして再生という日々の変化を経験していた。以下、いくつか実例を挙げておく。

- ウォール街の債券トレーダーから恋愛小説作家に転身
- 看護師になったトラック運転手
- サダム・フセインを発見したアーミー・レンジャー［訳注：米陸軍に所属する隠密行動を取る特殊部隊］
- 二度もがんに侵されながら、エベレスト登頂を果たした元がん患者
- 救助犬の訓練のために職を辞したＣＩＡ情報分析官
- 葬儀屋に転向した雑誌記者

・ニンジャセックスパーティーというユーチューブ・バンドに専念するため、終身在職権のある教授職から身を引いた理論物理学者
・ルーテル教会牧師になったカントリーミュージックのソングライター
・アメリカ史上、最も多くの勲章を受けたパラリンピック選手
・妻が自殺し、３人の息子を育てるために辞任した製薬会社ＣＥＯ
・アメリカ合衆国上院議員
・グラミー賞受賞者
・元白人至上主義者
・酔って強盗を働いた20数軒の家を直接訪問し、謝罪して回った元アルコール依存症患者
・刑務所に収監された３人
・死んだあとに生き返った経験を持つ４人
・自殺未遂で生き残った５人
・性転換した６人
・そして最後は、赤ちゃんが昼寝をしたまま目を覚まさなかった、私の友人であるデイヴィッドのビジネスパートナー

そうした人たちに行ったのは、私自身が「ライフストーリー・インタビュー」と呼ぶも

のだった。30年以上前、ハーバードの博士号を持つあまり名の知られていなかったダン・マクアダムスは、人々がどのように自意識を形成し洗練させてきたのかを理解するための方法として、その人の人生についてインタビューする手順を作りあげた。その後、マクアダムスがノースウェスタン大学の心理学部長になると、物語に対する研究は青年期から老年期まで幅広い期間を対象に、最先端の成果をもたらし続けたのである。

　マクアダムス教授に連絡を取ると、彼は寛大にも私のプロジェクトに助言を与えようと申し出てくれ、彼が１９８０年代に設計した手順のひな形に、私が関心を寄せている問題に合わせて変更を加えるよう勧めてくれた。「学者になろうとしてはいけない」と彼は言

ライフストーリー・プロジェクト：地域

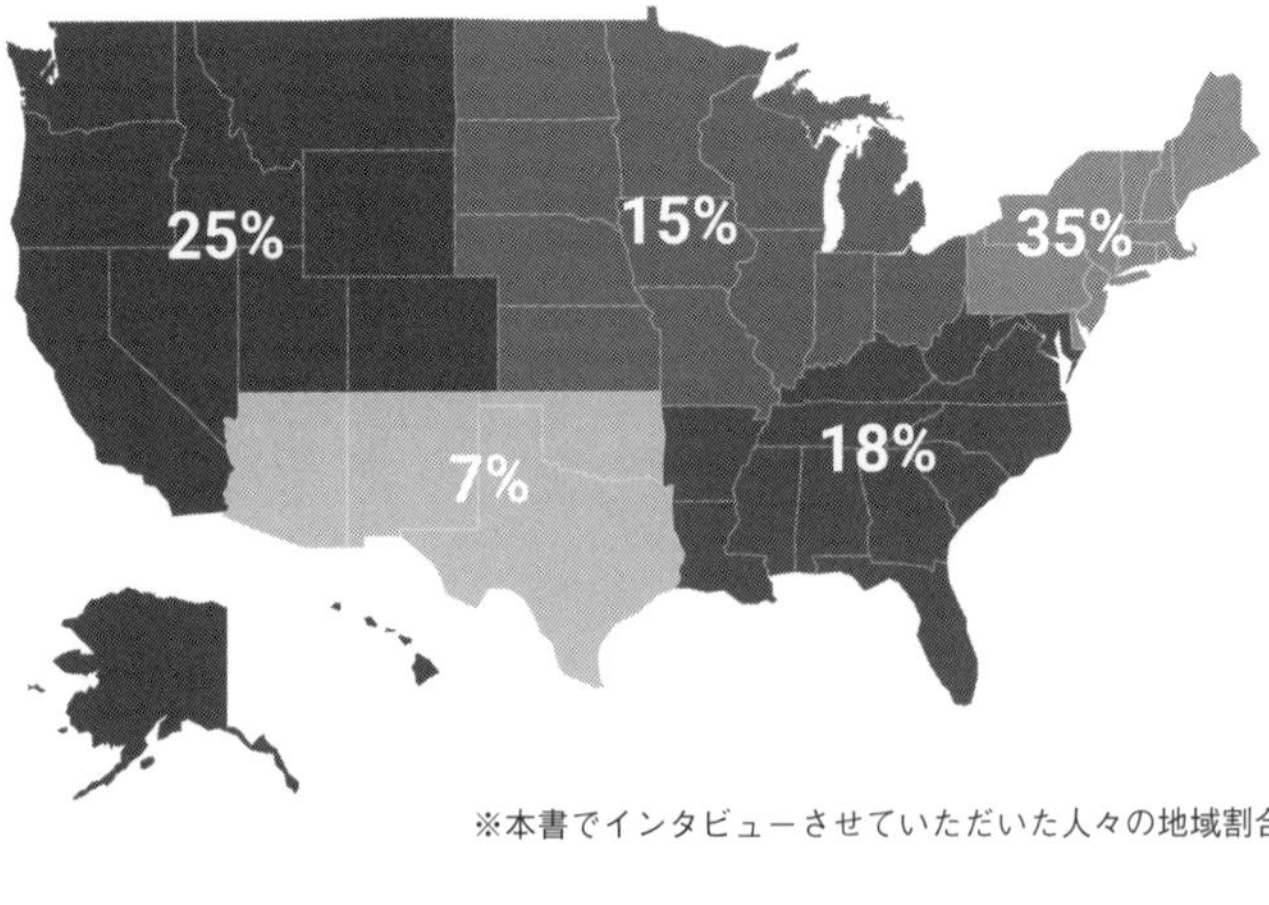

※本書でインタビューさせていただいた人々の地域割合

ライフストーリー・プロジェクト：年齢

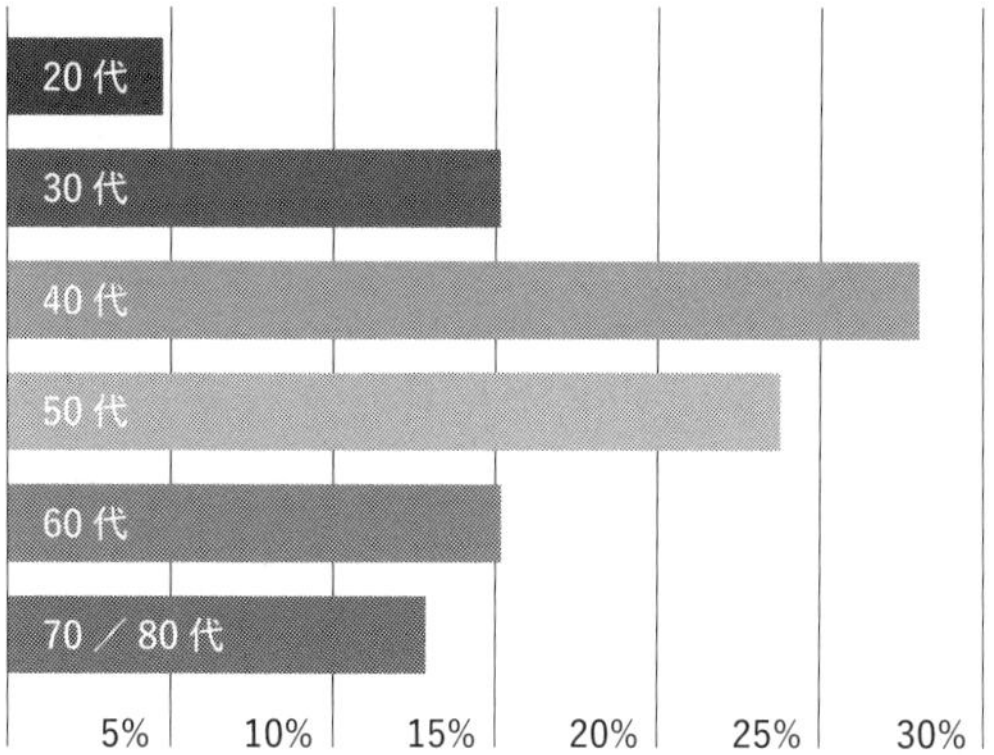

ライフストーリー・プロジェクト：職業

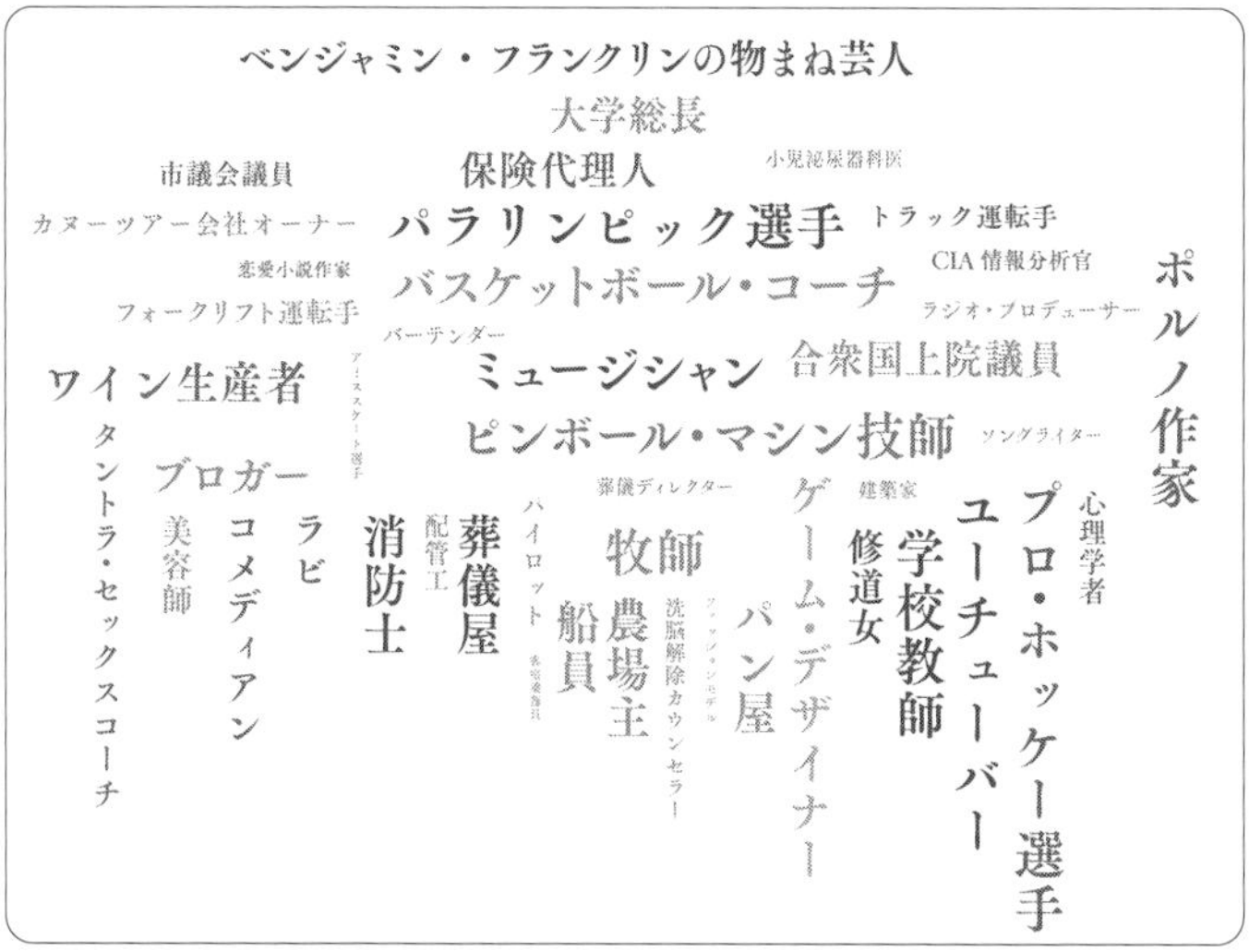

った。「あなたの思うようにやりなさい」彼の予測は正しく、すぐにライフコース、人間開発、そして自己変革に関する文献で読んだことのない、新しい、そして驚くべきテーマが浮かび上がってきた。

私が発見したのは、今までに例のない多くの力――科学技術的、政治的、精神的、性的な力――が現代生活を完全に作り替えようとしているにもかかわらず、私たちが自分の人生に意味を見出すために使っている技術が追いついていない事実だった。私たちはこれまで以上により頻繁に転換期を体験している。しかしそれに対応するツールには、なんら進展が見られないのだ。

私が行ったインタビューは、この現象を理解し対処できるよう工夫が施されていた。最初の質問は「あなたの人生の物語を、15分で私に語ってください」という自由回答形式で、ほとんどの人が回答に1時間以上を費やした。次に人生における重要な瞬間――すなわち最良のとき、最悪のとき、人生の転機や、大きな意味を持つ経験、さらには重大な岐路にあたってうまく対応できたものとできなかったもの――について尋ねた。

すぐに、そうした転換期をいかに切り抜けたのかが最優先のテーマになったため、これまで十分に議論されてこなかったこの現象を掘り下げるのに多くの時間を費やした。私は被験者に、その人生最大の転機は自らの意思によるのかよらないのか、その時期を乗り越えようとなんらかの儀式的行為を行ったかどうか、苦しんだ最も大きな感情はどのようだったか、どのように時間を組み立てたのか、それまでの習慣でとりやめたものと新たに取り入れたものは何か、その転機をくぐり抜けるのにどれくらいの時間を要したのかについて尋ねた。

最終セクションでは、彼らの人生を決定づけた重要な物語の筋について質問し、最後は最も啓発的であり、深い見識をもたらしてくれる、私のお気に入りの2つの質問で締めくくった。

あなたのライフストーリー全体を、あらゆる時期、場面、課題などから振り返ってみて、中心となるテーマに気づかれましたか？

あなたのライフストーリーを少し違った方向から振り返ると、あなたの人生はどんな姿や形をしていると思われますか？

インタビューから得られた彼らの物語の途方もない幅の広さと率直さに私は深く感動し、同時にほとんど圧倒される思いだった。すべてが終わったとき、手元には最終的に100

0時間を越えるインタビューが残されていた。ひとつ残らず録音され、すべてが記録されていた。文字に起こすと全部で6000ページに及び、積み重ねたら思春期の娘たちの肩まで届いた。それを最初から最後まで読み通すのに2カ月かかった。

次のステップは集めたデータの調査である。私は、友人で企業経営の第一人者であるジム・コリンズやダン・アダムスが使用していたプロセスを手本に、物語の分析を支援するチームを結成した。私たちは1年を費やし、膨大な量のデータベースを構築し、それぞれの物語を57の異なる変数を使ってコード化した。この変数の領域は、転換期のなかで人々が遭遇した最大の難局から、最も役に立ったと感じたアドバイスの種類まで、あるいは人生の決定的な出来事が起こった時期から、将来の夢は何だったのかに至るまで、実に多岐にわたっていた。そのうえで私たちは、調査結果に基づく見解について1日中、**殺人委員会**で議論を重ねた［訳注：「殺人委員会」は不適切な提案を阻止（殺人）するのを目的に設置される委員会を指し、そこでは手厳しい質問、歯に衣を着せぬ議論、そして容赦のない判断が下される］。委員会では疑問点や不備はすべて指摘され、誰もがその見解を持ち帰り、記録文書や既存の研究と何度も突き合わせ、ダブルチェック、トリプルチェックを行った。おかげで私は、私たちが発見した型やタイプの9割は、これまで他所では発表されてこなかったと自信を持って言える。私たちにはそれを裏づけるデータも揃っているのだ。

人生の転機は訪れる

データ――そしてその背後にある数々の物語――を掘り下げる前に、総合的な所見を述べるところから始めたい。私が学んだものを簡単に図式化すると、以下のようになる。

線形の人生はあり得ない

←

非線形の人生には、より多くの人生の移行期が存在する

←

人生の移行とは、我々に習得可能な、そして習得しなければならないスキルである

私は、この主張は論旨が簡潔すぎ、やや言葉足らずに聞こえる危険性があると承知している。**「線形の人生」ってどういう意味？　どうしてより多くの人生の移行期が存在するって言い切れるの？　それが何なのかわからないのに、どうやってマスターしろと言うんだ？**　あなたの言い分はよくわかる。だが私にすればパターンは明確で、警告灯は点滅している。私たちの誰もが、自分の人生そのものを——そしてその意味を——理解する方法を更新するのが急務なのだ。

こうした点に留意した上で、これまで大勢の人たちが経験してきたような不安をもたらす主要な原因について私の考えを示し、このプロジェクトで私が達成したいと望んでいるものが何なのかを説明するところから始めよう。具体的に言えば、私は本書に3つの目標、2つの警告、ひとつの約束、そして最後にひとつのムーンショット・タイプの夢を設定した［訳注：「ムーンショット」とは、アメリカのアポロ計画のような月探査ロケットの打ち上げから連想された言葉で、非常に難しいが、実現すれば多大な効果が期待できる大きな研究や計画を意味する］。まず目標から説明する。

ひとつめは、現代生活のなかであまり理解されていない現象、つまり私たちが抱く自分自身に対する考え方に過大な影響を与えていると思われる現象に名前を付けることである。もはや私たちの人生は、これまで言われ続けてきたような直線的な道ではない。もしこのプロジェクトがスタートしたとき、自分の人生の形を表現するよう求められたら、私は線だと答えただろう。後方に延びる線で家族とつながった私は、そこから自らの人生を前に向かって進み、主として表面的な成功を基準に上昇と下降を繰り返す。私は誰もが同じような話をするだろうと思っていた。

そのままいけば私は間違ったに違いない――それもひどく、危険なほどに。のみならず、私たちがどのように生きているかについての根本的な物事さえ見逃しただろう。

コンピュータ、生物学、数学、物理学を研究している人たちを含め、今日、最もすぐれた知性を持つ人々は、世界はもはや、予測可能で直線的な存在ではないのだと理解するようになった。むしろ人生は混沌や複雑性、秩序と無秩序の状態、直線性期間と非直線性期間などが混在しているのだ。よく観察すれば、人生とは揺るぎない直線ではなく、ときに弧を描き、らせん状になり、ふらつき、同じ形を繰り返し、ねじれ、もつれ、方向転換するとわかるだろう。

これが日常生活にどう当てはまるのか興味を持った私は、会う人ごとに「あなたの人生はどんな形ですか?」と尋ねるようになった。私はその答えに仰天した。人々は、円、ハート型、蝶々、ブーメラン、川、樹木、山、螺旋形など、あらゆる種類の形を口にしたのだ。私が説明を求めると、彼らが打ち明けたのは欲望、敗北、失望などがもつれ合う鬱積した感情であり、それらすべてが彼らの個人的な物語に反映され、あらゆる形になって現れたのだった。

小児期から青年期、そして中年期から老年期へと至る、あるいは交際を経て結婚し、子どもをもうけ、子どもが巣立って2人に戻る、あるいは初級から中級、そして上級レベルの仕事をし、リタイアする——人生とは慎重に調整された、そうした一連の経過をたどるという考えは、極めて時代遅れに見えるだろう。これまで私たちは人生を、10年ごとの誕生日で区切られた一定期間に、周期的な**危機**によって停滞させられながらも、あらかじめ定められたライフステージの各段階を通過していくものだと考えてきた。だが実際には年月を重ねながら、祝福、挫折、勝利、そして再生を伴う複雑な渦として経験するのだ。

さらに、この感覚はベビーブーム世代よりもX世代の方が、さらにX世代よりもミレニアル世代の方が強いようだ。思春期から高齢者向け介護付住宅に至るまで、人間はひとつの仕事、ひとつの婚姻関係、ひとつの信仰、ひとつの家、ひとつの身体、ひとつの性別、ひとつの帰属意識を持つというこれまでの一般的な期待は、かつてないほど困難になりつつある。これこそ非直線的人生を送るという意味であり、私たちの誰もが毎日下す決定にも重大な影響が及んでいる。

個人的自由、自己表現、あるいは他人が自分に期待する人生ではなく自分本来の人生を全うするといった、非線形人生がもたらすあらゆる利点を享受するには、私たちの誰もが、ほとんど圧倒的な数の人生の移行をくぐり抜けていかなければならない。これは私の2つめの目標、すなわち今や急激に増殖していく人生の出来事に対する理解につながっていく。

対立は物語のひとつの前提条件だ。物語が存在するためには、何か予期せぬ事態が起こらなければならない。ハリウッドの専門用語で言うところの**話の筋にひねりをきかせる**、あるいはアリストテレスの名づけた**ペリペテイア**、すなわちどんでん返しである。物語心理学のパイオニアであるジェローム・ブルーナーは「誰もが、物語は物事の本来あるべき姿にほころびが生じるところから始まると知っている」と書いている。「何かがうまくいかない。そうでなければ話すことは何もない」物語はこのほころびを解決するためのツールなのだ。

私がインタビューから得た重要な、そして私の気力を失わせる発見は、最近、そうした妨害や邪魔が現れる頻度が急激に増しつつあるという事実だ。私たちは、こうした蔓延するほころび――私は**破壊的要因**と呼んでいる――がもたらす脅威に直面している。これには様々な理由があるのだが、ここでは自分が聞いた、不安をもたらすありとあらゆる種類の人生の出来事はすべて集計したとだけ言っておく。それは全部で52種類にのぼった。人が直面する可能性のある衝突、混乱、あるいはストレスを生む52種類の異なる原因である。それらは自発的なもの（減量する、会社を起ち上げる）から、非自発的なもの（解雇される、子どもに障害があると判明する）まで、個人に属するもの（酒や麻薬を断つ、愛する人を失う）から集団に関わるもの（社会運動に参加する、自然災害に見舞われる）まで、多岐にわたる。人が成人期に経験するとされる破壊的要因の数は30を越える。これは平均して、およそ1年から1年半に1件の割合だ。

私たちは、こうした多くの破壊的要因に遭遇しながら、**なんとか**わずかな混乱だけで切り抜けている。適応し、愛する人の力を借り、人生の物語を修正しているのだ。しかしときおり、こうした破壊的要因のうちのひとつが――通常は2つ、3つ、あるいは4つが積み重なり――私たちの頭を大きく混乱させ、動揺させる。私はこうした出来事を地震（アースクェイク）になぞらえ**ライフクェイク**と呼んでいる。それらが引き起こす被害は破壊的なものになる可能性があり、その影響を地震のようにマグニチュードで表せばその数値は非常に大きく、余震が数年にわたって続く場合さえ予測されるからだ。成人後の人生で、こうした大規模な方向転換が必要となる機会は、平均して1人3回から5回で、あくまで私のデータだが、その継続期間は平均5年となっている。つまり計算すると、私たちの人生の半分近くは、こうした人生の出来事のひとつに対応するために費やされているのだ。

あなたやあなたの愛する人は、ほぼ間違いなく今この瞬間、そうした問題に直面しているだろう。

これほどの規模で人生を変えるような出来事が起こると予想する人はほとんどおらず、従ってこれが私の3つめの目標へとつながっていく。私たちが直面するそうした経験の数は私たちの予想を上回り、しかもその数はあとで説明するように、今後数年でさらに増える可能性が高く、そうした状況を切り抜けるのに必要なスキルの習得は、将来ますます重要になると考えられる。ライフクェイクの発生はときに自発的であり、ときに非自発的であるかもしれない。しかしそこに生じる人生の移行期をくぐり抜けるのは、自発的にのみ可能だ。私たちは、そのスキルを発揮することを選択しなければならない。

ではそのスキルとは正確にはいったい何か？　私が発見したなかで最も胸が躍ったのは、この転機をうまく切り抜けていくための明確かつ詳細なツールキットである。たくさんの人たちが数多くのステップを本能に従い実行しているが、彼らがリストのすべてを知っている（あるいは行っている）ことは、まずあり得ない。これらのアイデアの多くは、1世紀にわたり、個人の変化に対する対処法として考案されてきたものと矛盾しているのだから、なおさらだ。

このツールキットを組み立てるのは、このプロジェクトに取り組むなかで私が経験した、唯一最大の変化を表すものでもある。当初私は、人々の危機に対する対処法は、私生活や仕事生活、あるいは精神生活ごとに、それぞれまったく異なるだろうと予想していた。各分野の移行には、それぞれ独自の手法や戦略があるはずだ。しかしそれは私の勘違いだった。私が発見したのは、想像していたよりもはるかに多くの類似点を持ち、そしてはるかに統一されたツールキットだった。

これが前述した2つの警告につながっている。

人生の転機は訪れる。備えよ常に

そして私の約束である。――私たちはあなたの力になれると考えている。ここで言う**私たち**とは、私1人を指すのではない。調査結果を定量化するのに協力してくれたチームを加えてもまだ不十分だ。そこには、こうした問題をともに解決しようとしてくれた何百人という人々がいる。彼らは勇敢で、自分自身について率直に語り、試練を乗り切り勝利を得るに至った、大胆かつ創意に富んだ方法を私に明かしてくれた。本書のアイデアは私が出した。従って彼らが誤った意見や見当違いの方向へ導かれたのなら、その責任は私にある。しかし私は、出会った人たちからそれを見出しこそすれ、強要はしなかった。トップダウンではなく、ボトムアップだった。それらはこの前例のない変化の時代に、人々が実際にどのように反応しているのか、その真実を反映していると信じている。

そのうえで私は、自らのムーンショットとも言える夢、すなわち究極の文化的風車という大きな敵に立ち向かうのだ。私は、人生の転機を定義し直したいのである。私たちの誰もが、このような激しい騒乱の時期を、それも1回や2回ではなく、人生で3回、4回、5回、場合によってはそれ以上の回数を経験するだろう。ときには胸が張り裂けるようなストレスや苦痛を味わうこともあるはずだ。個人的な物語を見直し、優先順位を組み替え、そこに新たな意味を持たせるよう、人生の形を配分調整し直さなければならないケースも考えられる。なのに、なぜ私たちはこうした時期を、すでに負けが決まっている悲惨な事態として、あるいは歯を食いしばり、身を削り、そしてときにはひれ伏さずにはいられないような、惨めな苦闘であるかのように語りたがるのだろう?

人生の至るところに話の予期せぬ展開が見られるなら、そうした事態を乗り越えていく方法を習得するのに、もっと多くの時間を割くべきではないだろうか?

人生は移り変わりのなかにある――近代心理学の父であるウィリアム・ジェームズは、およそ150年近く前にこの言葉を最もよく口にした。彼の知恵が忘れ去られてしまったのは残念だが、今日、彼の主張にはこれまでにも増して真実味がある。私たちには、人生にとって重要とも言えるそうした時間は無視できないし、それを願ったり取り除いたりもできない。私たちはそれを受け入れ、名前を付け、マークし、共有し、最終的には人生の物語を作り変えるための、新しく、極めて重要な燃料に変換しなければならないのだ。

お伽噺《とぎばなし》のなかのオオカミ

イタリア人は、私たちの生活が思いもかけないときに一変する現実を、素晴らしい言葉を用いて表している。**ルーパス・イン・ファブラ(Lupus in fabula)**である。ファブラとは「お伽噺」を意味する。私たちにとって、いわば人生のファンタジーであり、すべてがうまく運んでいるときの、理想的な形をした私たちの人生である。一方、**ルーパス**は「オオカミ」を意味する。苦しみ、対立、周囲にあるすべての物を破壊する恐れのある、巨大で恐ろしい存在だ。

言い換えれば、私たちの現実の人生である。

つまり**ルーパス・イン・ファブラ**とは、「お伽噺のなかのオオカミ」という意味なのだ。イタリア人はこの表現を「噂をすれば影」という意味にも使っている。人生が首尾良く運んでいると、悪魔、人食い鬼、竜、診断結果、人員削減、そして死が訪れる［訳注：英語の「噂をすれば影がさす（speak of the devil and he shall appear）」は、もともと「悪魔の話をすると，悪魔が現れる」という16世紀のイギリスで見られた強い信念によるもので、悪魔について話すのは禁止されていたという］。

私たちのお伽噺がまさに現実になろうとすると、オオカミが現れる。

それは何年も前の私、絶望の淵にいた父、そしてときどき、私の知っているすべての人たちの身に起こった事実だ。

私たちは森のなかで立ち往生し、出口がわからない。

私たちはその後の幸せな日々の暮らしを見失う。

今の私にはそうした心配はない。このプロジェクトは、私のなかの巨大なオオカミを退治してくれただけでなく、困難と闘うためのツールや、他人を思いやり、助けたいと願う感情を与え、さらに人生の物語を広げ、書き直すために必要な能力を、自分が思っていた以上に引き出してくれた。その過程でも、病気、仕事に対する不安、誤った判断や失敗を落ち着いて受け入れるのに役立った。毎日、人生の物語に耳を傾けていると、人間の経験の幅広さに畏敬の念を抱くとともに、人々が遭遇する絶望的で悲惨な状況が（私がこれまで体験したもの以外にも）どれほど多岐にわたるか、その現実を深く認識した。

そこから私はこう教えられた。私たちはみな痛みを感じる。私たちはみな傷つき、損なわれ、渇望する。私たちはみな間違った決定に苦しみ、失ったものを嘆き、欠点を持つ身体の一部、お粗末な選択、逃したチャンスに執着する。私たちは、そうせずに済めばもっと幸せになり、より深い満足が得られ、おそらくは文字通り、もっと豊かにさえなっていたかもしれないとわかっている。それでも私たちは、自分を抑えられないのだ。私たちには、自らの物語を何度でも繰り返し語らねばならないという遺伝的義務が備わっているが、ときおり、自らの最悪な振る舞いや最もふがいない瞬間に、少々長く留まりすぎる嫌いがある。

私たちにオオカミをかわす力はない。

だがそれでよい。オオカミを追放すれば、英雄もいなくなる。そして私が学んだのは、私たちは誰もが、自分自身の物語のなかで英雄にならなければならないということだ。だからこそ私たちには、お伽噺が必要なのだ。お伽噺は私たちに不安の和らげ方を教え、夜の眠りを促してくれる。私たちが何年経とうが、毎晩ベッドのなかで彼らに語り続ける理由はそこにある。

彼らは私たちの悪夢を夢に変えてくれるのだ。

I

The Shape of Your Life

人生のかたち

非線形の人生を受け入れる

秩序のない人生を送るとはどういう意味か

Embracing the Nonlinear Life

What It Means to Live Life Out of Order

私たちが生きている時代の特徴は、自らの人生が予測できないことにある。今日一般的に使われる通過（passage）、段階（stage）、局面（phase）、循環（circle）などの言葉だけで表すことは難しい。あくまで非線形であり、日を追うごとにますますその傾向は強まっている。紆余曲折が生じても、それを乗り越える方法さえ知っていれば対応がより容易になり、さらに失敗に対しても寛容になれ、個人の問題として捉えやすくなるだろう。

「私の人生のテーマは変化だったと感じています」

JR・マクレインを例に挙げてみよう。

JRはミシシッピ州ウェストポイントの小さな病院で生まれた。両親は最初にアラバマ、次はルイジアナと頻繁に引っ越しをしたため、彼も小学校入学以来、12年間で9つの異なる学校に通った。「母が言うには、トラックの荷ほどきが始まる前に、僕にはいつも新しい友だちができていたそうです」JRが中学生のころには、一家はプール付きの素敵な家に住んでいた。「それから父は突然、バプテスト派の牧師になるんだと、とんでもないことを言い始めました。つまり年間、1万2000ドルの収入をもたらす田舎の小さな教会を見つけたのです」

ある日、JRは教会の建物の前で、黒人の友だち7人とサッカーをして遊んでいた。「突然、1台のピックアップトラックが猛スピードで教会の中庭に走り込んで来ました。助祭の1人が車から飛び降り、こう大声を上げたんです。『黒人どもは、すぐにこの教会から出て行け！』と〔訳注：助祭とはキリスト教における教会職務のひとつで、カトリック教会では司祭に次ぐ職位〕。すると父が拳を握りしめ、建物のなかから飛び出して来ました。『私がここに居る限り、あの子どもたちがこの教会の庭で遊ぼうが一向にかまわんのだ』。助祭がムッとした顔で立ち去ると、わずか数週間後、私たちはそこを出て行くように言われました」

その後ＪＲはＡＤＨＤ（注意欠如・多動性障害）と闘い、卒業証書を手にする前に高校を中退した。しばらく些細な仕事を続けたあとで、航空機整備工として海軍に入隊し、フロリダ、ヨーロッパ、そしてアジアで任務に就いた。結婚はしたものの、軍人として生活し続ける難しさに気づき、軍を退役し、妻と２人の娘とともにアラバマに戻り、そこでセミトレーラーを運転するようになった。

「生計を立てるために、多くの時間を路上ですごさなければなりませんでした」と、彼は語ったが、それが家族にストレスを及ぼしていた。ある日、彼はジョージアまで荷物を運んだ。

「すでに会社には、『今週末は娘の誕生日ですから、家にいないといけないんです』と伝えてありました」それでも会社は、さらにシカゴまで大きく迂回させようとしたが、彼はトレーラーを自宅に向けた。「運行管理担当者は声を上げました。『トラックの向きを変えないなら、警察に連絡して、お前が会社のトラックを盗むつもりだと伝えるぞ』。『わかりました。それならトラックは州間高速自動車道のそばに停めておきますよ。私はヒッチハイクで家に帰ります』」

するとと上司から電話があった。「トラックは放置しないでくれ。月曜に話し合おうじゃないか」そのときには、すでにＪＲは運転手を辞め、看護学校に入ろうと決心していた。

「私はいつも、EMT（救急救命士）として働く自分の姿を思い描いてきました」と、彼は言った。「子どものころ、私の好きな授業は保健で、テレビドラマの『エマージェンシー！』に夢中でした」〔訳注：「エマージェンシー！」は、ロサンゼルスで起こる様々な災害や緊急事故に対応する救急救命士と、救急病院の救急医師たちの活躍を描いたテレビドラマで、70年代にアメリカのNBCネットワークで制作、放送された〕。彼の妻が3人めの子どもを妊娠中に病気になり、看護のために1年間休むなど何度か遠回りをしたが、最後は首席で卒業した。「学業優秀な学生ではなかった男にとっては、なかなか素晴らしい出来でした」オレゴンの病院から、アラバマでもらっていた額の3倍を提示されると、彼はそのチャンスに飛びついた。「正直なところ、それは中年の危機とはなんの関係もありませんでした」と、彼は言った。「家族がよりよい生活を送れるようにと、私はただそれだけを考えていたんです」

このころから母親が何かと口出しするようになり、加えて娘も対人関係に問題を抱えていて、彼は妻と2人で結婚生活における難局を乗り切ろうとしていた。「私たちには変化が必要だったのです」

その後の5年間、JRは津波のような変化をくぐり抜けた。すでに仕事や住まいを変えていた彼が、次に変えたのは信仰だった。バプテスト派から、特定の教団や教派に属さない単立教会に改宗したのだ。彼はまた政治的信条も変えた。看護師組合に加入し、オレゴン州の単一支払者医療キャンペーンの推進にも貢献した［訳注：「単一支払者医療」とは、必須医療費を単一の公的制度によってカバーしようという国民（州民）皆保険の一形態］。変えるのが最も難しかったのは子育てスタイルだったと、彼は言った。「『偉いのはママとパパ。だから言う通りにしなさい。さもないとお仕置きだ』というのが、これまでの私のやり方でした。しかし妻も私も、子どもたちともっと協力的な関係を結びたいと思っていたんです」

これが役に立ったのは、15歳の娘、ゾーイが妊娠したときだった。「最初はとにかくショックでした」と、彼は言った。「もしこれが私だったら、父は体罰を加えていたでしょう。でも彼女は、私が初めて授かった子どもです。私はゾーイが膝の上にいた当時をずっと思い返しながら、**彼女を愛している**と感じていました。**これからどうすべきか、それは今から考えていけばいいんだと**」

ゾーイは赤ちゃんを産もうと決め、ある女性と付き合うようになり、最終的には両親のもとに戻ったのである。40代になったJRと彼の妻は、孫の一番の世話係になった。

こうした激変がもたらす影響は、最初は肉体的なものだった。「一気に身体が軽くなったようでした。妻は南部を離れるのに自由を感じていましたし、娘は自分の望む人を愛せるようになりました。そして私は、他人を喜ばせようとしなくて済むようになったんです」それは人生そのものに対する彼の見方にも影響を与えた。「誰にでもある経験かもしれませんが」と、彼は言った。「人生のテーマが変わったような気がします。それは9回転校を重ね、海軍に入隊し、南部から西海岸まで家族を引っ越させた当時にまで遡ります。そして今、ようやく気がつきました。変化こそ人生なのだと。だからこそ人生は面白いんです」

バタフライ効果

現代科学の起源と考えられる瞬間——言うなれば線形人生のビッグバン——は、1583年、ピサ大学のガリレオという名の若い学生が、大聖堂の吊り下げランプが振り子のように揺れるのを見て、自分の脈拍を使いその時間を計ったときに訪れた。対してポストモダン科学の起源と考えられる瞬間——非線形人生のビッグバン——は、1961年、エドワード・ローレンツという名のMIT（マサチューセッツ工科大学）の中年気象学者が、オフィスの外の雲が見せる不規則なパターンを観察していたときに訪れた。

彼は当時の真空管式コンピュータを使い、この変動現象を定量化しようとした。しかしそれができず、その代わりに後に彼が**バタフライ効果**と呼ぶ、より衝撃的な発見につながった。それは、天気は規則的でも周期的でもなく、不規則で非周期的だという考え方である。システムの一部分におけるわずかな影響が、他の部分の結果を変えてしまう可能性がある。

あるのだ。ローレンツは1972年に発表した論文のタイトルで、人々の記憶に残る印象的な疑問を提示している。曰く『ブラジルにおける蝶の羽ばたきは、テキサスで竜巻を引き起こすか？』

そうした不規則性に気づいたのは、ローレンツが初めてではなかった。ダ・ヴィンチは何世紀も前に、流れる水の謎について語っている。しかしローレンツの発見は、ギザギザに光る稲妻からコーヒーに混じり合うクリームの渦、脳内のニューロン伝導に至るまで、それまで無視されてきた科学の様々な領域で見られる複雑性を探求する、新たな競争の引き金になった。そうした現象を数学者たちは、**非線形システム**と呼んでいる。

物理学者のF・デイヴィッド・ピートは、直線的思考は世界を定量性、対称性、メカニズムの観点から見ようとするが、非線形的思考は、そうした限界から私たちを解き放ってくれると記している。「私たちは世界を、予期せぬ突然の展開、不思議な鏡、すぐにはわからない驚くべき関係によって活性化される、思考や行動様式の絶えざる変化だと捉え始めている」またカオスに関する新たな科学の発展を記録してきたジェイムズ・グリックは、次のように書いている。「非線形とは、ゲームをする行為自体がルールを変える手段でもあることを意味する」それは、一足踏み出すごとに壁の配置が変わっていく迷路を歩いているようなものだ。

これまで科学が飛躍的進歩を遂げる場面では、いったんある観察者が世界のなかのひとつの現象、例えば非線形の存在を特定すると、残りの人たちも、自分の生活を通じてそれを認識するようになった。たしかにその片鱗は見られる。私が交わした会話のなかでは、誰もが自らの人生を**流動的**、**気まぐれ**、**変化しやすい**、**順応性がある**などと表現した。しかしどういうわけか、この可変性を捉えた統一表現は見つからなかった。

だがそれを確立するときが来た。私たちの世界が非線形である以上、私たちは自らの人生もまた非線形であると認識すべきなのだ。**循環する人生**が**線形人生**に取って代わられたように、**線形人生**もまた**非線形人生**に置き換わりつつある。

いったん人生が非線形であると理解すれば、至るところでその具体例を目にするだろう。マンハッタンの本屋で人々に忘れ去られた建国の父、アレクサンダー・ハミルトンの伝記を偶然手に取り（彼自身でさえ知らなかった）、これを題材にミュージカル『ハミルトン』を創作すると、それが代表作となったリン＝マニュエル・ミランダ。サンセット・ブルーバードの食堂にいたところを見出され、そこから俳優としてスターダムにのし上がったラナ・ターナー。搭乗予定だったチャーター機の席を直前で譲ると、その後チャーター機は墜落、九死に一生を得たミュージシャンのウェイロン・ジェニングス。仕事、家、教会、政治的信条、そして育児スタイルのすべてを3年のあいだに変えたJR・マクレイン。

非線形性は、そうした大きな混乱や不確実性に抗うのではなく、それらを受容すべきことを示唆している。そうした不可解な道をたどるかのような人生を送っているのは、なにもあなただけではない。誰もがそうなのだ。

さらに言えば非線形は、なぜ私たち全員が、どうすればいいのかわからず常に不安を感じるのか、その理由を説明するのに役立つだろう。自分の人生は一連の予測可能な確固たる人生の章に従って展開されると期待するよう訓練されているため、そうした章が速度を上げながら、事あるごとに順序もばらばらで、しばしば積み重なるようにしてやって来ると、私たちは大いに混乱する。しかし現実は、私たちはみな地平線の上に浮かぶ雲であり、コーヒーに溶けていくクリームの渦であり、ギザギザな形に煌めく稲妻なのだ。とはいえ、私たちは決して異常なわけではない。なぜなら、他の物事も私たちと同じだからだ。

この現実を認めることは、私たちの人生の物語に、本来そこにはないはずの秩序を何世紀にもわたって押しつけてきた従来の考え方に対する非難につながると同時に、一見でたらめに見える日常生活のなかに、私たちの想像をはるかに超えたスリリングなパターンを見出すきっかけにもなるだろう。それらのパターンを成す根本要素――非線形人生の基本単位――は、私たちの生活に再形成をもたらす日常の出来事である。私はそれらの出来事を**破壊的要因**と呼んでいる。最も驚くべきは、それらはどんな人の予想もはるかに超え、多くの人の人生に頻繁に見られるという事実である。

破壊的要因ワンセット

まず定義から始めよう。破壊的要因とは、人生における日々の流れを阻害する出来事や経験を指す。**ストレス要因**、**危機**、**問題**、あるいはこれらの他にも長年にわたり与えられてきたレッテルが存在するが、私が敢えて**破壊的要因**という言葉を選んだのは、それが価値中立［訳注：それ自身は善でも悪でもないと考えられるもの］だからだ。例えば養子を迎えたり新たな仕事を始めたりするなど、そうした破壊的要因の多くは、これまで否定的には定義されてこなかっただろうが、それでも依然として破壊的であることに変わりはない。配偶者を失ったり、解雇されたりするなど、慣例的に最もネガティブな人生の出来事でさえ、ときには再出発のきっかけになる場合がある。破壊的要因とは、単なる日常生活からの逸脱なのだ。

私は225編の人生の物語をすべて細かく調べ、人々の人生を有意義な方向に転換させた出来事のマスターリストを作成した。それらの出来事は、結婚から年老いた親の介護まで、解雇からセクシャルハラスメントまで、一夜にして得た名声から公の場での屈辱まで多岐にわたり、破壊的要因の数は全部で52にのぼった。これは52枚のトランプカード1組を連想させるため、私はこのマスターリストを人生の**破壊的要因ワンセット**と呼ぶことにした。

私はさらにこのリストを、会話のなかで明確になったおよそ5つのストーリー展開ごとに分類すると、破壊的要素が多いのは、**愛**、**アイデンティティ**、**信念**、**仕事**、**身体**という順番になった。家族や人間関係という大きな領域として定義される愛は全体の35パーセントを占め、そこには明らかに複数の破壊的要素が見られた。残りはすべて10パーセント台にまとまった。

このリストに最も近いのは、精神科医のトーマス・ホームズとリチャード・レイエが1967年に作成したホームズ－レイエ生活ストレス一覧表である。彼らは43種類の**生活変化項目**を特定し、各項目が引き起こすストレスの重要度をストレス値として割り出した。最も大きな影響を及ぼしたのは配偶者との死別（数値100）と離婚（数値73）であり、最も小さかったのは休暇に関するもの（12）と軽度の違反行為（11）だった〔訳注：各数値は個人が感じるストレスを、結婚を50としたときに、他の出来事を0～100までのストレス値で表したもの〕。

彼らのリストと私のリストの作成時期は50年も離れており、その違いは興味深い。両者の項目はほぼ共通しているが、彼らのリストにある煩わしい日々の問題、例えば休暇に関するものや家族の団らんなどは、私たちの会話ではほとんど話題にのぼらなかった。また、彼らは宗教に関するカテゴリーはひとつだけ（教会活動の変化）設定しているが、私のリストには3つあり（宗教的行事の変化、信仰する宗教の変更、個人の使命感）、これが今日の精神的アイデンティティの流動性を反映しているのではないかと感じている。

起業家精神の台頭を計る尺度については、ホームズとレイエは8つのカテゴリーを設けているが（私のリストもそれらを網羅している）、自分で営利事業あるいは非営利団体を起ち上げるカテゴリーはない。また離婚という項目はあっても、今や普通に見受けられる親権争いに関する記載はない。なかでも印象的なのはそのリストに、今の時代に激しい議論を引き起こすその火種になるような社会問題の記載がまったくないことだ。セクシャルハラスメントや家庭内暴力はもちろん、精神疾患や自殺あるいは薬物依存症もなければ、今やインターネットのせいでさらに拡大する公の場での侮辱、パブリック・シェイミングも見当たらない。それらはすべて、ライフストーリー・プロジェクトに頻出する胸の痛むテーマだった。

この破壊的要因はこのあとの展開のすべての根幹となるため、今日人々が直面する生活の変化についてもう少し詳しく説明したい。私の見るところ、これらの破壊的要因は多様化し、影響をもたらす期間は長期化し、実際の数も増加傾向にあるようだ。まずはその種

破壊的要因ワンセット

愛

結婚
配偶者が仕事を始める／辞める
離婚／結婚生活の終わり
困難に再び見舞われる
家族に新たな一員が加わる
子どもの病気
障害を抱える子ども
子どもの親権の変更
子どもが家を離れる
幼年時代の性的トラウマ
家庭内暴力
両親の離婚
パートナーの死
近しい家族の死
愛する者の自殺
愛する者の薬物依存
病気の家族の面倒を見る
高齢の親の面倒を見る

アイデンティティ

生活状況の変化
国家間を移動する
性行為の変化
性同一性の変更
経済状況の大きな変化
自殺未遂
家を失う
パブリック・シェイミング
犯罪の被害者
収監される

信念

学校の始まり／終わり
成人教育
政治的／社会的意識に目覚める
個人の使命感
宗教的行事の変化
信仰する宗教の変更
長期個人旅行
社会奉仕活動に対する習慣の変化
集団としての出来事（戦争、嵐、抗議活動）

仕事

職責の変化
転職
仕事を失う／辞める
キャリアの変更
企業／非営利団体の起ち上げ
セクシャルハラスメント／差別
社会的に認知される（TED トークに出演、賞を受けるなど）
引退

身体

事故／人身傷害
慢性疾患
精神障害
個人的行動嗜癖
依存症からの更生
肥満の問題
個人的健康習慣の変更

類から始めよう。

愛

私たちの対人関係は、実に様々な方法で阻害される。

ティファニー・グライムスは、カリフォルニアの麓にある、かつてのゴールドラッシュの古い町の、信仰心篤い一家に生まれた。両親には7人の兄弟姉妹がいた。「私にはいとこが36人いるので、クリスマスや休暇、誕生日はいつも賑やかでした」と、彼女は語った。ティファニーは南オレゴン大学に入学した。「入学してひと月で、ある男性と出会い、激しい恋に落ちました」

卒業後、ティファニーとボーイフレンドのエリックはバックパックひとつで南米を旅して回り、その後オレゴンに戻り結婚すると、ストローベイル断熱材を使った、環境に優しい家を建て始めた［訳注：四角くブロック状にした稲ワラを断熱材として積み上げ、外側に土壁を塗り込めて仕上げるストローベイルハウスは、スロー建築のシンボル的存在である］。

ティファニーは、その家に一歩も足を踏み入れなかった。「家を造っている最中、私は自分が女性に魅力を感じているのに気づきました。クリスチャンの家庭に育ったので、知り合いに同性愛者は1人もいませんでした。2人ともお互いを愛していたので、性交渉無しで一緒に暮らしていけるかもしれないと思いました。でも最終的にはエリックが新しい家に引っ越し、私はもとの家に残ったのです」

ティファニーは自分の新たな立場を受け入れた。「オレゴン南部のレズビアン5人全員とデートしました」と彼女は言った。ある日、ボウリング場で開催されたイベントに参加すると、女性の電気技師に出会った。「彼女もレズビアンで、男役の方でした。マニキュアは塗っていませんでしたが、とても女性的でした」彼女もまた非常に信仰に篤い家族を持ち、離婚したばかりで、しかも名前さえ共有していた。彼女もまた、ティファニーだったのだ。

「2人で大笑いしました」

2年後、2人のティファニーはタイで結婚した。ティファニー2はなるべく混乱を避けるために名前をデイドに変え、ティファニー1は妊活を始めた。「私たちは愛し合っていました。2人とも子どもが欲しかったのです」

新婚旅行から数週間後、2人はトランスジェンダーの人物を取りあげたドキュメンタリー番組を見ていた。「なかなか面白いじゃない」とデイドは言ったが、その後は2人ともこの話題を口にしなかった。半年後、デイドはティファニーを職場まで迎えに行き、夕食に連れて行くと、自らの性自認は男性だと告白した。

「とても腹が立ちました」と、ティファニーは言った。「騙されたと思いました。だから思わず大声を上げていたのです。『男と一緒になんていられない！　せっかく男と別れて女と一緒になったというのに、今度はその女が男になりたいだなんて！』」そこでティファニーはきっぱり告げた。「あなたが女性の身体でいてこのまま結婚を続けるか、男性の身体になってお互いに別れるか、そのどちらかね」

それからの8カ月間、2人はそれについては何も触れなかった。「私は病的恐怖に囚われていました」と、ティファニーは言った。最終的に2人はセラピストを見つけ、受診するとこう言われた。「ティファニー、あなたは話を聴く必要があります。だからしばらくのあいだ、黙って耳を傾けなさい。そしてデイド、あなたはしっかり話をする必要があります。だからしばらくのあいだ、相手に伝わるまで言葉を続けなさい」

「そしてそのとき、私は直感的に真実を理解しました」と、ティファニーは語った。「彼女は実質的に亡くなり、その代わりに自分らしくありたいと願う新たな人物が、目の前にいたのです」

次の週末、2人はタホ湖を訪れた。最初の朝、デイドはカップコーヒーをバルコニーまで運ぶと、石を手に取り湖面に向かって水切りをした。「実に鮮やかな瞬間でした」と、ティファニーは言った。「今も覚えているのは、そのとき心に浮かんだ感情です。**まだ終**

わりじゃない、私は彼を愛している、彼のすべてを愛している。私は彼に言いました。『私はもうどこにも行かないわ』」

翌週、デイドはホルモン剤を服用し始めた。デイドが正式に男性になると、ティファニーとデイドは、法的に再婚しなければならなかった。それまでの経緯を多くの人に知ってもらおうと、２人はユーチューブ・チャンネルを起ち上げた。そしてすぐに、ティファニーは妊娠した。

「すべてがとても速く、大きく感じられました」と、ティファニーは言った。「私の身体は母性に向けて完璧な変貌を遂げ、彼の身体も完璧な男性らしさをまとっていきました。そして私たちはある日、こう語り合ったのです。『お互いにありのままの姿で愛し合う方法を見つけるには、また新たな別の旅に出なければならないだろう』と」

私はティファニーに、今の自分はゲイ、ストレート、あるいはそれ以外なのか、どう定義しているのかと尋ねてみた。彼女は言う。「私は43歳で、幸せな結婚生活を送る、２人の子どもの母親です。それ以外に何があるというのでしょう？」

ティファニーの物語で注目すべきは、様々な面で、それがありふれた平凡なものだという点にある。家族と人間関係の世界は、今や深刻な変化の波にさらされており、いくつかの統計数値を見るだけで、その事実が理解できる。過去５００年間のどの時期と比較しても、今日の結婚における社会的重要性は低い。1950年以来、婚姻率は3分の2に低下し、その代わりに事実婚、オープンリレーションシップ、ポリアモリーといったスタイルに取って代わられるようになった。婚姻関係にある夫婦がアメリカの所帯に占める割合は、今や半分にも満たないのだ［訳注：「オープンリレーションシップ」は、互いに生活をともにする結婚に準じた人間関係でありながら、相手が他の人物と恋愛関係あるいは親密な関係をもつことを容認する形態を、また「ポリアモリー」は、確立されたパートナーを持たず、複数の人を、優劣をつけずに平等に愛そうとする形態を指す］。

こうした変化の波は、伝統的な家族という形態を根底から覆してしまった。子どもの4分の1が1人親に育てられており、1960年以来、その数は3倍に達している。子どもの半数が両親の離婚を目にし、さらにその半数が2回目の離婚に立ち会うだろう。養子縁組はもちろん、同性愛者の家族や、3人の親を持つ家族の数も急増した。一方、成人してから実家に戻る子どもたちもますます増え、史上初めて、18歳から34歳までの成人のうち、恋人と暮らすよりも両親と暮らす人の数の方が上回った。

私が聞いた、恋愛に対する破壊的要因の実例は以下の通り：

・新進気鋭のジョージア州保守派議員、アレン・ピークは、ウェブサイトのアシュレイ・

マディソン［訳注：「短い人生、不倫をしよう」とのスローガンを掲げる既婚者向け出会い系サイトおよびソーシャル・ネットワーキング・サービス］で知り合った女性と、長年にわたり合意の上での婚外交渉を続けていた。だがその後、サイトのユーザーリストが漏洩し、この事実が発覚すると、彼のキャリアは台無しになった。

・詩人で小説家のローズマリー・ダニエルは16歳で結婚した。相手は虐待的人物で、新婚旅行で彼女を溺れさせようとした。2番めの夫は新婚旅行で家族の暗い秘密を告白し、3番めの夫はオープンリレーションシップを要求した。彼女の4度めの結婚生活は、30年続いた。

・代々テキサスに住むメキシコ系アメリカ人9世のケイシー・ケースは学校教師で、年上の子どもが血液疾患のために学校に通うのが困難だとわかると、夫婦で家を売り払ってキャンピングカーに引っ越し、車中生活をしながら子どもたちに教育を施した［訳注：アメリカでは、学校に通うことなく自宅を拠点に教育を受ける学習スタイルであるホームスクールが、学校教育と同等の義務教育制度としてすべての州で認められている］。

アイデンティティ

アイデンティティの破壊的要因に関する物語もまた、同じように様々であり――しかも増え続けている。

レフ・スヴィリードフは、東西冷戦真っ只中のソビエト連邦に生まれた。シングルマザーの母親は、ヨシフ・スターリン体制下で育った、ブラックリストにも名前が載るジャーナリストだった。「私がそれを口にするたびに母は嫌がりましたが、私はそういうろくでもない人間だったのです」レフが5歳のときに食料システムが崩壊し、10歳で国家そのものが崩壊した。11歳になると、母親は彼を連れ、スーツケース2つとおもちゃひとつを手に、フェローシップの地位を頼りにニューヨークにやって来た。モスクワに戻る予定だったその日、クーデターが勃発した。空港へ向かう道すがら、レフは母親に留まるよう懇願した。

「母は同意しましたが、それは私たちが不法滞在者になると同時に、ホームレスになることを意味していました」

その後1年半のあいだ、2人はマンハッタンの路上で生活した。「母はよくこう言っていました。『私たちは観光客なの！　夜の街を見ているのよ！』」朝が来ると2人は図書館かバス停へ行って顔を洗い、できれば少しうたた寝をし、どこか静かな場所や休憩できるところを探した。「肺炎を起こしても怖くて救急車が呼べず、コーネル病院まで歩きました。私は結局、7種類の異なる肺炎にかかりました」

最終的に、彼の母親は人権擁護機関を探し出し、その支援を受け、ジャーナリストに対する補助金を得ると、2人はブロンクスのアパートに移り住んだ。レフは公立学校に入学はしたものの、最初は新しい生活にまったく馴染めなかった。「周りの同級生の誰とも、個人的、感情的な結びつきがなかったので、当然でした」と、彼は言った。「私は2つの番組を見て育ちました。アニメの『ザ・シンプソンズ』と、クイズ番組の『ザ・プライス・イズ・ライト』です」

しかし同時に、アメリカに対する深い愛情も育んでいった。

「この国は巨大な人権の集合体だというのが、人生全体に通じる私の概念です。私たちは極貧のなかにいましたが、医療や素晴らしい教育が受けられました。アメリカが抱く理念そのものがいかに素晴らしいか、理解し始めていたのです」

レフはそれ以来、受けた恩義を返すことに人生を捧げた。彼はアイビーリーグへの進学を辞退し、ニューヨーク市立大学シティ・カレッジに入学すると、大学の自治会委員長に選出された。ローズ奨学制度の対象者に選ばれ、化学の博士号を取得し、その後母校に戻り、第一世代大学生［訳注：両親が大学の学位を持たない学生］がアメリカンドリームを実現する足がかりを得るための支援プログラムの運営を始めた。彼の人生のハイライトは、ヤンキースタジアム近くのマンションの一室を母親に買い与えたことだろう。

比較的最近までほとんどの人が、自分が持って生まれたアイデンティティをそのまま受け入れてきた。つまりコミュニティ、宗教、性的指向、性自認、社会階層はほぼ固定されてきたと言ってよい。だが今日、手に入れようと思えば、それらはすべて手に入れることができ、実際、ほとんどの人が少なくともそのうちのひとつを変更し、多くの人が複数の変更を行っている（私は前述の5つの項目のうち宗教のみ信念に分類し、残りの4つをアイデンティティに算入している）。

コミュニティ：人は一生涯で、平均11・7回引っ越しをし、私たちの3分の2は、生まれた土地とは別のコミュニティで暮らしている。性的指向：まったく新しいアルファベットが登場した。L（レズビアン）、G（ゲイ）、B（バイセクシャル）に加えて、T（トランスジェンダー）、A（アセクシャルまたはエース）、Q（クエスチョニングまたはクィア）、P（パンセクシャル）、それにK（キンク）である。性自認：フェイスブックの性別欄には、アンドロギン（自分が男性でも女性でもないと考える人）、ジェンダークィア（既存の性別の枠組みに当てはまらない人）、トゥー・スピリット（男女両方の属性を併せ持つネイティブ・アメリカン）を含め、71の異なる選択肢が存在する。社会階層：社会経済における人生の階段は、アメリカ人の36パーセントが上りつつあり、41パーセントが下りつつある。

私が聞いた、アイデンティティに対する破壊的要因の実例は以下の通り：

・リン・グエンは1975年、サイゴンを出発する最後から2番めのヘリコプターに乗っていた。家族は米国聖公会の支援を受けてサウスカロライナに移住した。彼はそこでは、英語が話せない難民の若者だったが、5年後、イェール大学に入学を果たした。

・シャヴィー・ワイズバーガーは、ニューヨークの超正統派ユダヤ教を信仰する家庭に生まれ、18歳で見合い結婚をすると、すぐに2人の子どもをもうけた。しかし女性にも惹かれていると感じた彼女は、後にそう公言するようになり、ユダヤ教を拒否し、子どもの親権を共有する画期的な訴訟で勝訴した。

・サル・ジャンバンコは23歳のとき、清貧の誓いを立ててイエズス会員になったが、10年後に棄教し、シリコンバレーで数百万ドルを稼ぎ、それ以来、男性と三度の結婚を経験した。

信念

私たちの信念体系は、アイデンティティよりもさらに流動性が高いと考えられる。

ブリタニー・ウィルンドは1994年、大学時代に2人で教会を設立した経験を持つ両親のもと、サウスカロライナ州ウェストコロンビアで生まれた。両親は後に、ホームスクールで3人の子どもに教育を施すのだが、ブリタニーによれば、「それはそれは保守的なキリスト教の教え」に従って育てられたという。彼女は完璧主義者であり、ルールを守るのが好きだったため、彼女を取り巻く環境のなかではその特性が大いに役立った。一方で彼女は、男はこうあるべき、あるいは女はこうあるべきというジェンダー規範に異議を唱える反逆者、いわゆるジェンダー・ノンコンフォーミングだったが、こちらの特性は置かれた環境のなかでは役に立たなかった。「8歳のとき、髪を短く切っていたせいで、女子トイレから追い出されました。兄の服しか着なかったので、イースターでドレスを着させられるたびに、喚き散らしていました」

ブリタニーは公立高校に入学すると、自分の信念に疑問を抱き始めた。「私は本当にキリスト教徒なのかそうでないのかを見極める必要がありました」と、彼女は言った。なかでも彼女が悩まされたもののひとつが、地獄の概念だった。「あの炎や火は、あなたがどれほど善良なのかという事実とはなんの関係もないように思えたのです」そしてもうひとつが、イエスを信じない友人は永遠に呪われるという考えだった。「理屈が合わないし、とても公平だとはいえません。他にも偏った観点がたくさんあったので、それを尋ねてみたいと思っていました」と、彼女は語った。

ブリタニーは女性にも魅力を感じていた。「私は若いころ、同性愛に対して否定的な感情を持っていました。知り合いがみなそうだったからです。でも私自身に少しゲイのようなところがあって、戸惑いもありました」

ブリタニーは大学に入学すると、芸術を学び、例えば金属製の檻を組み立て、誰かから求められた、あるいは自らが課した務めや役割、期待をすべて録音し、そのなかで再生するなど、自分の感情を大胆な作品に表現し始め、必然的に家族とは徐々に疎遠になっていった。

「両親とも素晴らしい人たちなので、2人に苦痛を与えたくなかったのです」と、彼女は言った。「でも結局は同じテーブルで、両親にきちんと話をしなければなりませんでした。私は2人を前に言いました。『ごめんなさい、私はもうキリスト教徒ではありません。それは私の信じる対象ではないのです』。そして2人に、自分の決断を受け入れてくれるようにお願いすると、両親は、私が真実を見つけられるよう祈り続けると言いました」

ブリタニーは大学卒業後ハワイに移住し、新たな生活をスタートさせた。アンソロポロジーで窓を飾り、サーファー（男性）とデートを始め、#vanlifeを参考にオフグリッドのバンライフを試し、最終的には老朽化したスクールバスに移住すると、そこを陶芸スタジオに改造した［訳注：「アンソロポロジー」は多様な販売チャネルを持つライフスタイルブランド。

「バンライフ」は住んでいる家を出て、完全に車で生活するライフスタイルを指す。フォスター・ハンティントンが始め、その後インスタグラムの『#vanlife』で世界中にコミュニティが広がった。「オフグリッド」はこのバンライフの中心になるコンセプトで、電力、ガス、水道などのライフラインを公共のインフラストラクチャーに頼らず自家発電などで賄い、公式な仕組みに参加せず孤立した状態でいることを言う」。ブリタニーは友人数人と、うち捨てられた砂糖精製工場をアーティストの協同組合に替えられないかと、その所有者に話を持ちかけた。彼女は、かつて両親が教会を設立したという事実に対する敬意を持ち続けていて、これを機に互いの関係も元に戻りつつあった。私が将来の夢を尋ねると、彼女の答えは「アートを通じて家族と再会すること」だった。

私たちは、アメリカ人の信念がかつてないほど激動する時代にいる。そのひとつが信仰である。アメリカ人の半数が、一生のうち一度はその宗教を変えるだろう。私たちの10人に4人が異教徒同士で婚姻を結び、今ではアメリカ人の4分の1が、宗教を持たないと答えている。政治的信条も驚くほど脆弱で希薄だ。自分に支持政党はないと認識する割合は、20年前に10人中3人だったが、現在では10人中4人となり、一方ではミレニアル世代の半数が支持政党を変えている。こうした寛容性に一役買っているのが旅行である。アメリカ人の4人に1人が毎年、海外旅行に出かけており、その数はこの20年間で4倍に増えている。

私が聞いた、信念に対する破壊的要因の実例は以下の通り：

・ジョン・ムーリーは、軍人であるアメリカ人の父と、韓国人の母のあいだに生まれた。9歳で両親が離婚すると、彼は怒りと憎しみを抱いたまま、2つの世界に分断された。しかし19歳のときに雪の積もった橋を歩いてわたり、そこで神の啓示を受け、若き牧師となった。

・ジョスリン・ヴュルツブルクは、メンフィスで何不自由ない暮らしを送るユダヤ系アメリカ人の主婦だったが、マーティン・ルーサー・キング・ジュニア牧師の暗殺をきっかけに社会運動に目覚め、黒人女性と白人女性のみで構成する昼食会のネットワークを築き上げた。

・ポートランドの建築会社に勤務するマーク・レイクマンは、倫理に反するビジネス行為に気づくと会社を辞め、1年かけて世界中の先住民族コミュニティを旅して回った。帰国後は、都会の人通りの多い交差点にティーハウスを建てる、型破りな非営利団体を設立した。

仕事

人生のなかで、仕事ほど驚くべき変化を伴う分野はない。

ブライアン・ウェクトはニュージャージー州で、互いに宗教が異なる男女のあいだに生まれた。父親は陸海軍払い下げ品専門店を経営するかたわら、ラスベガスへ行っては、エルヴィスやシナトラを聞いて楽しんでいた。ブライアンは学校に行くのが好きで、とくに数学と科学がお気に入りだったが、ジャズサックスとピアノも大好きだった。「子どものころは太っていたので、ほとんどいじめられてすごしました。それが今の私に大きな影響を与えています」と彼は言う。「友だちもあまりいませんでしたね」

ブライアンは、大学では2つの専攻を持つダブルメジャーで、数学と音楽を選択し、大学院ではジャズ作曲を学んだ。だがガールフレンドがサンディエゴに引っ越したため、彼は大学を辞め、カリフォルニア大学サンディエゴ校の理論物理学課程に入学した。半年後、2人の関係は破綻し、さらにその6年後、彼は博士号を取得した。弦理論における長年の未解決問題（the exact superconformal R-symmetry 4d SCFT）を解き明かすと、ブライアンは一躍、国際的スターとなり、マサチューセッツ工科大学、ハーバード大学、さらにはニュージャージー州のプリンストン高等研究所からフェローシップの地位を得た。そして彼は、想像もつかないような仕事を手にしたのである――ロンドンでの素粒子物理学の終身教授職だった。彼は決心した。

とはいえ、ブライアンはこれまで、音楽に対する興味を失ったことは一度もなかった。妻と出会ったのも、即興劇団で演奏していたときだった。彼は友人のダンと、ニンジャセックスパーティーというコメディーバンドを始めた。「忍者のような格好をしてペニスやセックスについて歌っていたので、それが災いして教授職の面接中に痛い目に遭うんじゃないかと、ずっと心配していました」

ブライアンがロンドンに到着するころには、バンドの動画がネット上で拡散し、センセーションを巻き起こしていた。今の音楽の副業を生業にして、生活していく努力をすべきなのか？――彼はダンと電話をしながら、泣き出していた。このとき、ブライアンと彼の妻には娘が1人いて、その選択はあまりにばかげていると思われた。「辞退するなんてとんでもない」と、彼の物理の指導教官は言った。「学生のなかで、職に就けるのは君だけなんだ」

妻は協力的だったが、あなたの代わりに決断はできないと言った。**思い切って音楽の道に飛び込んで失敗でもしたら**と、彼は考えた。**このユーチューブのおかしなキャリアのせいで、自分の将来が台なしになるかもしれない。**しかし彼はまた、こうも思った。**でもそ**

うしなかったら、70歳になって振り返ったとき、「くそ、あのとき挑戦しておけばよかった」って言うだろうな。

そして彼は決断を下した。「どうせ生きるなら、安全と後悔よりも失敗と恐怖を選ぼう」ブライアンは家族を連れ、ロサンゼルスに引っ越した。次のアルバムがリリースされると、ニンジャセックスパーティーはテレビ番組の『コナン』で特集が組まれ、『ワシントン・ポスト』紙で紹介され、アルバムはビルボードチャートの上位25位にランクインした。彼らが行った全米ツアーは、ブルックリンボール・ラスベガスを含め、チケットはすべて完売した〔訳注：『コナン』はアメリカで11シーズンにわたり深夜11時から放送されたバラエティ・トーク番組。「ブルックリンボール・ラスベガス」は、ボウリング場、コンサート会場、レストラン、ナイトクラブ、バーが揃った複合施設〕。

仕事の世界は依然として激動の時期が続いている。平均的労働者は50歳を迎えるまでに、12種類の異なる仕事に就いている。高等教育を受けた人は転職を15回経験し、スキルセットも3回変更する可能性がある。仕事に対する標準的な就業期間は４年とされるが、35歳未満になると3年に減少する。ＡＩにより自動化が促進されれば、アメリカの労働者の半数が職を失う恐れがあるとされている。労働者の90パーセントが仕事を離れ、10人中６人が別のキャリアを選択するのも不思議ではないし、10人に４人が**サイドビジネス**に力を入れているのも頷ける。結論：昨今のアメリカ人は職歴を、それまでの人生の道筋を示すものではなく、自身のキャリア全体を示すポートフォリオとして捉えている。

私が聞いた、仕事に対する破壊的要因の実例は以下の通り：

・ブルックリンに住むエイミー・カニンガムは、10代の兄弟を子どもに持つ母親であり、女性誌のフリーライターだった。ところがサウスカロライナ州で行われた父親の葬儀にいたく感動し、葬祭学校に入学すると、環境に優しい葬祭ディレクターになった。

・湾岸警備隊の兵役経験者で、かつてはオンライン・フラワーショップ、1―800フラワーズの女性営業員も務めたジーナ・ザックは、大手電気通信事業者であるベライゾンの安定した仕事を50代で辞め、メイン州でセカンドハウスの世話をするライフスタイルビジネスを始めた。

・マイケル・ミッチェルは、小児泌尿器科医としての輝かしいキャリアを持つ医師だったが、引退後の環境に順応するのにひどく苦労したため、後進の医師を指導し、良き助言者たろうと務め、子どもがまだ小さいころに何もできなかった埋め合わせをしようと、妻に頼んでやるべき事柄を記した長いリストを作ってもらった。

身体

破壊的要因の最後のカテゴリーである身体にも、同様の変動性が見られる。ランディ・ライリーは13日の金曜日に生まれた。「それがある程度、私の人生の行く末を決めたのです」と、彼女は言う。「私はブルーカラーの家庭に育ちました。頭は良かったと思います。学校生活は健康面も何もかも、まったく問題なく終えました」彼女はインディアナ州で優勝したソフトボールチームの一員であり、学生のなかから選ばれる学園祭の女王でもあった。「とても幸せでした」

パデュー大学の1年生を終えるころから、彼女は太り始めた。「いわゆる『フレッシュマン・フィフティーン』〔訳注：食べ過ぎや運動不足が原因で、大学に入学した1年めに15パウンド(約7キロ)太ってしまうこと〕だと思いました。でもその夏は5キロの距離を何度も走っていたんです。痣がすぐにできるようになり、たびたび腹痛にも襲われました」ある週末、彼女は吐血した。「肝臓が悪いんじゃない？　目がとっても黄色いわよ」と、ある友人は言った。

ボーイフレンドは彼女を病院へ連れて行った。検査の結果を見ると、肝臓酵素の数値が異常に高かったが、医師たちにはその理由がわからなかった。身体の機能が異常を来し始めたため、彼女は空路シカゴ大学へ運ばれ、そこでウィルソン病――体内に銅を蓄積させる非常にまれな自己免疫性血液疾患――と診断された。肝機能は破壊され、肺には多量の水が溜まっていた。死はまさに目前に迫っていた。

「心が溺れて沈んでいくような気持ちでした」

3カ月後、ランディは最初の肝臓移植を受けた。彼女は大学に復学し、看護学の学位を取得して卒業すると、結婚した。彼女はその後の2年間で、8本の膵管ステントを挿入した。

「彼らが処方した鎮痛剤は、ロバ1頭の命を奪うに足る量でした」と、彼女は言った〔訳注：「ステント」とは、人体の血管、気管、食道などの狭窄部を内部から広げる管状の医療機器〕。

ランディは見たところ健康そのものだった。血液検査室で働き、幸せな結婚生活を送り、幼い娘と息子を養った。「身体は完全に機能していました」と、彼女は語った。「でもそこには、不気味な恐ろしさもありました。なぜなら慢性的な痛みをなんとかしたくて、鎮痛剤への依存が生じていたからです。私は完璧なオピオイド中毒でした」〔訳注：「オピオイド」は、中枢神経や末梢神経に存在する特異的受容体（オピオイド受容体）への結合を介し、モルヒネに類似した作用を示す麻薬性鎮痛薬〕

ランディはなんとか薬への依存を軽減しようと努力したが、2度め、そして3度めの肝臓移植のたびに、依存症に戻っていった。結局、最終的に完治するまで、3年の月日と中毒治療用麻薬の助けが必要だった。「どうです、そんな話を聞かなければ、私が中毒患者だなんて誰も思わないでしょう。闊達な物言いをし、小さな子どもが2人いて、日曜日は教会に行く——典型的なアメリカ中西部の人間です」そして彼女は、自分が凶悪犯ではないとも付け加えた［訳注：アメリカ中西部から南部の州は最低賃金が低めに抑えられ、高い貧困率が取り沙汰される一方で銃の所持率も高く、犯罪率が問題視されることも多い］。「医師もときによっては過剰処方するなんて、誰も思わないでしょう。だから簡単に依存症になってしまいます。あなたや、あなたの知り合いも例外ではない。嘘ではありません。本当にそうなります。しかも時間はそれほどかかりません」

現代医学が身体に変調を引き起こすなど、考えにくいかもしれない。だが進歩を重ねるたびに、新たな懸念も生まれてくる。今日のアメリカ人は、青年期の早期化と老年期の晩期化により、人生の終焉がますます遠のきつつある。私たちはまた、うつ病、不安障害、あるいは自殺などが前例のないほど蔓延するといった事態にも直面している。第一次世界大戦以来、延び続けてきたアメリカ人の寿命は、2010年代の後半から一転し、長期にわたる低迷が始まった。10人中6人が、心臓病、高コレステロール、関節炎、あるいは糖尿病のうちのいずれかひとつの慢性疾患を抱え、10人中4人は複数の疾患に苦しんでいる。

さらに私たちの3分の1ががん、4分の1が不安障害、5分の1が慢性疼痛に罹るだろう。そうした問題はすべて年齢とともに悪化していき、その一方で私たちもまた、高齢化している。１９２０年代に5パーセントだった人口に占める65歳以上の割合は、今や16パーセントにまで増加した。高齢者の数は２０５０年までに、75パーセントも増加すると予想されている。

私が聞いた、身体に対する破壊的要因の実例は以下の通り：

・ジェリー・シュパールはオハイオ州立大学の新人テニスプレーヤーだったとき、いんきんたむしのような症状を感じ、気になった彼は1日に十数回、自分の身体をチェックした。結局これは強迫性障害の最初の兆候だったとわかり、現在は投薬とアートセラピー〔訳注：芸術の創造、創作の過程、応用心理学や心理療法の経験を通し、個人、家族、コミュニティの人生を豊かにしようとする統合的心理療法〕で対処している。

・リー・ウィンツは国際的非営利団体を率いるために年間16万キロを旅し、すでに睡眠時無呼吸症候群と糖尿病を患っていたが、自分の卵巣に腫瘍があるとわかると、そのために離婚し、トレーナーを雇って30キロ減量せざるを得なくなった。

・かつてガールスカウトのリーダーから受けた性的虐待を乗り越えたキャロリン・グラハ

ムだったが、今度はライム病で衰弱しきってしまい、致死量の抗うつ薬をマクドナルドシェイクに混ぜ、フロリダ州のケープカナベラルから大西洋に歩いて入水した。この自殺未遂で生き延びた彼女はさらにもう一度自殺を試み、再び命を取りとめると、最後は代替療法によって完治した。

私たちの人生に大きな衝撃を与えるこうした数々の事態を総合的に眺めると、破壊的要因に関する重要な問題が見えてくる。それは第一に、こうした破壊的要因がますます蔓延しており、そして第二に、それらは長期間にわたり発生し続けるということだ。

人生が揺さぶられるたび

当初から、中年の危機は信用の置けない概念だった。そもそも、同じ文化に属するすべての人が、まったく同じ時期（40歳から45歳のあいだ！）に、まったく同じ危機を経験するなどという考えは、表面的には、ばかげているように見えたはずだ。実際、学者たちがこの誤りを証明するのに数年もかからなかった。なにより明確にしておきたいのは、彼らが発見したのは、そして私がライフストーリー・プロジェクトでたしかに発見したのは、この時期に人生の移行を経験しない人もいるという事実ではない。そうした見方は、この種の移行が発生する、人生に対する数十の観点のなかのひとつにすぎないのだ。

中年の危機という考え方の根幹には、3つの欠陥が見られる。ひとつめは、経験的データからは、その根拠が立証できないことだ。かつてゲイル・シーヒィが著した『Passage』に影響され、多くの研究が行われるようになったが、そのうち最大のものは、1995年に実施された「アメリカにおける中年期」と題する調査である。これには13人の学者と、25歳から74歳までの7000人の被験者が参加し、調査はこのような結論を下している。「アメリカ人のほとんどが、中年の危機——広い意味で捉えれば、予想される危機と安定の期間を伴う普遍的な人生の流れ——を経験しているという考えを裏づける証拠は、比較的少ない」当該期間中に困難に直面したと報告した被験者は全体のわずか4分の1であり、しかもそれらは出来事や事件に起因したもので、死すべき運命に対する絶望ではなかった。それどころか、中年期から老年期に向かうにつれ、人々が幸福を感じる度合いは大きくなっていくことが示されたのである。『ニューヨーク・タイムズ』紙の見だしはこう踊った。「新たな研究が伝える『中年期は人生の最盛期』」

2つめは、**中年期**が示す期間が非常に幅広くなり、言葉そのものが形骸化しつつあることだ。青年期が早期化する一方で、老年期はさらに晩期化するため、中年期が一層長くなった。研究によれば、若者は中年期を30歳から55歳とみなし、高齢者は40歳から70歳と捉えているという。多くの人が中流階級であるように、昨今では誰もが中年期なのだ！

3つめは、これまでなら人口の幅広い層が、同じような時期に経験していた人生における様々な——例えば結婚したり、家を購入したり、子どもをもうけたりといった——出来事が、現在では数十年にわたる広範な時期に分散していることだろう。例を挙げれば、多くの人たちは依然として20代前半で子どもを産むが、40代前半まで待つ人もいれば、さらに遅くなってから2人めの子どもを産む人もいる。あるいは転職したり連れ合いを換えたりするといった、かつてはもっぱら中年期に関係してきた出来事が、今では成人期にも見られるようになった。

この最後に挙げた特性は非線形の人生の本質であり、十分検討に値する。私たちの誰もが常に変化を経験しており、さらに言えば、変化するよう仕向けられているのだ。第一世代の心理学者たち〔訳注：ユングおよびユングに教えを受けた世代の総称〕は、人はみな21歳までに発達を終えると強く主張した。そうした考えは今や誰からも顧みられなくなっている。近年の脳研究によれば、私たちはいくつになっても変化できるのだという。ある神経科学者は「脳は生涯を通じ、自らを再構築する」と述べている。

これらをすべて鑑みれば、私たちは最終的には、中年の危機という考え方をすべて葬り去り、その代わりにはるかに現実に近い概念、すなわち**人生の危機に陥るたび**、さらに公平な言い方をすれば、**人生が揺さぶられるたび**、という言葉に置き換えるべきだという結論に達するだろう。私はインタビューした全員に、人生の最良のとき、最悪のとき、そして重大な転機について尋ねている。それぞれの答えをグラフにしてみたところ、決定的な事実が浮かび上がった。人生に大きな影響をもたらす出来事は、私たちの人生全体に均等に分布していたのだ。

これまで主張されてきた「中年の危機」に最も近いと思われる、人生最悪のときについて考えてみよう。30代の場合、成人してから現在に至るまでおよそ5年ごとに等しく起きており、同様の傾向は40代にも見られた。50代の場合は30代から40代にかけて数値は低く抑えられているが、50代になると高止まりする一方で、60代の場合は広範に分布している。人生の転機には、さらに大きな分散が見られる。

私はこの分析を、もう一段階深く掘り下げてみた。年代ごとに分類したいくつかのグラフをひとつにまとめて表示するため、各自の重要な転機に遭遇したときの年齢をひろいあげ、その数字をインタビュー時の年齢で割ってみたのだ。人生の転機を、年齢ではなく人生のどの部分に相当するのかを表すその数値は、結果として、その人の生涯全体に驚くほど均等に分布しているとわかった。

その結果――人生に対する重要な破壊的要因が、35歳から45歳のあいだに突出して見ら

人生最悪のときと転機の発生頻度：30代

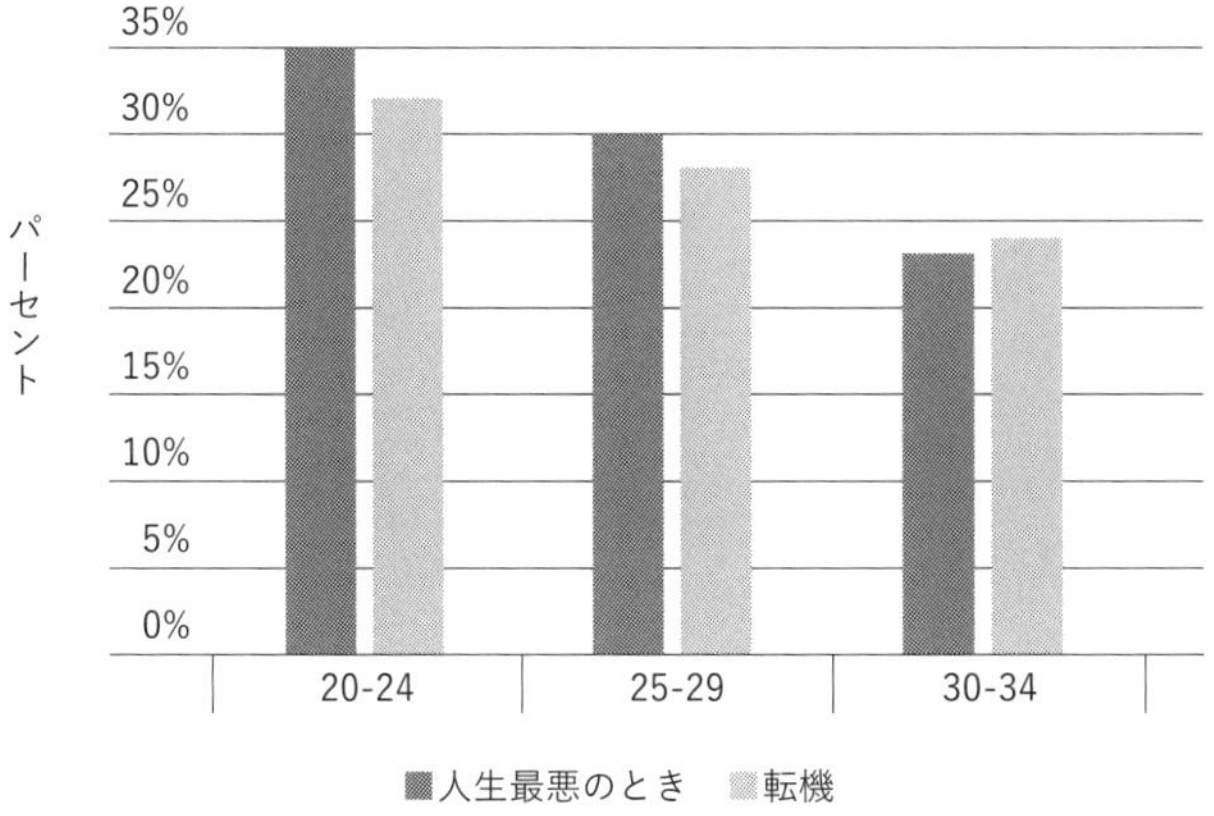

れるという証拠はまったく見当たらなかった。むしろそうした破壊的要因は、**いついかなるときでも**現れるのだ。

これは、人生が揺さぶられる現象というものが、現実生活のなかでどんな役割を果たすのかを示している。

混乱状況のなかで生まれてくる人たちがいる。エイミー・カニンガムは「悲しみの子宮」から産まれた。彼の兄は生後13カ月で亡くなり、母親はすぐに次の赤ちゃんが欲しいと言った。ウィル・ダナは4人きょうだいの4番めに産まれたが、両親はすでに長いあいだ反目し合っていて、彼が産まれると2人はすぐに離婚した。「私は混乱の真っ只中に産まれましたが、もちろんそれを知るよしもありませんでした」

人生最悪のときと転機の発生頻度：40代

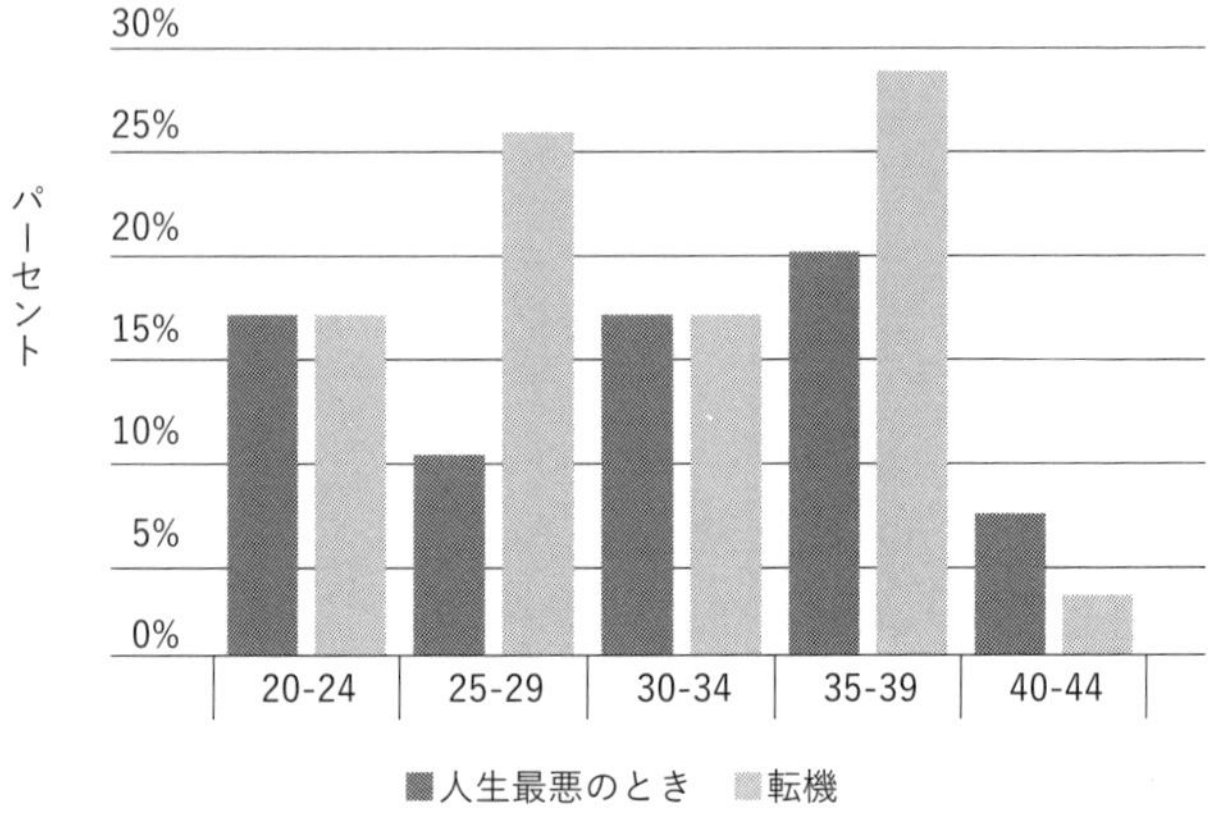

人生最悪のときと転機の発生頻度：50代

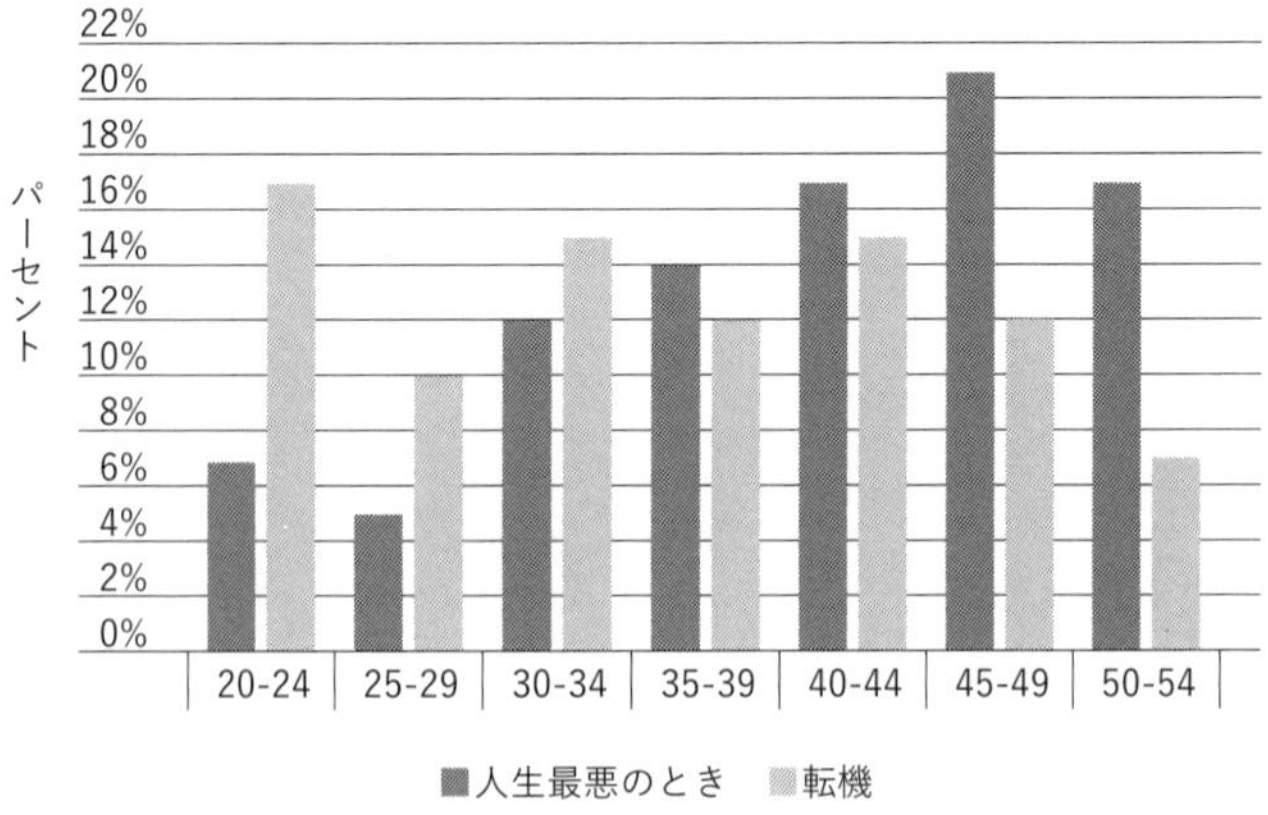

人生最悪のときと転機の発生頻度：60代

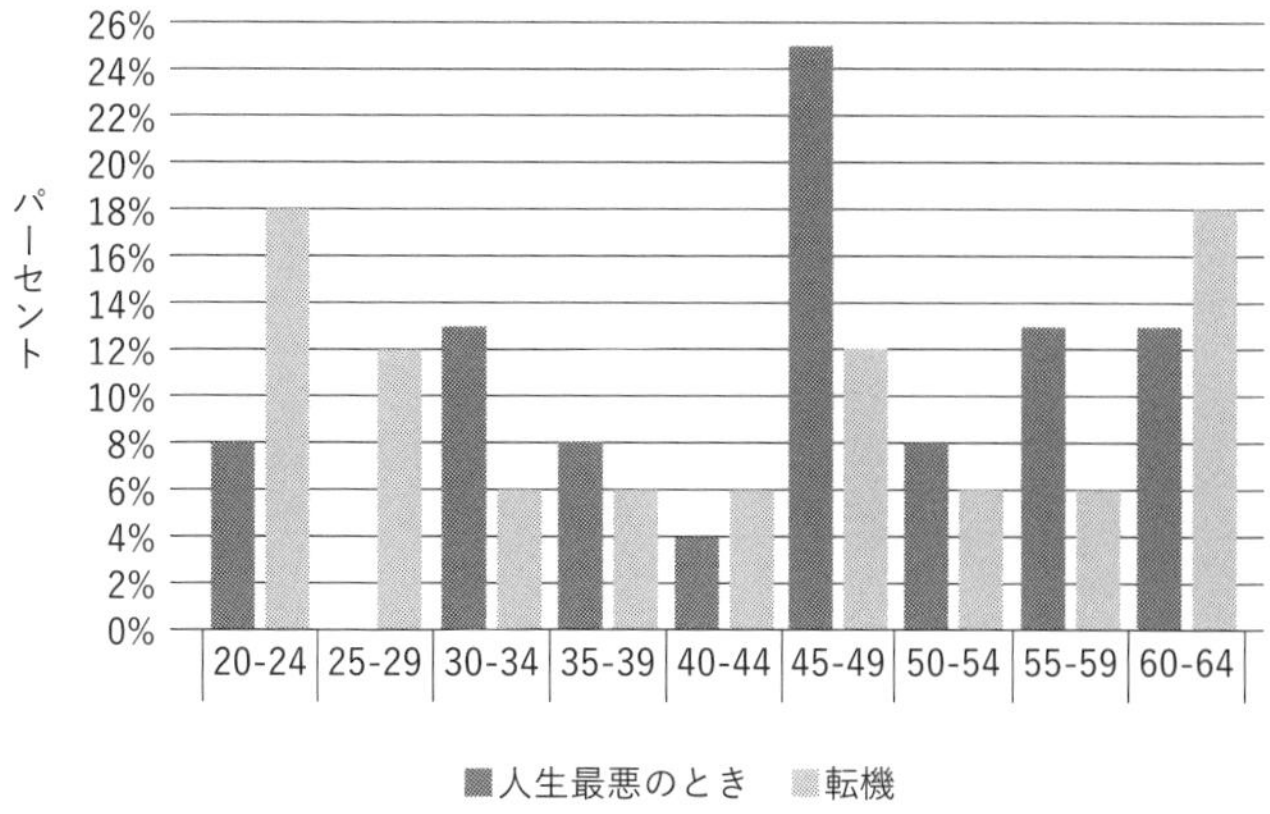

幼少期に、明らかにトラウマになる出来事を経験する人もいる。リズ・マグアイアは思春期を迎えるころ、母親が重篤な病気で車椅子生活を余儀なくされ、その面倒を見なければならず、孤独のスパイラルに陥った。バディ・ケーシーは、ノースカロライナ州の砂利道の突き当たりにある、水道が来ていない家で、学校教育を受けていない両親に育てられ、6歳のときに他の少年にレイプされた。

多くの人が、20代で試練を経験する。セス・ムヌーキンは、高校生のときに薬物に手を出し、ハーバード大学を卒業したものの、20代でヘロインにどっぷり浸かり、家族と疎遠になり、車のなかで生活するようになった。だが26歳の誕生日を迎えるころには薬物から完全に抜け出し、これが彼のその後の人生を

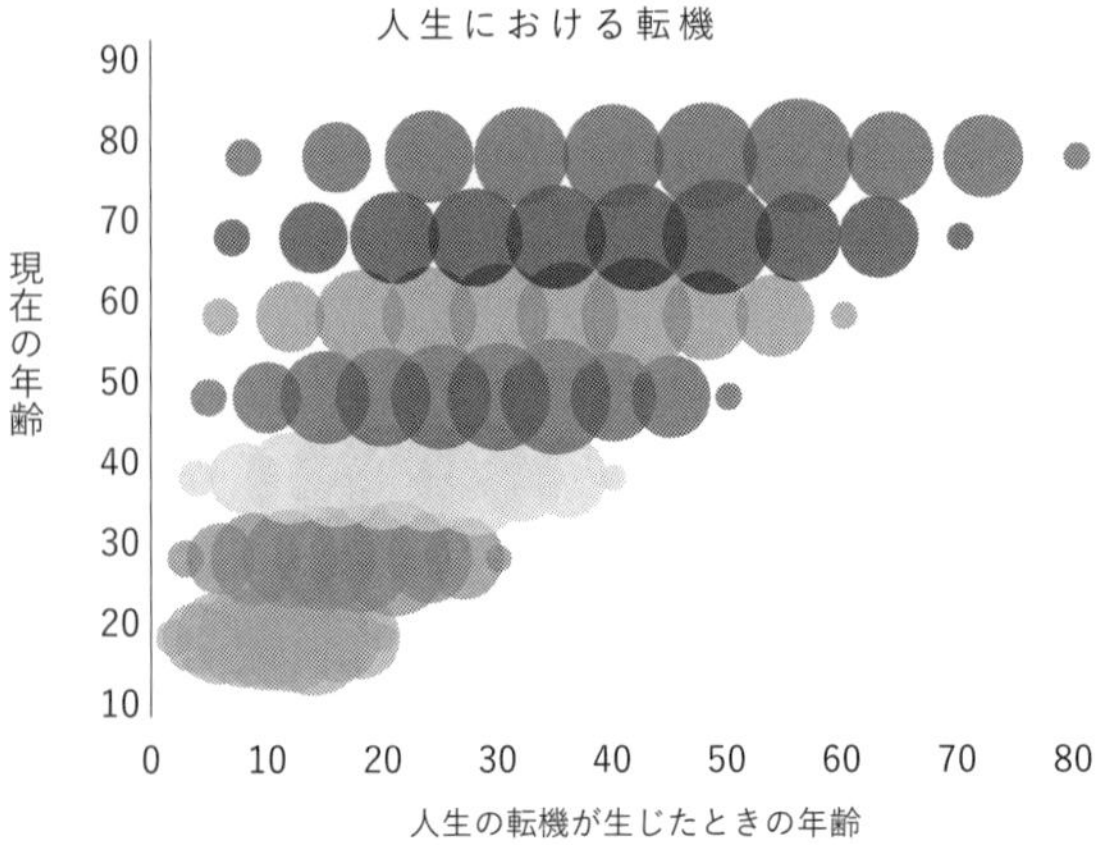

円の大きさ＝人数

決定づけた。ジル・キャメロン・ミシェルは10代のころに神様に仕えるのが自らの役目と感じ、大学生でミズーリ州の教会の牧師を務め、24歳で結婚した。その2週間後、彼女は夫から、自分はゲイだと告げられた。

人生の後半に大きな変化を経験する人もいる。ミネソタ州に住むシャーリー・エグモントは7人の子どもを持つ母親で、41年間ピンボール業界で働く夫と肩を並べ、従順に働いてきたが、夫が10年間不倫していたと知り、それをきっかけに自分の殻から抜け出した。ジョン・スミタは、アメリカの軍事作戦の一貫とはいえ、リビアで40人を殺害した事実に慚愧の念を抱き続けてきたが、退役傷痍軍人の支援を行うことで神と出会い、ようやく心の安らぎを得た。

性の目覚めは、人生が揺さぶられると人生そのものがいかに変化するのかを示す、完璧な例だろう。アダム・フォスは14歳でセックス依存症になった。ザネット・パイレットは3歳のときに父親を亡くし、そのショックで母親がノイローゼになって以来、自分が肉体と切り離されてしまったと感じ、50代に至るまで（夫も含め）意味のある性的関係を持たなかった。そして現在、彼女はタントラの教えをベースとしたセックスコーチを行っている［訳注：タントラ・セックスは、性のエネルギーを至福の悟りへと進むために用いる古代インド・ヒンズー教の性の実践における宗教的伝統で、密教のタントラとは別ものである］。ショーン・コリンズは5歳のときにゲイだと自覚したが、性的指向を隠そうと、18歳でベネディクト会修道院に入った。だが5年後、「独身生活を誓うことが答えではない」と悟り、退会した。

破壊的要因は、人生における避けがたい事実であり、数十年にわたる人生を通じて常に存在する事実である。生物が生来備えている生存のための体内時計、あるいは結婚、出産など人生の出来事への社会的期待を表す社会時計、そしてもちろん時刻を示す人工時計も持たない彼らは、あくまで自分たちのスケジュールに従い、通行料金を請求するのだ。

いったい、いくつの破壊的要因に直面するのか？

では私たちはそれぞれ、どれほどの数の破壊的要因に出会うのだろう？　あなたが考える以上の数──これがその答えであり、これこそ破壊的な要因がもたらす重要な問題のうちの、最後のひとつである。

この数値を算出するにあたり、私は2つの手法を用いた。まず、公的に入手可能なデータを集計した。具体的には、世間一般の人が平均的に就く仕事の数（13）、引っ越しの回数（11・7）、事故の回数（3）などである。結婚（10人中7人）、浮気（5人中1人）、離婚（5人中1人）の該当人数の割合もわかった。私たちの半数が心臓発作を起こし、4分の1が依存症になり、女性の3分の1および男性の6分の1が性的暴行を受けるかもしれない。考慮の対象外にしたのはダイエットの回数（55）、あるいは経済的苦境（3人中1人）である。これらが本当に破壊的であるかどうかを数値で示すのは非常に困難だからだ。

以上を総合し、平均的成人が一生涯のうちに破壊的要因に直面する回数は、30回から40回のあいだという結論に至った。

次に私は自分のインタビューを調べ、対象者が破壊的要因について語った頻度を数えてみた。言うまでもないが、私はその人の引っ越し、別離、あるいは転職のすべてを聞いたわけではない。それでもパターンは明らかだった。人は成人期に平均30回以上、破壊的要因を経験するのだ。

この2種類の数値を重ね合わせると、明白かつとんでもない経験則が現れる。

人は平均して、およそ1年から1年半ごとに、ひとつの破壊的要因に遭遇する

この発見を第三者に伝えると、彼らは最初に**本当？**と声を上げ、続いて**そうかもね**と頷いた。つまりショックとともに、それを受け入れようとする態度を示したのである。だがそれらはごくありふれた破壊的要因であり、私たちの人生を揺るがすほどの大きなものではなかった。重要なのは、私たちはみな現代生活の横風にあおられている——すなわち**待ってくれ！　まだこの質の悪い状況に収まりがついていないんだ。それなのにまた別の問題が起こるなんて！**といった状況にある——と認識することだ。そうなれば、破壊的要因のいくつかが都合の悪いときに現れるのも理に適っているとわかるだろう。私たちは動揺し、混乱し、疲れ果てている。そうした事態に直面したときに私たちがどう感じるかが、現代生活の倦怠感を左右する重要な部分だ。

線形人生という名の幽霊に取り憑かれているというのが、今の私たちの姿だと私は信じている。人生は予測可能な道をたどると思い込むため、そうならないと困惑してしまう。期待する人生は線形だが、現実は非線形なのだ。ある分野は線形である（例えば安定し

たキャリアを築いたり、長い結婚生活を営んでいたりする）人も、他の分野は非線形だったり（例えば健康問題が再燃したり、宗教的アイデンティティを頻繁に変えたり）する。私が話したほぼ全員が、人生の少なくともひとつの側面は**予定通りに運ばなかったり、進路から逸脱したり、同時発生したり、順序が狂ったり**したと語った。

私たちはみな自分自身と、すでに存在していない理想とを突き合わせ、それが達成できなかったことで自分を責めているのだ。

一口に順序の狂った人生を送ると言っても、人によって状況は異なる。自らの娘を自動車事故で失い、代わりに2人の孫娘の養育を余儀なくされた63歳のロレッタ・パーハム。最初の結婚生活がわずか3カ月しか続かず、両親のもとに戻らざるを得なくなった29歳のサラ・クーパー。50代でゲイだと公表したフレッド・シュローマー。友人のなかで結婚していたのが彼女1人だけだったため、20代ながら社交的付き合いに参加できなかったウェンディ・アーロンズ。妊娠しているあいだに夫が浮気していたと知り、産まれたばかりの赤ちゃんがいながら、再び新たな交際相手を求めて積極的にデートをするようになったカトリーナ・アルコーン。そして最初の夫とまだ婚姻関係にあるときに、次の夫と家を購入したサラ・ホルブルック。彼らはまさにそうした人たちである。

そして43歳にして初めて父親になり、小児がんにかかった私がいる。

混沌とした――いわば52種類の破壊的要因カードを引き抜いていく狂気にも似た――人生を生き延びる利点は、それが親からであれ、隣人からであれ、自分自身が与えたものであれ、いわゆる期待というくびきから解放されることにある。**こうあるべき**という名の電車は速度を緩め、私たちは誰もが自分で選択を行い、何が私たちに平穏をもたらすのかを自分で決められるのだ。

しかし逆に、人生がより困難なものになるかもしれないという欠点もある。無限の選択肢を前にして何ひとつ選ばず、自分自身の物語を書こうとしても壁にぶつかってしまう可能性が考えられる。成功と失敗、言い換えれば充実した人生と挫折の人生の分かれめは、自分の人生にいかに意味を持たせるかという課題に、どれだけうまく対処できるのかにかかっている。幸い、そうしたプロセスをより容易にするノウハウが、相次いで示されるようになった。

意味を示すABC
あなたの人生の形は？

The ABCs of Meaning
What Shape Is Your Life?

線形人生を生きるうえで最も重要な約束事は規則性であり、非線形人生がもたらす最も重要な結末は不規則性である。私たちは、あらかじめ決められた人生の一連の出来事を順番に体験していくわけではない。好調、不調、記号の「&」、感嘆符、モンスターのような変化球、思いがけない幸運、あるいは考えられる限りのあらゆる人生の回り道や曲がりくねった道など、自分の人生にしか見られない明確な特徴に翻弄されるのだ。
こうしたあらゆる変動性がもたらす副次的影響は、居心地の悪さを覚えたり、心のどこかで期待や恐怖を漠然と感じたり、次に訪れるのは幸運なのか不運なのかという不安が拭い去れなかったりすることである。**どうして私はこんな状況に陥ってしまったのか？　なぜこれほど心が落ち着かないのか？　私は今、何をすればよいのか？**　こうした乱気流とも言うべき不安定な感情が、自分という存在に対するある種の疑念や動揺をもたらしているかのようだ。

私たちは昨今、仕事、酒、ポルノ、マリファナ、祈り、瞑想、食べ物、運動などを通じ、こうした状況に対する解決の糸口をつかもうとしてきた。その多くは一時的に事態を収めてくれたし、少しのあいだなら効果を発揮し続けてくれたものもあった。しかし誰もが人生の意味を見失うような大きな危機に直面するのであれば、遅かれ早かれ根本的な解決策が必要になるだろう。私たちは、人生における究極の問いに対する答えを提示するよう、求められているのだ。**私はどんな人間になりたいのか？　どんな物語を語りたいと願っているのか？　何が私に意味を与えてくれるのか？**

幸いにも、これらの問いに対する答えの拠り所となる知識の量は増えている。人生における意味の探求が、現代思想のなかで注目を浴びるようになってからおよそ1世紀が経過した今、私たちにとって最も重要なものを明確に定義するには、私たち1人ひとりがどうすべきなのかがより明らかになってきた。加えてこの30年ほどのあいだ、物語によるアイデンティティが、現代心理学の重要な部分を占めるようになり、私たちは、それぞれが個人的物語を持ち――より正確に言うなら、複数の個人的物語を抱え――それを人生の幸福を育むために利用しているのだと、より深く認識するようになった。

しかし私が行ってきた対話は、こうした2つの思考の流れには関連性が存在するにもかかわらず、多くの人々がそれを見過してきたのではないかという可能性を示唆している。意味を示す様々な源と、数多くの個人的物語は、私たちが認識する以上に連動しているのだ。さらには、そうした意味の構成要素と多種多様な話の筋立ては、何千年という時間を経て社会に浸透してきた概念、すなわち、人生を最も的確に捉えているのはどんな形かという概念ともつながっている。何が人々に意味をもたらすのか、どんな個人的物語を強調すればその状況を示すのに相応しいのか、さらにはアイデンティティを支える柱をいかに視覚的に表現するのか、それら相互の関連性を理解するのは、困難だがやりがいのある、そして最終的には心躍る、ライフストーリー・プロジェクトの重要な部分だった。

本章では、その結果について詳述する。

「それこそ、共産主義者とユダヤ人の思うつぼだ」

通例とは大分異なる人生の形を持った人物の話から始めよう。

クリスチャン・ピッチョリーニの両親はイタリア系移民で、1960年代半ばにシカゴに移り住み、そこで美容院を開業し、大きな苦労を重ねた。「両親は、しばしば偏見に苦しんでいました」と、彼は言う。郊外に住む祖父母のもとに送られたクリスチャンは、その土地に馴染めずに疎外感を感じていた。「私は祖父母のクローゼットの周りをうろつきながら、他の子どもたちが自転車に乗っている姿を窓から眺めては、自分も仲間に入りたいと思っていました。生まれてから14年間、とにかく孤独でした」

14歳のある日、クリスチャンが路地裏に立ってマリファナたばこを吸っていると、68年型のファイアーバードが砂利とほこりを巻き上げながら、猛スピードでやってきた。「車が急ブレーキの音を響かせて目の前で止まり、スキンヘッドにブーツを履いた男が車から降りてきたんです。彼は私がくわえていたマリファナたばこをつかみ取り、私の頭をぴしゃりと叩いてこう言いました。『それこそ、共産主義者とユダヤ人の思うつぼだ』」

クリスチャンは話を続けた。

「私はただの子どもでした。共産主義者もユダヤ人もいったい何なのかさっぱりわかりませんでした。でも彼は私に、こう言ったんです。『お前はイタリア人だろう。お前たちの先祖は勇敢な戦士であり、思想家であり、芸術家だった。そいつを誇りに思うべきだ』と。突然私も、彼のようになりたいと思いました。彼はその手に、私が生涯をかけて探し求めた、あるものを持っているように見えたんです。それはコミュニティでした」

その男は当時26歳のクラーク・マーテルで、アメリカを代表するネオナチ・グループのひとつ、シカゴ・エリア・スキンヘッズ〔訳注：白人を中心に支持されている極右思想の一種で、坊主頭（スキンヘッド）をその象徴とみなし、テロ行為やヘイトクライム、ヘイトスピーチを繰り返す。白人至上主義と深く関連しており、イスラム教徒、黒人、アジア人（東洋人）が主な排斥対象である〕の創設者だった。一夜にしてクリスチャンは狂信者となった。頭のてっぺんからつま先まで、全身にかぎ十字とナチスマークのタトゥーを入れ、黒人とユダヤ人に対する集団暴行に参加し、バンドを結成して憎しみに満ちた歌詞を書いた。

「ホロコーストなんて、あれは真っ赤な嘘／ユダヤ人は６００万人も死んじゃいない」

「初めて人生に目的が生まれたんです」と、彼は語った。「それは世界を救うことでした。私と同じように考えられないばかな奴らもいて、そいつらの分も自分の双肩にかかっていると思っていました」

２年後、マーテルが刑務所に送られ、代わりにアメリカのネオナチ・グループのリーダーになったクリスチャンは、ミネアポリスからサンフランシスコまで新たな支部を開設した。熱血漢のような風貌とその求心力から、彼はこの運動の国際的な顔役となり、17歳でＣＮＮにも出演した。

クリスチャンが19歳のとき、ドイツで４０００人のスキンヘッドを前に演奏し、その後、彼らは暴動を起こした。

「それをきっかけに、歌詞の影響力を認識するようになりました。世に送り出した考えに対して、自分がどれほどの責任を負っているのか、それまでまったく考えもしませんでした」

シカゴに戻ると、クリスチャンが入り浸っていたマクドナルドに、10代とおぼしき黒人の若者数名が入ってきた。「私は彼らに、このマクドナルドは俺たちの縄張りだから、お前らの来る場所じゃないと、ほとんどけんか腰で詰め寄りました」クリスチャンは仲間と一緒に、彼らを店の外へ追い出した。相手の少年の1人が銃を引き抜き、引き金を引いたものの、銃が弾詰まりを起こした。「私は彼を叩きのめそうと、顔面を蹴り続けました。彼の顔は腫れ上がり、血まみれでした。彼が片方の目を開くと、私の視線とぶつかりました。そのとき私は思ったのです。**私のきょうだい、母親、父親だってこんな目に遭う可能性があったんだ**と。私が誰かに共感した初めての瞬間でした」

その後、クリスチャンはレコード店を経営した。白人至上主義を肯定するような音楽を専門にした店だったが、一部、ヒップホップやパンクロックも扱った。

「だんだん人が集まるようになりました。最初はアフリカ系アメリカ人やユダヤ人、ゲイの人たちまでやって来るのが嫌でしたが、代金はありがたく受け取りました。そのうち彼らも繰り返し来店し始め、会話が弾むようになり、個人的に親しい間柄になっていきました」

クリスチャンは恋もした。「ガールフレンドはその運動を嫌っていたので、彼女にデートしてくれるようお願いしなければなりませんでした」2人は結婚し、子どもが生まれた。「分娩室で初めて抱き上げた息子は、純真そのものでした。そのとき私は、この子が操られる可能性があり、そしてまた私も、これまで操られて来たのかもしれない、そう気づいたのです。その途端、私は今までとは別のアイデンティティ、別のコミュニティ、別の目的を持つようになりました」

彼は運動から遠ざかるようになり、レコード店は閉店した。もう1人、息子が増えた。彼の妻は、それでも彼がまだ決断しきれていないと見るや、息子たちを連れ、彼のもとを去っていった。運動に手を染めてから7年後、ようやくクリスチャンがそこから完全に離れたときには、生活の糧、家族、そしてコミュニティを失っていた。彼はその後5年間、うつ病に苦しみ、酒浸りになり、コカインを摂取した。子どもたちに会うとき以外は、めったに家を出なかった。

そしてようやく、友人の1人から半ばせき立てられるようにして、ＩＢＭの技術サポートの仕事に応募した。まだインターネットが普及する前で、それほど身元は問われず採用された。最初の仕事はコンピュータの設置だった。ところがその取り付け先は、彼が二度も退学処分を受けた高校だった。彼はかつてその高校で、アフリカ系アメリカ人の警備員に暴行を働いたかどで手錠をかけられ引きずり出され、接近禁止命令を与えられた。それが高校生活の最後だった。勤務初日、彼はまさにその警備員だったホームズを見かけた。クリスチャンは彼のあとを追いかけ、駐車場で肩を叩いた。

「彼は振り向くと一歩後ずさりし、怯えていました。私はその瞬間に言葉を失い、口をついて出てきたのは、『許してください』のひと言でした。ようやく言葉が浮かぶようになった私は、これまでの5年間にくぐり抜けてきた出来事を説明すると、彼は私を抱きしめてくれました。彼は私を許すと言い、あなたも自分自身を許してあげなさいと言ってくれました。そして私に、その物語を人にも語るよう促したのです」

その後クリスチャンはＩＢＭに、２億５０００万ドルの売上収益をもたらした。彼は会社の上司と結婚した。自分の過去について人前でスピーチするようにもなった。そして最終的には、白人至上主義者からイスラム原理主義者に至るまで、元過激派と言われる人たちが暴力から抜け出すための支援を行う、「ライフ・アフター・ヘイト」と呼ばれる団体の成立に手を貸した。「それは思いやりから始まります」と、彼は言う。「誰もが帰属すべきコミュニティを探そうとしますが、道のどこかで、くぼみに足を取られます。それはトラウマかもしれませんし、見捨てられた経験かもしれない。父親の自殺を目撃したという可能性もあります。そうした人たちは悲惨な状況に置かれても仲間がいない。そんなときに受け入れてくれるのが、非常に好ましくない場所だったりします。そのくぼみを埋めるのが私の仕事なんです。『私が接するのはモンスターではなく子どもなのだ』というのが私のモットーです」

そうした人生を経た今でも、彼は依然として窓から外を眺める、傷つきやすい少年のままだった。そして、人とのつながりを渇望するその姿こそ、彼が何者であるかを理解する拠り所になるだろう。あなたの人生を表す形は何かと尋ねると、彼は器のボウルだと答えた。

「そのボウルは人の心の大切なものを入れる場所です。あなたの考えや、あなたに潜む悪魔、あなたの夢で満たす場所なんです。それは私にとって、祖父母のクローゼットのなかに座ってひたすら探し求めたものでした。そして今日、私がやろうとしているのが、悩める人たちが安心して、ここが自分の居場所だと実感できるような場所を提供する手助けをすることなのです」

意味の運動

現代における「意味の運動」の父、ヴィクトール・フランクルは、当時4歳だった１９０９年、ウィーンのチェルニン通り6番地に住んでいた。そこはかつてヨハン・シュトラウスⅡ世が『美しく青きドナウ』を作曲した場所から、わずか数ブロック先にあった。ある夜、フランクルが眠ろうとしたとき、ひとつの考えが胸に突き刺さってぎょっとした。**私もまた、死ぬ運命にあるのだ。**後年、彼はこう記している。

「そのとき私を悩ませたのは、死への恐怖ではなかった。人生の儚さが、人生の意味さえ損なってしまうのではないかという、生涯抱き続けた疑問だった」

彼の答えはその後１００年間、彼のみならず、その他数千万人の人生を導いた。

「ある面では、死それ自体が人生を意味あるものにしてくれるのだ」

ウィーンは意味の故郷である。フロイトはそこで心理療法を生み出し、ヒトラーは10代でそこに移住し、フランクルはそこで育ち革命を起こした。フランクルは16歳で初めて、「人生の意味について」と題した講義を行い、28歳のとき、新たに「心理療法のウィーン第三学派」を設立した。「人生の意味とは何かを人に問うべきではない。なぜなら問われているのは私たち自身なのだから」というのが彼の基本理念だった。つまり私たちは、それぞれが自分の生きる意味を見つける責任を負っているのだ。充実した人生を送るとはどういうことなのかという議論は、これまでもたびたび繰り返されてきた。

フランクルは多くの点で、その議論を再び世に問うた直近の存在だ。かつてアリストテレスは、ヘドニズム（幸福の追求）とエウダイモニア（尊厳、真正性、さらには意味と呼ばれるようになったものの探求）の相互の緊張関係について述べたが、フランクルは、意味こそが人間の動機に必要な根本要素であり私たちが生存する鍵である、との考えを強く支持する、現代の傑出した擁護者となった。

1941年、フランクルが自分の考えを本にまとめ終えたとき、ナチスは組織をあげて「最終的解決」〔訳注：第二次世界大戦中、ヨーロッパにおけるユダヤ人に対して組織的にホロコースト（大量虐殺）を行うナチス・ドイツの計画〕を実行し始めていた。医師であったフランクルはアメリカへの入国が保証されたが、両親と離ればなれになることに苦悩していた。ビザの受け取りを済ませて戻ったフランクルは、ダビデの星をコートで覆い、大聖堂のなかに素早く身を隠し、神のおしるしを求めて祈った。家に帰ると、父親が涙を流しながら、キッチンのテーブルの上に置かれた大理石をじっと見つめていた。

「これは何？」と、フランクルは尋ねた。

「今日、ナチスが私たちの礼拝堂を焼き払ったんだ」と、彼は言った。大理石のかたまりは、ビーマー〔訳注：礼拝堂の中央に設置された説教台〕の上にあったモーセの十戒の唯一の残骸だった。

「これが十戒のどれかもわかっている」と父親は言った。「この文字を使った戒はひとつしかないからね」

「どの戒なの？」と、フランクルは尋ねた。

「父母を敬え、だ」

フランクルはその場でビザを破り捨てた。翌年、家族全員が強制収容所に収監され、フランクルの父親は、彼の腕のなかで息を引き取った。２年後、フランクルとその妻、そして母親はアウシュヴィッツに送られた。母親と妻はガス室で殺害され、フランクルには重労働が与えられた。彼はひとつの寝床に10人で眠り、１日にわずかなパンのかけらを口にするだけだった。ある夜、彼は１人の男が悪夢にうなされる姿を目にしたが、彼を起こす気にはなれなかった。

「どれほどひどい悪夢であっても、収容所の現実より恐ろしい夢なんてありません」

それでも生き延びられたのは、意味へのこだわりだったとフランクルは言う。彼は自分が書いた本の唯一の原稿をジャケットに縫い込んで隠していた。だがそれは没取され、破棄された。彼は夜になるとひたすらその文章を繰り返し、他は一切考えないようにした。１９４５年に自由の身になった彼は、それまでの経験を綴るのに集中した。書き上げるのに９日間かかった。当初は匿名にしていたが、友人たちから名前を掲載すべきだと強く促された。

　この『Man's Search For Meaning（人間による意味の探求）［邦題：夜と霧］』は１９４６年に出版され、たちまち20世紀を象徴する本になり、これまで１２００万部以上を売り上げている。フランクルのメッセージは、たとえ想像を絶するような厳しい状況に直面しても、人間は希望を見出せるというものだった。「学ぶために苦しむ必要はないが、苦しみから学ばなければ（中略）人生は本当に意味を失ってしまう」重要なのは、よりよい時代を心に思い描き、生きる**理由**を持つことだと彼は言い、ニーチェのこんな言葉を引用した。「生きる理由を持つ人は、どのような生き方であろうと耐えられる」

　フランクルの本が人々の手に届けられたのは、「意味の喪失」が広く蔓延していると考えられた時代で、広島の廃墟がくすぶり続け、多くの人がホロコーストの犠牲になるただ中だった。フランクルはそれを「世紀の病」と呼び、カール・ユングは「病気」と呼んだ。ユングはこのように書いている。「無意味さは人生の充実を損ない、意味は非常に多くのものを――おそらくすべてを――永続させる」

　現代における意味の運動は、このグラウンド・ゼロから始まり、最終的には哲学、心理学、そして神経科学を巻き込み、拡大していった。無意味さのもたらす症状が虚しさや疎外感なら、慰めや癒しこそ充足感であり個人的な意味づけだった。「人間心理の中心的概念は、**意味である**」とは、心理学者であるジェローム・ブルーナーの言葉だ。つまり自分自身の意味を形成するのが各個人の中心的役割であり、そこには唯一絶対の公式は存在しない。

しかしそこには一定の方向性があり、75年にわたる思索と研究により有意義な人生を送るとは何を意味するのか、その問いに対する考え方が確立されてきた。私たちはコード化するためにセッションを行い、それらの考え方を、インタビューのなかでその人たちが最も頻繁に使用した言葉やフレーズ、あるいは表現などと照らし合わせ、さらにその結果を、彼らが人生で選択したテーマと比較していった。

そして最終的には、バランスのとれた生活に必要な3つの要素を特定した。ここではそれを**意味を示すＡＢＣ**と呼ぶ。まずＡは**Agency**（行為主体性）、すなわち自発性、独立性、創造性、習熟性であり、自分は周囲の世界に影響が与えられるという信念である。次にＢは**Belonging**（帰属意識）、すなわち婚姻関係、コミュニティ、友人、家族であり、あなたの周りであなたを慈しみ育んでくれる人たちである。そしてＣは**Cause**（大義）、すなわち神のお召し、使命、目標、そして目的であり、あなたの人生を超えた超自然的なものに対する献身である。

こうした極めて重要な3つの要素にはもちろん大きな力が備わっているが、それが調和、充足感、そして喜びを持って生きるための唯一の手段というわけではない。それらは別にある一揃えのツール、つまり私たちの物語的アイデンティティを形成する3つの構成要素に対応している。まずひとつめは**私個人の物語**である。そこでは自分が主人公であり、行為者であり、創造者だ。つまり自分自身で行為主体性を発揮し、そこから充足感を得ている。次は**私たちの物語**である。そこでは私たちがコミュニティ、家族、チームの一部を形成している。つまりグループに属すことで、必要とされていると実感する。そして3つめが**あなた方の物語**である。そこでは私たちは理想、信仰、大義に奉仕している。自分自身を他者に捧げ、より大きなものの一部だと感じるのである。

かくして私たちはみな自分のなかに、意味を示す3つのABCを一通り揃え、従って3つの物語的アイデンティティも備えているとわかった。さらに言うなら、私たちの意味の源がバランスのとれた状態にあれば、人生のバランスも保たれるが、ひとたびその均衡が崩れれば、人生も不安定になる。そのため誰もが、人生の出来事に遭遇するたびに、常にその構成要素の重みを、何度も何度も繰り返し計り直している。私たちは正義の女神のようなものなのだ（ただしその天秤の皿は2つではなく3つだが）［訳注：正義の女神とはギリシャ神話に登場し、様々な揉め事を神託によって審判を下すテミス神で、左手に事の善悪をはかる「裁きの天秤」を掲げている］。

これ以外にも、人にはひとつの要素を他の要素に優先させる傾向があることも学んだ。誰もがそれぞれホームベース（自分にとって心地よい場所）、心理学者が言うところのいわゆる**核となる構造**を持っているのだという。つまり私たちには、行為主体性を第一に考える人、帰属意識を第一に考える人、大義を第一に考える人の3種類が存在し、さらに2番めと3番めの優先順位もそれぞれに異なるのだ（このモデルによれば、私はＡＢＣであり、妻はＣＡＢとなる）。

これらの意味の源を理解し、視覚化する方法がもうひとつ存在する。それは、私がいつもインタビューの最後に尋ねていた質問に関連している。

私たちの人生のかたち

カオスの科学のなかでとくに注目に値する興味深い点のひとつは、研究者が世界の実際の機能の仕方を捉えようとすると、誰もが必ず形に立ち返ることである。彼らは秩序のただ中にカオスを見出し、その後、今度はカオスのただ中に秩序を見出した。水流の乱れは複雑なさざ波や渦を発生させ、雲は綿雲や羊雲に姿を変え、現れては消えていく。国の境界線は、はるか上空から見れば、地図で見慣れた輪郭に見えるが、近づけば近づくほど、様々な突出部や湾曲部、入り江や湾が次々に現れる。カオスはこうした現象を捉えようと、自己相似性、間欠性、折りたたんだタオルの模様のような微分同相写像、こぼれた麺類を思わせるヌードル・マップ、奇妙な形状を生み出す数式を基に作られたストレンジ・アトラクタ、渦巻き模様のスパイラル・ヴォルテックス、酔っ払いの千鳥足のようなドランカーズ・ウォークなど、まったく新たな形を表す語彙まで作り出した。

インタビューの当初から、話を聞かせてもらった人たちに、人生を最も端的に表す形は何かと尋ねたのも、形状に対するこのような科学の取り組みに魅了されていたからに他ならない。だが始めたころはその回答が支離滅裂に見え、驚いてばかりいた。なにしろそこには、家、樹木用手引きノコギリ、螺旋、心、夕焼け、曲がりくねった道、ブルックリン橋、円などが含まれ、さらに、思い切ってユーチューブ・スターに転身する前は、彼自身がカオス研究家だったブライアン・ウェクトに至っては、カラビ・ヤウ多様体［訳注：代数幾何などの数学の諸分野や数理物理で注目を浴びている特別なタイプの多様体］を挙げていた。しばらくすると、これはあまり意味のないパーティーゲームのように思えてきた。

それでも質問し続けたのは、ひとつには答えがとても生き生きしていたからだが、それにも増して、その形について説明する彼らの話が非常に示唆に富んでいたというのが大きな理由だった。人々が確固たる意見を持っており、彼らの言う人生の形が、彼ら自身の認識の仕方に関する重要な何かを表しているのは明らかだった。自分の人生は株式市場のチャートと心と十字架に架けられたイエスを比較するようなものだという言い方には、その人にとって最も重要な事柄に関する力強い何かが伝わってくる。

だがそれはいったい何なのだろう？　人々を拘束する過去という箱から彼らを解放するのは良いとして、彼らを新たな別の箱に押し込んでしまうのだけは避けたかった。しかしながら、これまで最も広く普及した形――進歩を示すとされたサイクル、階段、矢――が時代遅れになってしまった以上、なんらかの新たな伝統や慣習に則った形をもって、それらに代えようとするのは価値ある行為だろう。そうした形は、人々が最も大事にしている優先事項を理解する手がかりになるはずだ。

その形は根本的に、３つのバケツに分類された。最初のバケツに入るのは、ある種の人生の軌跡を反映した形で、そこでは各々の成功や失敗に従い、時間の経過とともに上昇や下降を繰り返すのが特徴だ。最も多くの人が選択したのもこの形で、問われれば私もこれを選んだだろう。具体的には、川、曲がりくねった道、ジグザグ、山脈などが挙げられる。これらは線形的性質を持つため、私はこのカテゴリーのバケツに**ライン**というラベルをつけた。

誰が見ても（これを選択した人であればなおさら！）この形が１番だと思うかもしれないが、これが唯一のカテゴリーというわけではない。２つめのバケツに入るのは、より空間的な広がりを感じさせる形で、それはなんらかの手段、すなわち境界線、輪郭、壁、もしくはその他の要素で仕切られており、そのなかに何かを——通常であれば愛する人たちを——包含しているのが特徴だ。5人に2人がこのカテゴリーを選択した。具体的には、心、家、バスケット、あるいはクリスチャン・ピッチョリーニ同様、器のボウルなどが挙げられる。こうした形状が人々の集まりを示唆しているため、私はこのバケツに**サークル**というラベルを付けた。

最後のバケツに入るのは、ある種の目標や目的となる形で、このカテゴリーを選択した人は、言うなれば人生の指針や約束事を表すシンボル、アイコン、あるいはロゴを示唆する形状に、自らの人生を投影していた。10人に3人がこのカテゴリーに該当し、私の妻もそこに含まれる。彼女は影響力の大きな起業家を支援する、世界的な非営利団体を運営しており、新たなアイデアや閃きの瞬間に対する探究心からか、電球を選んだ。その他の例としては、地球儀、十字架、無限大記号、蝶などが挙げられる。私はこれらの形状が持つ、人々にインスピレーションを与える性質、方角を指し示す北極星のような役割を考慮し、このバケツに**スター**というラベルを付けた。

結局のところ3つのバケツは、意味を示すABCに、そして私たちの物語的アイデンティティを形成する3つの構成要素に、実にうまく対応している。ラインを選択した人は、

自己の性格特性

Agency（行為主体性）

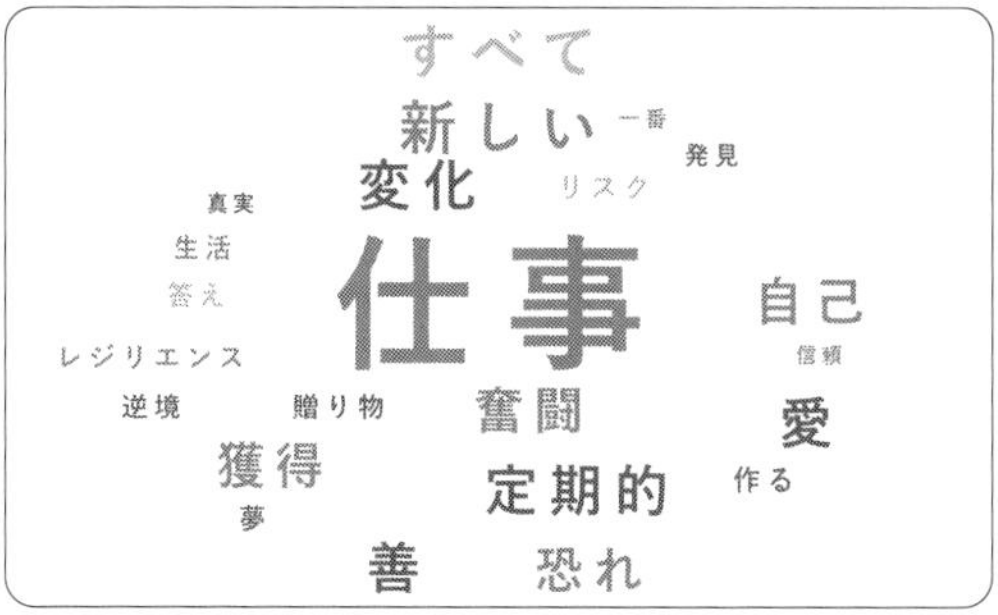

Belonging（帰属意識）

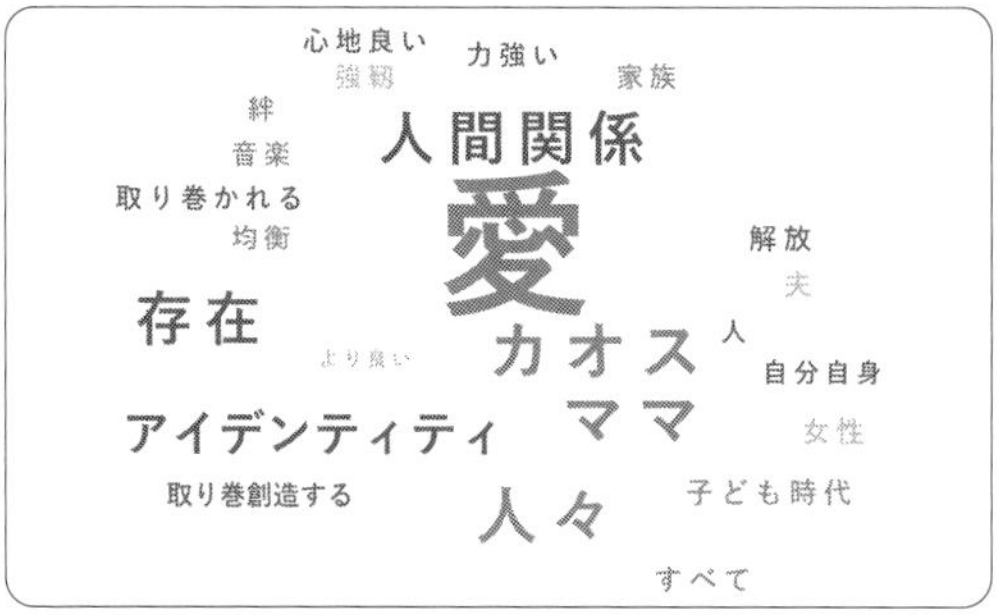

Cause（大義）

自分の行為主体性をより重視し**私個人の物語**を最優先する傾向があり、成果志向主義の仕事人間である可能性が高く、サークルを選択した人は、帰属意識をより重視し**私たちの物語**を最優先する傾向にあり、人間関係志向主義である可能性が高く、さらにスターを選んだ人は、大義をより重視し**あなた方の物語**を最優先する傾向にあり、自らの信念、世界の救済、他者への奉仕に、より重点を置く可能性が高い。

各カテゴリーの人たちが自分の人生を説明するために使用した言葉を、意味を示すABCのカテゴリー別に、視覚的に見やすく、かつ美しくまとめた図（P109）を掲載したので参照されたい。

ある人がひとつの形状を選択したからといって、他を評価しないわけではない。私たちは誰もが、アイデンティティの源を複数持っている。つまり私たちは人生のある一時期に、そうした形状のうちのひとつを前面に出しながら生きているのだ。私はそう信じ、実際に誰もがその事実を身近で見聞きしている。私たちは仕事を中心にアイデンティティを確立する人、あるいは子育てや身内にいる病気の人の世話をするために自らの大望を犠牲にする人、あるいは学校で教育に携わったり、イエス・キリストの伝導を行ったり、環境を救ったりするために大きな経済的利益が得られる仕事を慎もうとする人を知っている。

そうした選択は、私たちはそれぞれが異なる意味の柱を優先し、異なる個人の物語を強調し、異なる人生の形を尊重していることを意味するわけだが、私には多くの人が、そうした事実をいまだ十分に認識できていないのではないかと考えている。私たちは、期待すべき意味ある人生の定義はひとつだけだと教えられてきたが、今では複数の定義が存在するのだ。

これらの様々な意味の構成要素と、人々がそれらに対し、どのように優先順位をつけるのかを詳細に見ていくとしよう。

Agency（行為主体性）のA

デボラ・コーパケンは、メリーランド州ポトマックで育った。住んでいたのは『ゆかいなブレディー家』に登場するようなスプリットレベルの家だったが、家のなかは不安やストレスだらけで、彼女によれば「歩道もなければ逃げ場もなかった」という。14歳のとき、彼女はただ家から逃げ出すためだけに、両親の車を運転した。17歳で日本に逃れ、英語を教え、執筆業として初めて『セブンティーン』誌に簡単な記事を買い取ってもらった。「**私だって、やればこのくらいできるのよ**、そんな気分でした。旅行はできるし、記事も売れるし、お金を支払ってくれる人だって見つけられるんです」〔訳注：『ゆかいなブレディー家』は1969年から1974年までＡＢＣで放送された、お互いに子持ち再婚同士が結婚して織りなす、楽しく愉快な家族生活を描くホームコメディー。「スプリットレベル」とは、床のレベルを段違いに配置した住宅形式で、1階2階とこれに隣接する中2階の3層に分かれた構造をもつ」。

彼女は家に戻り、『タイガー・ビート』誌の表紙を飾る男の子と遊び回り、ハーバードに入学した。そこでLSDを試すと、新たな世界が開けた。「ようやく、自分が何者かわかりました」と、彼女は語った。「そして私は、こうあってほしいと他者が望む私ではなく、本当の自分を探求するつもりでした」彼女は大学の専攻を、それまでの無難なものから写真に変更し、危険な地域にも勇敢に足を踏み入れ、冷徹な目で生々しいポートレートに切り取りながら、自分が受けたレイプ未遂に対する怒りを、大胆な作品に昇華させていった。「自分がまるで獲物のようでした」と彼女は言った。「だから狩る側のハンターになったんです」

そして彼女は、写真に夢中になった。パリに移り住み、戦場写真家として、イスラエル、アフガニスタン、ジンバブエ、ルーマニアを渡り歩いた。「私は社会のなかで、男性に伍して働こうとした女性だったので、人生がすでに戦争でした。それなら本当の戦場に向かわない手はありません。私はすぐに行動を起こす必要がありました」

しかし7年後、彼女は空虚なセックスと横行するハラスメントに嫌気がさしていた。モスクワにクーデターが起こり（レフ・スヴィリードフがマンハッタンでホームレスになったのと同じ件）、頭上を弾丸が飛び交うなか、泥のなかにうつ伏せになりながら、彼女はもうこんな生活はやめようと思っているのに気がついた。彼女は結婚し、ニューヨークへ移り、３人の子どもをもうけた。それでも依然として、彼女は一家の大黒柱だった。15年後に結婚生活が破綻したとき、関係を清算しようと決断したのも彼女の方だった。「一方的に愛を注ぐだけで見返りのない関係に我慢がならなくなっていました」彼女は年の離れた若い恋人と付き合い、乳がん、子宮摘出、心臓疾患と、短期間に次々と降りかかる健康問題に打ちのめされながらも、その怒りを再び写真、散文、絵画といった芸術にぶつけていった。

デボラは「サークル」を夢見ていた――つまり互いに信頼し合った献身的人間関係を切望していたが、彼女は本質的に「ライン」だった。「私は方眼紙を想像します。よいときがあれば悪いときもある、上昇下降を周期的に繰り返す正弦波です」

行為主体性は、意味ある人生の第一の、そしておそらくは最大の構成要素である。「アメリカンドリームの概念の中心には、個々の行為主体性に対する信念が存在する」と、歴史家であるスティーヴン・ミンツは書いている。私がインタビューした人のちょうど半数が、このカテゴリーを優先するような形状を選択した。ただしこの数値にはわずかな男女差が見られ、男性が51パーセント、女性が47パーセントだった。

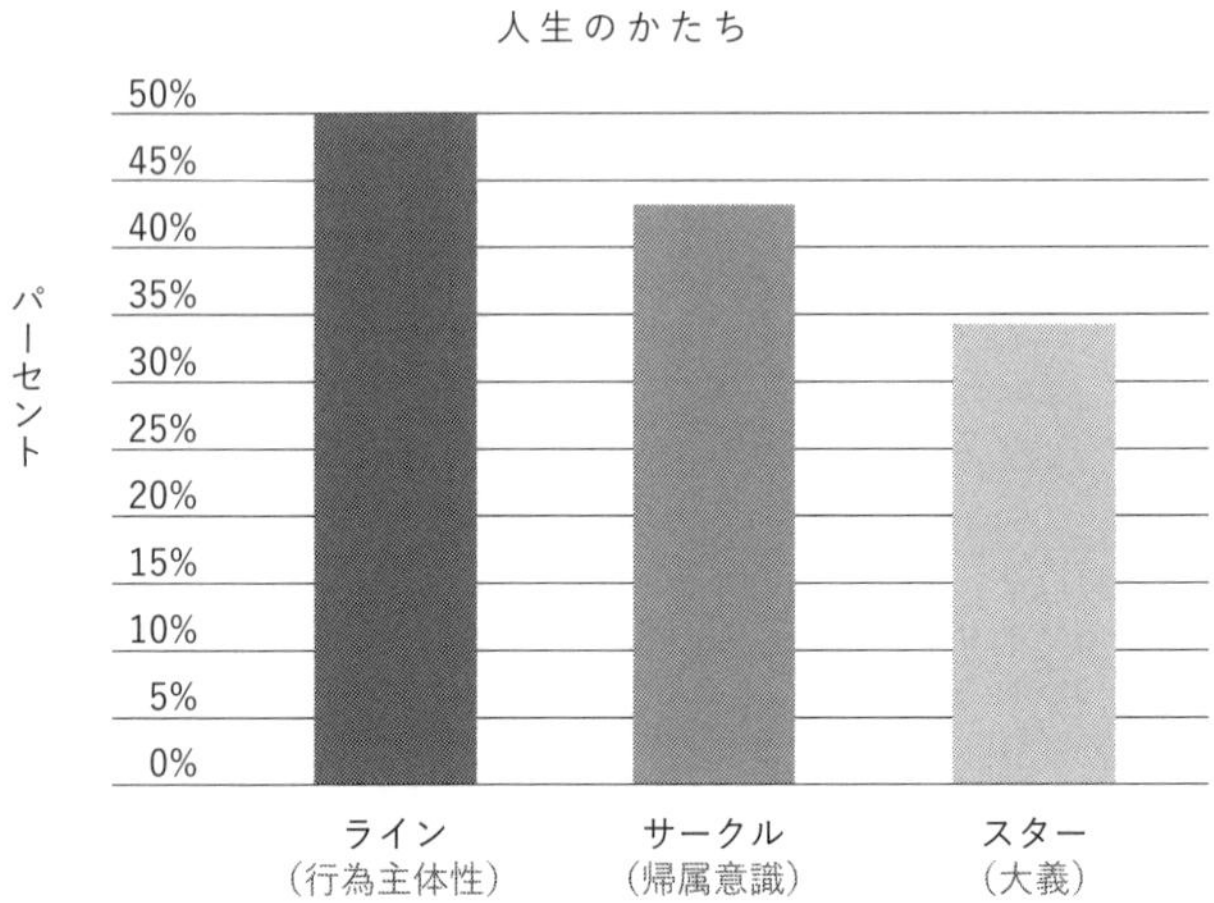

心理学者のベッセル・ヴァン・デア・コークは、行為主体性を、「自らの人生の主導権を握っているという感覚、すなわち、自分の立場を知り、自分の身に何が起こるかについて率直に語り、自分の境遇を形成するなんらかの能力を備えていること」と定義した。この行為主体性を発揮するのは、より幸せで、より健康的で、そしてより生活の質が高い人だと証明されている。

行為主体性は非常に重要であるため、それが備わっていると自分に思い込ませるだけで人生が改善できる。たとえ解決手段がなくても、その問題が理解できれば、自分をコントロールしている感覚が得られるだろう。自分自身に何が起きているのかを無理にでも学ぶと、それが受け入れられるようにもなる。つまり意味を形成する主体になればよいのだ。これは私自身、このカテゴリーに分類される人間として共感できる。妻が経験した危険と隣り合わせの妊娠であれ、私自身が罹患した生存率が極端に低いがんであれ、いずれにしても危機に直面するたびに、私はこれまで計画立案者、研究者、そして表現者になってきた。

仕事は、人々が自らの行為主体性を発揮するのに最も相応しい場だ。デボラのように、私が出会ったラインのカテゴリーに入る人たちは、その仕事からここに定義される傾向がある。彼らは建設者、製作者、実行者であり、アリストテレスが言ったように「行動する人」なのだ。現代の研究者の多くが、こうした結論の正しさを裏づけている。自分には自発性や物事をコントロールする大きな力があると認識している従業員は、他に比べてより熱心に、集中して仕事に取り組むし、自分のワークスペースを快適な空間に装飾できる従業員の方がより幸せを感じており、生産性も高い。自由度の高いスケジュールを与えられている従業員ほど、より仕事を受け入れる傾向にあり、退職の可能性は低くなる。

しかしながら、行為主体性は仕事に限定されない。１９５０年代、大手食品会社のゼネラル・ミルズは、同社の製品であるベティクロッカー粉末ケーキミックスを使うとあまりにも簡単にケーキが作れるため、各家庭の作り手が拍子抜けしてしまうのに気がついた。そこで心理学者チームは、わずか**卵をひとつ**加える手順を増やすだけで、作り手側に達成感が与えられることを発見した。ダン・アリエリーらは、イケアの家具にも同種の事実が見られるのに気づいた。商品を組み立てる行為が、人々に大きな満足感を与えていたのだ。老人ホームの入居者に、例えば植物の世話など、ささやかであっても個人で管理できる役割を与えると、その人はより幸せで健康になり、長生きするのだという。

人生を周期的に上昇と下降を繰り返すある種の直線のような形、いわば上下に振動する個人的物語と考える人にとっては、仕事から家庭に至るまで、行為主体性は意味をもたらす大きな源なのである。

彼らはヘンリー・フェリスのような人々だ。フェリスはジョージア州の難しい家族から逃れ、腎臓移植から生き延び、ニューヨークでエリート書籍編集者になったのもつかの間、同じ年に仕事と結婚生活を失った人物である。「私は人生を物語的に、いわば山や谷のある線として捉えています」

サンフランシスコのゲイ・レイヴ・カルチャーの申し子であるアントニオ・グラナは、アルコール依存症で虐待的な恋人を持ち、12ステップ・プログラムに参加し、女性と結婚し、その後、IT企業を起ち上げた［訳注：「レイヴ」とは、屋外や特別な会場でダンス音楽を一晩中流す、一度限りの大規模な音楽イベントやパーティーを指す、revolution live からの造語。「12ステップ・プログラム」とは、嗜癖（アディクション）、強迫性障害、その他の行動問題から回復するために作られたガイドライン方針のリスト」。彼の言う人生の形は、すごろくゲームだった。「人生には句読点が現れるという事実を受け入れ、逆戻りし、別の道を歩まなければなりません」

サンフランシスコ・ベイエリアのＩＢＭ幹部、ジョン・エヴンハウスは、ストレスの多い地域で子育てを終えたのを機に、社交クラブのような人づき合いの絶えない生活をやめ、妻と一緒に家を引き払ってモンタナ州のグレイシャー国立公園近くに移住してはどうかと提案した。仕事は在宅勤務にし、週末になれば大自然が満喫できる。彼は人生をホッケーのスティックに喩えた。「人生はスティックと同じで、何もかも真っ直ぐ順調に運んでいました。でもびっくりです！　その先のブレードのようにすべての方向性を変えたら、もっと素晴らしくなったのですから」

そして、一番上の子が８歳になる前に夫が自殺したセレナ・スティアは、３人の子どもを抱えながら心理学と法学の上級学位を取得し、ミステリー小説を執筆し、仲裁人になった。「私の人生は海の波のようなものです。泡立つときもあれば、凪ぐときもある。でもおしなべて、それは美しいのです」

行為主体性を特徴とする人たちはとても熱心で意志が強く、管理することを好み、**私個人の物語**を明確に把握している。しかし彼らは常に、自分を取り巻く関係性に最大限の注意を払っているわけではない。その特性が見られるのは次のグループである。

Belonging（帰属意識）のB

ミシェル・スウェイムに家族と呼べる者はいなかった。父親は、ミシェルが母親のお腹にいるときに家を出て行き、母親はミシェルにほとんど関心を示さなかった。マサチューセッツ州で育ったミシェルは、放課後に迎えが来るまで、ときには何時間も待たされた。「それが私の人生を大きく決定づけたのでしょう。そのせいで早期に結婚し、完全に自立した人間になれなかったのです」

ミシェルは15歳のとき、将来の夫になるデイブと出会った。「私は両親に面倒を見てもらえなかったので、親に代わる人物を探していただけだったのでしょうね」と、彼女は語った。「私たち2人のあいだでは、間違いなく彼はヒーローでした」2人は一緒にウィリアム・アンド・メアリー大学に通い、ミシェルが21歳のときに結婚した。「私に家を出て行って欲しくなかった母は式のあいだ、ひと言も私に話しかけてきませんでした。私にとっても夫婦生活はとても大変で、ハネムーンは散々でした」

次の10年でデイブの仕事も軌道に乗り始め、ボストン郊外で急成長を遂げつつある教会の主任牧師になった。一方、ミシェルは自己陶酔に浸るようになり、強迫観念からランニングに没頭し、拒食症になった。9年間、食事はほとんど摂らなかった。

「人とのつながりが持てず、そんな自分を恥ずかしく思っていました。そんなとき、唯一自分の力を行使できるのは己の身体に対してだけです。私は意見が主張できなかったので、実際に自分自身に影響を与える方法は、これ以外に見当たりませんでした」

1日に口にする食べ物はリンゴ半分にまで減った。

拒食症が原因で不妊症にもなった。7年間、妊娠しようと試みたが失敗を重ねた。そんなある日、彼女はジョギング中に氷の上で滑り、身体ごと放り出されて仰向けに地面に落ちた。彼女は病院で、神のお告げを聞いた。**これは私が、あなたのために行ったのです、**そう神は言った。翌日、彼女の夫がやって来て、彼もまた神のお告げを聞いたと言った。

「神様は私に、ミシェルにこれをしたのは目的があったからだ、そう言ったんだ」

その瞬間、2人はようやく涙ながらに心を通わせ、人生を変えようと誓い合った。

翌年、彼らは韓国から男の子を養子に迎えた。以来10年間で、さらに10人を養子にとり、最終的に彼らの子どもたちは8人の男の子と3人の女の子になった。アメリカ人や難民、黒人や白人、さらに褐色の肌の人間もいれば、ウガンダ人、アイルランド人、メキシコ人もいた。放課後に母親が迎えに来るのを何時間も待っていた少女は、今や1日3時間かけて自宅と学校のあいだを何度も往復するようになっていた。

彼女は自らの人生の形を、へこんだミニバンになぞらえた。それは母親としての彼女の人生を端的に表している。

「子どものころは孤独を感じていました。でも今思えば、それが私の人生の大きな原動力でした。私はただ、愛されていると実感したかった。ですから今日、私が望んでいるのは、子どもたちが愛されていると感じてくれる、それだけなんです」

帰属意識――親密な個人的関係の構築とその維持から生まれる感覚――は、最近の研究ではその重要性が最も再認識された、意味を支える重要な柱のひとつである。私たちに意味を与えるものの正体を追求する研究分野では、89パーセントが対人関係を挙げている。スタンフォード大学の研究によれば、1500人の学童を対象に80年にわたる調査を行った結果、社会とのつながりが深い人ほど長命だとわかったという。ハーバード大学で268人の男性を対象に（ジョン・F・ケネディも参加者の1人）、70年にわたる研究を率いたジョージ・ヴァイラントは、「人生で本当に重要なのは、その人の持つ他者との人間関係、ただそれに尽きる」と結論づけた。

私の行ったインタビューでは、5人に1人が、帰属意識の重要性を反映したかたちを選んでいる。ただしそこには男女差が顕著に見られ、61パーセントが女性、39パーセントが男性だった。

帰属意識が意味の中心にくる理由は、私たちの脳が文化的器官だからだ。人間であるこ

人生のかたち、およびその性別構成

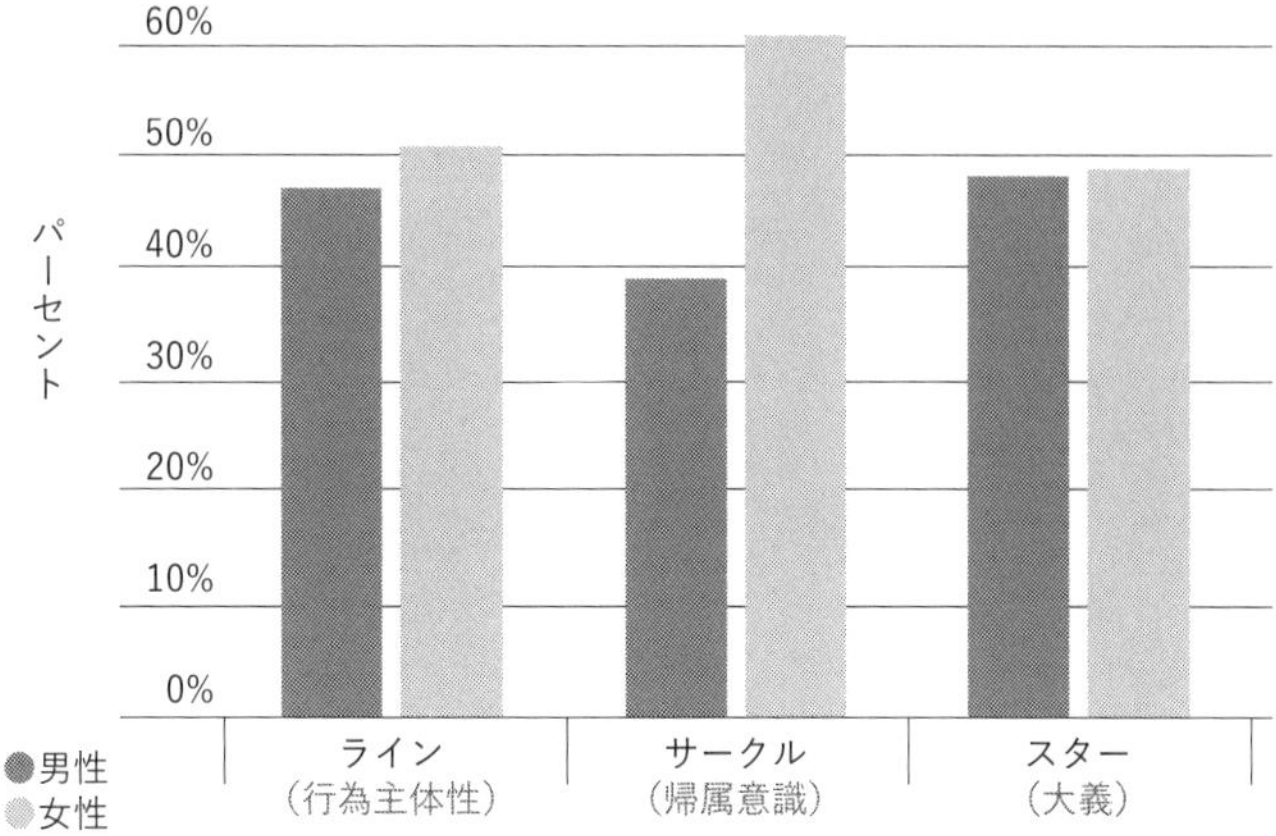

との本質は、感情、関係性、アイデアの共有に帰結する。およそ10年前の研究でも、社会的ネットワークを積極的に活用すると、精神的および身体的健康が増進するという結果が示されている。がん患者は、互いに支え合えるような人間関係のあるコミュニティであればよりよい暮らしが送れるが、これはアルツハイマー病の介護者や、アルコール依存症患者、外傷患者、ＰＴＳＤ患者も同様である。ロンドン大空襲のとき、ロンドンで親と一緒に空襲を経験した子どもたちの方が、ロンドンを離れて田舎の親のもとに身を寄せた子どもたちよりもよい結果を残している。

　帰属意識をもたらしてくれるのは、家族や支援グループだけとは限らない。地域や国、あるいは職場も帰属意識を提供してくれる。

職場のなかで強いつながりを持つ人は成長する余地があり、回りからはよい同僚だと目され、精神的回復力も高く、昇進も早い。入社日に温かい歓迎を受けた新入社員は、9カ月後の生産性がより高くなり、マネジャーと信頼関係を築いている従業員は、批判的なフィードバックをより効果的に受けとめる。また従業員は同僚との関係がより緊密になると、eメールで自分を指す言葉に、**私**ではなく**私たち**を使用するようになる。逆に解雇される人は、**私たち**を使用する頻度は低い。

帰属意識は、多くの人にとって極めて重要な感情だ。

エレン・シェーファーもその例外ではない。彼女はノースダコタ州のファーゴにある農場で育ち、ターゲットやゼネラル・ミルズといった大手企業で働くために大都市に引っ越したが、夫が職を失ったあとはファーゴに戻り、家族の近くで暮らしながら、地域のコミュニティを中心に月に一度のサパークラブ［訳注：地域のコミュニティメンバーと食卓を囲むホームパーティーの一種］を催した。「私の人生は、ペンを小さな穴のなかに入れてくるくる回すと花のような図柄が描ける、スピログラフの模様のようなものです。それは直線ではありません――もしそうなら退屈でしかたないでしょうね」

シアトルの花形スポーツ選手だったジェン・デヴォアは、イェール大学で後の夫と出会い、ロサンゼルス・タイムズ紙の取締役になり懸命に働いたが、3人の息子の子育てのために退任し、今度は夫をサポートし、一家の先祖を調べるのに力を注いだ。彼女の言う自分の人生の形は、家だった。「コミュニティに影響を与え、世の中の役に立てたのなら嬉しいのですが、最終的には家族によい結果をもたらしたいと願っています」

リサ・ヘファナンはロシアのホロコーストを逃れた難民の孫娘で、17歳のときに両親に背を向け、2人の男の子を育てた。だが子どもたちが独立して家を出たあとの生活を非常に気にかけ、子どもが巣立った親たちのためにフェイスブックのグループを共同で起ち上げると、多くの人が参加した。

「私の使命は家系図の作成です。夫も私も両親が当てにならなかったので、2人とも、いつでも子どもたちが頼れるような存在であろうと努めてきました」

インディアナ州ゲーリーのトレーラーパーク〔訳注：トレーラーハウス（トレーラーで移動できる形の家）をとめて生活できるようにした、通常、水道・電気・ガスなどの設備が備わった場所〕に住む人たちは、互いに緊密な人間関係で結ばれていた。そのなかで成長したアンバー・アレクサンダーは、20代で3人の愛する人の死に遭遇し、強い衝撃を受けた。その後、地元Y社のCEOに就任すると、今度は2歳になる息子が脳腫瘍に罹り、精神的に打ちのめされた。「自分の人生は『心』だと感じています。なぜなら痛みや試練を通じて、神様が私を祝福してくださったからです」

人間関係を人生の中心に据える人にとって、愛は最も重要な感情である。私が出会った3つの物語のなかでも、愛は最も心安らぐものだ。彼らの意識のなかでは「**私たちの物語**」＞「**私個人の物語**」という関係が成り立っている。だが最も情熱的だとまでは言い切れない。その特性が見られるのは、3番めのグループである。

Cause（大義）のC

タミー・トロティエは、カナダとの国境に接するノースダコタ州のタートル・マウンテン・インディアン居留地で育った。カトリック学校に通う4人姉妹の末っ子で、どう見ても痛々しく感じるほど内気な性格だった。「病的な引っ込み思案で、何か言おうとすると、顔もあごも口も動きはするのですが、言葉が出てきません。『みっともないったらありゃしない！』と、姉たちは私をどこにも連れて行きたがりませんでした」

家業の食料品店の手伝いから手を引いたのは、姉妹のなかで唯一、タミーだけだった。代わりに彼女はマイノット州立大学に入学し、そこでジャーナリズムを学び始めた。彼女はまた、居留地から剥ぎ取られたと感じていたアメリカ先住民族の遺産を探すようになった。スウェット・ロッジに通い、ダンスを始め、「赤い風の女」と言う意味のオジブワ族の名前を名乗った［訳注：「スウェット・ロッジ」とは、アメリカ先住民族の儀式のための小屋、またはこの小屋で行う「治癒と浄化」の儀式を言う。また「オジブワ族」は、北米でチェロキーとナバホに次ぐ規模の部族」。「先住民族の人たちと関係を築けるかどうかが、私にとって最も重要だったのです」と、彼女は語った。「部族のトラウマは、攻撃を受けたことでした」

タミーはそのトラウマに対する関心から臨床心理学の博士号を取得した。「私はいつも医者になりたいと思っていました。みんなから誇りに感じてほしかったのです」彼女は部族の仲間と結婚し、子どもをもうけ、さらにもう1人欲しいと思っていた。ところが問題が生じた。彼女は職場で白人男性に囲まれ、自信を失い始めたのだ。彼女は二度、妊娠に失敗した。「2年間、私は不安を感じ、心配を抱えながら暮らしていました。体重は30キロ近く減り、やる気をなくし、抜け殻のようでした」

そしてタミーは啓示を受けた。西洋医学では、彼女の症状は寛解できなかっただろう。彼女は部族の伝統的医療法に没頭する一方で、動物の持つ癒しの力を研究し、「カメの医学」と呼ぶ新たな知識体系を見出した。「ある日、私は飛び起き、『人々に、自分自身を癒す方法を教えるつもりだ』と宣言しました」

彼女は家族を連れて居留地に戻り、成人女性や女児のためのクリニックを共同設立した。先住民族の土地で、しかも女性の手で運営される、初めてのクリニックだった。「周りの人たちは、『本当にやれるのか？　採算は合うのか？』と、疑問に思っていたようです。

でも私には確信がありました。適職と天職は違うからです。ひとたび何を成すべきか見つけたら、誰も私を止められないとわかっていました」

彼女の人生は、彼女の情熱を反映している。それはカメの甲羅だ。

「私が学んだのは、自分自身を守るためには、カメのように甲羅のなかに身を隠さなければなりませんが、甲羅のなかでは生きていけないという事実でした。目的を持つ必要があるのです。私の場合は注意を怠らず、ゆっくり、そして着実に日々を送り、自分の甲羅はもちろん、私の周りの人たちも大切にすることでした」

大義、すなわち**あなた方の物語**を持つのは、意味のある人生を送るために重要となる3番めの大きな柱である。大義とはその人が信じる、自分よりも大きな何かだ。それは神に仕え、環境に配慮し、前進し、他者を導き、世話をし、論じ合うことである。大義を貫こうとする姿勢は、その人に目的意識と自己犠牲の精神をもたらす。ボランティアを行う人は、より高いレベルの幸福が享受でき、ひいては長寿につながる。つまりあなたにとってよい行いなのだ。

そして、同時に難しくもある。私たちの10人に4人が、自分に大義はないと言う。理由のひとつは、大義をもたらしてくれる源が変化し続けているせいだろう。宗教から得る人が減り、仕事から得る人が増えているが、仕事が人生に意味を与えてくれると語る人は、全体のわずか3分の1にすぎない。しかし彼らには苦しみを軽減させ、世界をよりよくし、喜びを生み出すような仕事がしたいという傾向がはっきり見られる。ジェーン・ダットンらが行った有名な研究によれば、病院で患者のおまるを交換するような、最も単純な仕事に携わる人であっても、自分の行いが患者の病状の改善につながっていると信じれば、その仕事に深い意味を見出し得るのだという。

介護も多くの人に大義を与えてくれる分野である。援助を必要とする人たちを支援するのは、助けを受ける側だけでなく、助けを与える側にとっても健康の増進や人生の喜びにつながる。ある患者が、病気と診断されたばかりの新規患者の面倒を見ようとすれば、患者自身もよりよい回復が期待できるのだ。

これは末期症状の人にも同じように当てはまる。父は病気が進行するにつれ、母の大変さを気にかけ、しばしば母に注意を払っていた。私ががんになったときは、娘たちの将来を考え、自分に代わって彼女たちにアドバイスを送ってくれる「父親評議会」を作った。繰り返しになるが、(その当時はわからなかったが)今ではこれが、ABCの3つすべてに該当していたと理解できる。まず行為主体性(「私は**なんらかの**行動を起こしている」)、そして帰属意識(「私の家族と私の友人のあいだの絆を深めている」)、さらに大義(「娘たちの**痛み**)を通じて、彼女たちを支援している」)である。

私の被験者では、10人のうち3人が、大義こそ人生に意味をもたらす大きな源であり、重要な人生の形状だと捉えていた。

そうした人物の1人、ブリン・エンターキンは、まだ高校生のとき、カンボジアに女子学校を建設するために3万4000ドルの寄付を募り、20代で栄養失調の問題に取り組もうとウガンダに移住し、その後は世界各地で、社会の課題をビジネスで解決しようとする社会起業家の育成に尽力した。彼女の人生のかたちは、フィボナッチ螺旋《らせん》だという［訳注：0、1、1、2、3、5、8……のように、前の2つの数字を足した数を並べていったフィボナッチ数列がらせん状になったもの。自然界にはこの螺旋構造がいくつも存在している］。「私の人生の始まりは、人々への愛という小さなものでしたが、ますます多くの人たちの役に立とうと、今ではさらに拡大しつつあります」

もとはメルヴィン・マイヤーという名のユダヤ人として、ミシシッピ州のスタークビルで生まれたワリ・アリも同様だ。アラバマ大学の学部生だった当時、人種差別撤廃と統合を主張したため、家の芝生の上で十字架を燃やされる目に遭った［訳注：白人至上主義を唱えるKKKなどが、アフリカ系アメリカ人やユダヤ人に対する脅迫の一形態として、大きな十字架を焼き払った行為を指す］。LSDの服用による幻覚体験で施設に収容され、その後はイスラム教に改宗するとイスラム神秘主義の導師になった。彼の人生のかたちは、イスラム神秘主義のシンボル、翼のある心臓だという。

デイジー・カーンもまたその1人だ。彼女は、若い女性に対する自由が制限されていたパキスタンの、伝統的なイスラム教徒の家庭に生まれた。その後ロングアイランドの学校に通い、ウォール街で働いたあと、リベラルなイスラム教導師と結婚し、イスラム教における女性の平等を広めるために非営利組織を設立した。彼女の人生のかたちは、ボクシンググローブだという。「私は戦士であり、常に可能性の範囲を広げようと努めてきました。ですから私はそのグローブを受け継ぎ、それを必要とする次の世代に委ねていくつもりです」

そして、ジャマイカ系アメリカ人で、プロアイスホッケーリーグ、ＮＨＬのスタープレーヤーであるジェイソン・ドイグもいる。彼は太りすぎで引退し、ビーガン（完全菜食主義者）になり、砂糖の摂取を控えるシュガーデトックスを経て、健康的な生活に対する熱烈な支持者になった。彼の人生のかたちは、トーラス（円環体）だという。「それは常に溢れ続ける、ドーナツ型のエネルギー源です」

ヴィクトール・フランクルが、初めて私たち1人ひとりに、何が人生に意味を与えるのか解明するよう迫ってから1世紀が経過した。今や私たちはその要求に応えるためのツールを、これまで以上に数多く所持している。まず行為主体性、帰属意識、大義という、操作可能な3つのレバーがある。次に、私個人の物語、私たちの物語、あなた方の物語という、私たちが語れる主要な3つの物語がある。さらに私たちには、選択できる人生のかたちとして、ライン、サークル、スターの3つがある。場合によっては人生が方向転換しても、望み通りに優先順位を入れ替えるのも可能だ。私はこのプロセスを**形状変化**と呼んでいる。これは個人的な変化の時代に、意味を生み出す強力な方法である。

形状変化

変化の時代に、いかに意味をつくるか

Shape-Shifting

How We Make Meaning in Times of Change

私たちが自分の人生から作り出す意味は、静的でもなければ、安定しているわけでもない。変動し、振動し、そしてときには蒸発しさえする。はっきりとした方向性のない、こうした感覚は、ライフクェイクの直後によく起こる。私はこうした瞬間を、私たちの人生から空気が奪い取られ、それまで私たちに行為主体性、帰属意識、大義を与えてくれていた均衡状態がすべて無に帰すような、一種の真空状態と捉えている。その後、一連の余震、すなわち最初の衝撃が及ぼす恐怖や混乱が続くものの、それは治癒の兆候を示す場合もある。

その後に続くのが、形状変化の期間である。

「いやまぁ、そんなわけで解雇されたんです」

ジェイミー・レヴィンは、マサチューセッツ州ウースターですごした子ども時代を、至福の期間として思い出す。「離婚もなく、親戚が亡くなったりもしない。まったくのんきなものでした」と、彼は言う。もちろん不安はあった。自分の工場が倒産した父親は、花屋として再出発を期さねばならなかった。「そのせいでお金が怖くなり、経済的安定を失う恐怖が、私のなかに植えつけられたのです」と、ジェイミーは語った。しかし、それが彼の行く手を阻むことは、まずなかった。背が高くハンサムで、やる気に満ちたジェイミーは学校の成績もよく、課外活動にも積極的に取り組んだ。彼はハーバード大学に行くつもりだった。

ところが入学は許可されなかった。「感情的な気持ちを覚えたのはそれが初めてでした。**ちくしょう、望み通りにいかないのか。よし、気を取り直そう。この先自分がどうありたいのか、もう一度よく考えた方がいい、**って」そして彼は、大富豪になろうと決めた。ブランダイス大学に通い、経済学を専攻し、ロンドン・スクール・オブ・エコノミクスで1学期履修した。

「アレックス・P・キートンになりたいと思っていました。私はレーガン政権時代に幼少期をすごし、『リッチー・リッチ』の漫画とともに育ったんです。『L. A. LAW／七人の弁護士』は人気のテレビドラマで、誰もが裕福で素晴らしい車を持っていました［訳注：「アレックス・P・キートン」は、アメリカのテレビドラマシリーズ『ファミリータイズ』の主人公で、初めて発した言葉が「マミー」ではなく「マネー」だったという金の亡者。『リッチー・リッチ』は世界一の大富豪一族、リッチ家を描いた漫画（および同名の映画）で、リッチー・リッチは一族の御曹司である。『L. A. LAW／七人の弁護士』は、アメリカ社会を投影したテレビドラマシリーズ］。でも私だけがお金に異常な執着を示していたわけではありません。当時は多くの人がそうだったと思いますよ。なにしろ1980年代は、景気が好転した時代でしたからね。それは私にとって、とても重要だったんです」

「本当に自分のことしか考えない、身勝手な人間だったのですか？」

「ええ、その通り」と彼は言った。「周りなんて眼中にありませんでした」

ジェイミーは、ペンシルベニア大学ウォートン校でMBAを取得し、ゴールドマン・サックスの投資銀行業務の職を志望した。「クラスの誰もが、その仕事を希望していました。入れるのは一握りのエリートだけ。まさにトップのなかのトップです」そして彼は採用された。「それは私にとって、将来を約束するチケットでした。ようやく、かつて父の身に起こった出来事やハーバードから断られた事実から解放され、救われた思いがしました」

　彼は職場の雰囲気にどっぷり浸かり、それこそ寝食を忘れて働き、昇進の階段を上り始めた。「夢中になって、言われるまま働きました。ランニングマシンに乗っているような毎日が嬉しかったんです。誰かマシンのスピードを上げてくれれば、もっと早く走れるのにと思っていました」彼はロンドンに異動になり、年下の同僚だったレベッカと結婚した。彼女は妊娠し、2人は高級住宅街のチェルシーに高価な家を購入した。「順調に出世コースを歩んでいました」と、彼は言った。

　ジェイミーの人生は父親譲りだった――そしてまさに、行為主体性を体現したような人物だった。

　その後、ジェイミーとレベッカは妊娠8週めの検診を受けると、胎児の腹壁には穴があり、そこから腸が出てしまう恐れがあると告げられた。「でもそれは珍しい症状ではなく、手術で治る可能性が高いはずでした。ところが99パーセントの確率でなんらかのよいことが起こる場合でも、残りの1パーセントは悪い方のバケツに入るわけで、それから私たちにはそうした不運がつきまとい、これはそのほんの走りだったのです」

　スカーレットには、生まれつき腸の3分の1が欠損しているという、ロンドンの一流と呼ばれる医師でさえ経験のない、非常に珍しい症状が見られた。彼女はそのまま10カ月間、病院に入院し続けた。生まれたその日から、なんでも好きなものを口にできる状況にはあったが、すぐに身体を通りすぎてしまい、栄養が吸収できない。彼女は一生、生きていくために、毎晩点滴が必要だった。

最初のうち、ジェイミーはこれまでのペースを維持しようと努めた。夜明けに仕事に出かけ、夜の7時から真夜中まで病院にいて、翌日もまたその繰り返し。スカーレットが生まれてから数カ月後、彼は共同経営者に昇進した。

しかしそれ以外は、すべてが崩壊していった。レベッカはストレスに打ちのめされ、彼らの結婚生活は破綻し始めた。一方、スカーレットのビリルビン〔訳注：赤血球に含まれる黄色い色素〕数値に極度の低下が見られるようになった。肝臓の機能不全が原因で、唯一の選択肢は彼女の点滴を止めることだったが、そうすれば彼女は餓死するだろう。「スカーレットが死ぬのをただ待つしか、他に手はありませんでした」と、ジェイミーは語った。

そんなある日、アメリカからeメールが届いた。「父のきょうだいの奥さんの、そのまたきょうだいの奥さんが、肝臓機能を維持したまま、子どもたちに栄養を与える静脈栄養法を発見した医師に関する記事を、『ボストン・グローブ』紙で読んだというのです」1週間後、ジェイミーはボストンにいて、その医師と面会していた。2週間後、スカーレットの姿はアメリカ行きの機内にあった。

多剤併用療法は功を奏した。家族はボストンに引っ越し、ジェイミーとレベッカは、さらに息子を授かった。人生は好転しつつあるかのように見えた。そのあいだ、ジェイミーはずっと、ボストンからニューヨークにあるゴールドマンのオフィスまで通い続けていたが、その負担がもたらした代償はあまりにも大きかった。会社が業容の縮小を口にしたとき、ジェイミーにはそれが何を意味するのかわかっていた。

「いやまぁ、そんなわけで解雇されたんです」と、彼は言った。

突如ランニングマシンは止まり、そこから得たお金、機運、そして意味のすべてを失った。

「それは自分自身や自分の行く末を見つめ直す、本当によい機会でした」と、彼は言う。

1年間職探しをし、ようやく就いた次の仕事はウォール街ではなく、もっと小さなバイオテクノロジー企業だった。彼はリーダーシップのスタイルを変え、従業員と密接に連絡を取り、彼らの私生活に配慮し、家族とすごす時間を大切にするよう奨励する一方で、彼自身もレベッカとともに、カウンセリングに通うようになった。

「スカーレットの件は、私たちにとっては予期せぬ大変な事態でした。突然、MBAも何もかもすべて投げ捨て、1人の人間として向き合わねばならなかったのです。私たちは別れるのか、それとも一緒にいるのか、決断を迫られました。一緒にいるなら、互いの関係をなにより優先させなければなりません。取り返しのつかないほど滅茶苦茶な状態を修復させるのです。私たちは職場で出会い、少しばかりお見合いのような雰囲気があったので、今度は恋愛関係を築く必要がありました」

そして彼らは実行した。妊娠8週めの検診から13年後、私がジェイミーに会ったときには、彼は家族と一緒にサンディエゴに住んでいた。スカーレットは昼間のあいだ学校へ行き、友人とすごし、スポーツに興じるという至って普通の生活を送っていたが、家に帰ると1日も欠かさず、夜間に9時間の点滴を続けた。

ジェイミーとレベッカは、それに合わせて暮らしを変えた。レベッカは息子の通う学校の理事を務め、ジェイミーは食品会社を経営した。かつては自分の業績しか念頭になかった彼の人生は、バランスのとれたものになっていた。すでに自分のアイデンティティにおける行為主体性的な要素（つまり「ライン」）にはあまり重きを置かず、周囲の人間関係（つまり「サークル」）に、より焦点を当てようとした。彼はこの変化についてこう語った。

「私は今でも自分しか考えない身勝手な人間なのかですって？　そうは思いません」

暗き森のなかで

１３０２年、イタリアの詩人であるダンテ・アリギエーリは、政治的確執が原因で故郷のフィレンツェから追放された。彼は心を病み、喪失感に襲われながら、何年もトスカーナ地方をさまよった挙げ句、もう二度と家には戻れないのだと理解した。そしてこのとき、ダンテは自らの初恋に思いを馳せ、西洋文学における金字塔のひとつである『神曲』を書き上げたのである。この叙事詩の有名な冒頭の一節は、まさにライフクェイクの描写に他ならない。

人生の道なかば、
ふと気がつくと、私は正しき道の失われた
暗き森のなかをさまよっていた。

語り手は続けて、鬱蒼とした茂み、隙間がないほど絡み合う節くれ立った木々の枝、パニックを呼び起こすほど密生したこの森のなかで、**死の悲痛さと同じほどの**苦しみを描写するのがいかに難しいかを嘆いている。

ダンテは自分の精神状態を、曲がりくねった道はもちろん、死そのものにも喩えているが、それは彼ひとりだけではない。ライフクェイクがもたらす最初の、そして私にすれば最も恐ろしい余波は、多くの人がその激震を、死として経験していることだ。彼らとの会話のなかで、驚くほど多くの人が——私は全体の50パーセント近い割合だと見ている——**その日は私の一部が死んだ、私は一度死に、そして生き返った、私は生まれ変わった**などという表現を使っていた。

これはいったい、何を意味するのだろう？

死の恐怖はキャンプファイヤーが生まれてこの方、物語の主要なテーマとして存在し、また研究手法が確立されてからは、社会科学の関心の的であり続けた。ヴィクトール・フランクルは、人間は死を免れ得ない自らの運命に直面したとき、人生に意味を見出そうとすると指摘した。また、1973年に出版され、ピューリッツァー賞を受賞した『死の拒絶（原題：The Denial of Death)』の著者であるアーネスト・ベッカーは、人間は主として死すべき運命から逃れ、超越しようとする無意識の努力によって突き動かされると述べている。それ以来多くの学者が、死の回避、死への不安、恐怖に対する制御、あるいはそれ以外にも、死に直面したときの私たちの途方に暮れる様子に焦点を当ててきた。

私は多くの人たちと交わした会話から、そこにはまだそれほど綿密な調査が及んでいない何かがあるように感じていた。死にまつわる言葉は今やどこにでも見られ、人々は例えば精神的危機から仕事上の挫折に至るまで、人生におけるその他の重大な岐路を特徴づけるため、そうした表現を用いている。本当の死とは明らかに異なるが、そうした混乱や騒動は、依然として人生を大きく変えるものであり、人々が思いつく、それに最も近い比喩こそが、死んで生まれ変わることである。そうした表現は、非線形人生がいかに奥深いものに変わったのかを示す、さらなる証拠である。私たちは、自分が遭遇する人生の岐路を、生死に関わる重大問題と捉えているのだ。

さらにかなり多くの人々が、実際にこうした比喩的死を歓迎している。彼らは、かつての自分が**死に**、まったく別の人間が**生まれた**という考えを受け入れ、のみならずそれを歓迎さえした。カトリック教徒のはずだった人物が死に、ヨガナンダ［訳注：インド生まれのヨガ指導者。1920年にアメリカに渡り、アメリカで暮らした最初のグル（師）として、ヨガの真理を科学的視点から伝えようとした］の信奉者が新たに誕生する。不幸な結婚生活を送っていたはずの自分が死に、胸を張って独身を貫く新たな自分が現れる。かつてのあなたなら言われるままだったろう。だが新たなあなたには、エネルギッシュで強固な意志が宿っている。切り捨てられたのは酒に溺れたり、罪を犯したり、ワーカホリックだったり、あるいは好きなものしか食べなかったりするような人であり、新たな人物はすべての面で彼らに勝っていた。

私はなにも、人生の終わりを恐れる気持ちまで軽減されるようになったと示唆しているわけではない。人生には輪廻転生が周期的に訪れるという考えは、私たちが思う以上に多くの人たちのあいだに広がっており、現代のような自己変革が求められる時代に人生に意味を与えるには、そうした認識をうまく活用するのが極めて重要だと言いたいのだ。

実際に身近な人を亡くし、これを実践した人もいる。玄関先で、警察官から息子の死を告げられたニーシャ・ゼーノフは、「その瞬間、私のなかで永遠の何かが死に、永遠の何かが生まれました」と、語った。彼女によれば、死んだのは「私の人生に死はかかわらない、死は順番にやって来る、子どもたちは永遠に生き続けるという幻想」であり、生まれたのは「肉体が死を迎えても、永遠に生き続ける魂やエネルギー、あるいは精神が存在するという、より深い信念」だという。「それなくして、あの日々や年月を乗り越えるなど到底できなかったでしょう。それを神と呼ぶのはためらわれますが、たしかにその瞬間、私の死へ恐怖は薄らいだのです。私は当時、ステージ4の末期がんを患っていて、死に対する恐怖を自らチェックしていました。ヴィクターが亡くなったあと、人生は短いと知り、今では長く続いてほしいと願っています」

身体の自由を失った人もいた。メイン州オーガスタにあるスケートリンクのマネジャーの息子、トラヴィス・ロイは、国内ナンバーワンの学生アイスホッケー選手と目され、ＮＣＡＡ（全米大学体育協会）チャンピオンであるボストン大学テリアーズの新人だったが、レフェリーの落としたパックを相手プレーヤーと奪い合うフェイスオフに勝利したのもつかの間、プレーし始めて11秒後にバランスを崩してフェンスに激突し、氷の上に倒れ込んだ。「うつ伏せでリンクの上に横になっていました。顔に冷たさを感じながら、その様子が妙に現実離れしているんです。身体の一部が動いているのが見えても、その感覚がありません。人生は永遠に変わってしまった、そして自分のすべては決して元通りにはならないのだとわかりました」以後、彼はこの25年間を車椅子ですごしてきた。

　ある程度の地位や立場を占めるようになったが、あまり好きになれなかった、そんな自分の死について語った人物もいた。トリニダード生まれのメイラード・ハウエルは、奨学金を得てモアハウス大学へ進学し、その後はブルックリンへ移り住み、小売業、銀行業、医薬品販売の職を経て、そのたびにわずかながらもよい待遇と給与を手にしながら、少しずつ中流階級へ歩を進めていった。ところが収入が10万ドルに達して安心した途端、彼は自分が、辛く厳しい仕事に縛られた会社の奴隷になっていると気づいたのである。彼は仕事を辞め、４０１（ｋ）（確定拠出年金）をすべて注ぎ込み、クロスフィットジムを開設した。「私は自分の人生を救い出してやる必要がありました」と、彼は語った。「医師からは、抗うつ薬の服用を勧められました。でも以前は私自身が、そういうろくでもない薬を売りさばいていましたから、それを使うのは嫌だった。だからそんなお金ばかり追い求めていた自分に別れを告げたんです。今度は自分の情熱を追い求めるんだとね」

そしておそらくこれが最も重要なのだが、そうした生前死を経験したと語ったほぼ全員が、実際の死に対する恐怖がなくなり、従って人生をたくましく生き抜くためならリスクさえ厭わなくなったと述べている。

クリスティーナ・ワンジラックは、13歳で酒を飲み始め、そのすぐあとからコカインを使うようになった。18歳になるまでに3つの薬物治療プログラムに通ったが、数年も経たずに職を失い、経済的に立ちゆかなくなり、孤立し、素行が荒れ、離脱症状から人の家に強盗に入るようになった。22歳には治安紊乱行為で逮捕され、ホームレス宿泊施設に放り込まれた。そこで一夜をすごし、その翌朝、施設の床の上で目覚めた彼女は、ある出来事を経験した。彼女はそれを臨死体験と捉えている。

「あまり口にしてきませんでした。話すと感情が高ぶってしまうので」と、彼女は言った。「その光のなかにいる気持ちが表現できるような人間の言葉など存在しません。すべてを包含する、紛う方なき、愛と平和と理解の感覚、そんなところでしょうか。今、私は死に臨んでいる。私はこれを恐れねばならない――そう思ったのを覚えています」

彼女はさらに続けた。「しかしその光は徐々に薄れてゆき、私から遠ざかっていきました。そして聞こえたのです。もちろんそれは言葉ではありません。そちら側に言葉はないのですから。でもとにかく私には聞こえました。まだ私のときではない、私にはやるべきことがあるんだと。そして意識が戻ったのです。私はその床の上にいて、もうそれまでの自分ではないと気づいていました。その体験は、死に対して実に多くの安らぎをもたらし、私の生き方を変えました。なにしろ私には、あちら側での死がどんなふうかわかっていましたから。憧れも苦しみもありません。恐れるものは何ひとつないのです」

原因の如何にかかわらず、ライフクェイクが発生したあとに訪れる最初の余震は、その爪痕や惨状から、立ち直れないほどの打撃が加えられたと感じるだろう。だがそれは致命的であるが故に、私たちに新たな生き方を見出す手助けになるという皮肉な側面もある。

自伝的機会

2番めの余震は、正常な状態が損なわれたのを機に、人々が自分の人生の物語を再検討し始めるようになることだ。

当時は享楽的生活を送っていたが、優秀な弁論術教師でもあった北アフリカ生まれのヒッポのアウグスティヌスは、西暦386年の夏、ミラノの屋外を歩いていると、「手に取って読みなさい！　手に取って読みなさい！」という1人の子どもの唱える声を耳にした。何かの遊びだろうと思ったが、すぐにそれが聖書を指していることに気づいた彼は、聖書を見つけてページを開き、大酒盛り、酩酊、肉欲を警告する一節を目にしたのである。それまでその3つに夢中になっていたアウグスティヌスは、その瞬間に心が光で満たされるのを感じ、キリスト教に改宗し、洗礼を受け、最終的には初期のキリスト教教会史のなかで最も影響力のある思想家になった。

しかしそれは、アウグスティヌスが残した最も重要な業績ではないかもしれない。彼は改宗という自らの決意に突き動かされ、『告白』という名の卑猥なまでに赤裸々な回想録のなかで、若き日の放縦な罪深き生活を詳細に書き続けた。つまりアウグスティヌスは事実上、今で言う自伝を発明したのだ。しかし、なぜだろう？　著名なキリスト教指導者が、新たに生えた陰毛から無意識の勃起に至るまで、なぜ自らの内面のすべてを公の場で明らかにしようとするのだろう？　彼は偶然にも第10巻でその疑問に真正面から取り組み、そこで「内なる癒し手」がそうさせたのだと書いている。彼は良心に駆り立てられ、私たちの誰もが過去の悪行を乗り越えて前進する力があると示すため、自らの個人的移行を共有しようとしたのである。

言い換えればアウグスティヌスの改宗は、彼にとってライフクェイクであるだけでなく、すなわち自伝的機会でもあった。

　この**自伝的機会**という言葉は、社会学者のロバート・ザスマンが、人生のなかで自分自身について説明するよう命じられる、あるいは要求される瞬間を表現するために生み出した用語であり、彼は具体的に求人応募書類、入学願書、信用取引申請書、あるいは犯罪の供述書や宗教における告解、さらに各種懇親会や同窓会、あらゆる類いの治療、そして日記について言及している。彼はこの他に病院の予約、初めてのデート、さらに見知らぬ人と同席する長時間の航空機の機内さえ加えたかもしれない。日常生活の記録がいくつものエピソードから成り立っていたり、状況によって変化していったりするようなものであれば、自伝的機会はより広い範囲におよび、それを理解するための努力が求められるようになる。「それらは単なる出来事に関する物語ではない。いわばライフストーリーである」と、ザスマンは書いている。「これらは私たちが何者であり、何であるのかについて、体系的かつ詳細に熟考するよう求める特別な機会なのだ」

　この言葉は、人生に深刻な亀裂が入るような経験をしたほとんどの人たちの身に、その後何が起こるのかを巧みに表している。実際、大きな混乱はいずれも自伝的機会である。私自身の人生を例にとれば、結婚はもちろん、双子が生まれたのも、その後がんに罹患したのもまた、自伝的機会だった。父の場合は、働くことも、歩くことも、そして入浴することもできなくなったとき、明らかに自伝的機会に遭遇したようだった。

自伝的機会とは、自分とは何かを再考するよう迫られたり、あるいは余儀なくされたりするような瞬間を言う。それはつまり、それまでのライフストーリーに何らかの変更や方向転換が必要となり、今後の人生のために既存のアイデンティティの再検討や修正が求められるような、物語上の出来事である。

そしてほぼ全員が、そうした瞬間をくぐり抜ける。私はインタビューの際、すべての人に、人生最大のライフクェイクによって人生の物語を書き換えざるを得なくなったかどうかを尋ねたところ、全体の4分の3がイエスと答えた。その多くが、最初はそうした体験が、この種の個人的再評価の引き金になるとは思ってもみなかったが、時間が経過するにつれ、そう認識するようになったと語った。これは、私たちが人生の新たな現実に適応していくには、自らの人生の物語を調整する必要があり、そこでは「意味づけ」が重要な役割を果たしているのだと学者たちが理解する一方で、そのプロセスにおける重要な部分については、依然としてあまり多くの人には知られていないという事実を示唆している。無理もない話だ。それは何にも増して回復に役立つとはいえ、主要な余震のひとつにすぎないのだから。

私が知り得た自伝的機会のいくつかは、自らの物語を公の場で共有せざるを得なかった

自伝的機会を感じたか

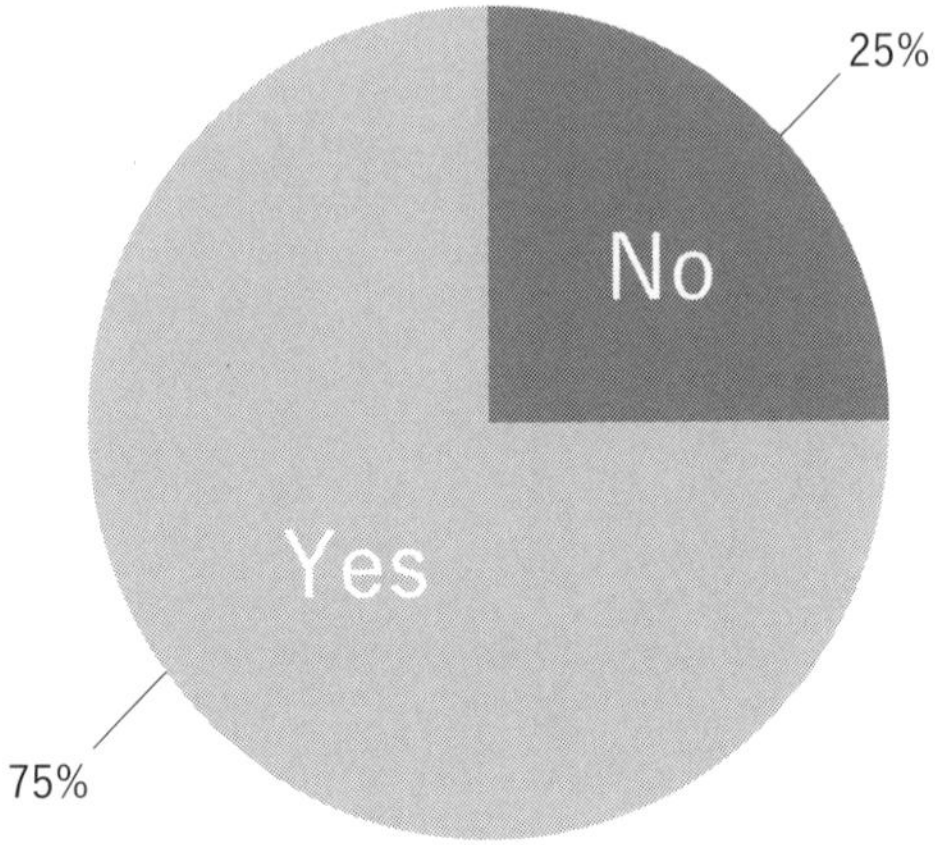

人たちから聞いたものだった。カール・バスは初期のテクノロジー企業家であり発明家で、ニューヨーク州イサカに起ち上げた会社が、シリコンバレーの巨大企業であるオートデスクに買収された。カールは最終的に、300億ドルのソフトウェア企業のCEOになったが、この変化は彼にとって大きな課題だった。「公開企業のCEOになれば、マスコミがその人物について書きたがるのは当然です」と、彼は言う。「彼らは、あなたの人となりについて知りたがります。最初のうちは『ボートをつくる、ただの男です』としか言いませんでした。でもすぐに、もっときちんとした話が必要なんだと気づきました。多くの人が興味を持ち、注目してくれるような物語をね」

自伝的機会の多くは意味の構成要素を反映

していた。物語の筋書きを調整する役割は、その一部を行為主体性が担った。アンナ・クリシュタルはタシケントの難民で、5歳のときにブルックリンに移り住み、ニュージャージー州の高校に通った。大学では海外旅行に夢中になり、スペイン語、ロシア語、イタリア語を専攻し、イスラエルに移住した。しかし母親が病気になり強引に家に連れ戻されると、その後1年間はベッドに横になり、ふてくされてテレビを見ながら毎日をすごした。そんなある日、彼女はヨガで椅子のポーズをしているときに啓示を受けたのだ。「気づいたんです。**なんてことかしら、ライフストーリーを変えるには、枠組みを入れ替えればよいのよ**って。私は自分を環境や境遇の犠牲者だと思い込み、それまでずっとそうすごしてきたんです。でも、自分がコントロールする必要があるんだとわかりました」彼女は両親のいる家を出て、仕事に就き、人生の再スタートを切った。

帰属意識もまた、物語の筋書きを調整する役割の一部を担った。日系アメリカ人でゲームデザイナーのナオミ・クラークは、9・11を機に女性として生き始め、それを両親にどう伝えるべきか思い悩んだ。両親との関係を失う覚悟はあったが、そうなりたくはなかった。そこで彼女は自らの自伝的機会を、ごく一般的な手法に委ねた。両親に手紙を書いたのだ。

「とにかく怖くて、ありとあらゆる類いの、悪夢のようなシナリオを思い浮かべていました」と、ナオミは言う。「気持ちのすべてを説明しようと、本当に長い時間をかけて真剣に書きました。かなり長文の手紙になりましたが、それを2人に送りました」果たして両親の反応は？「自分たちが大きな過ちを犯したという深い罪の意識に囚われたようで、私はそうした誤った認識を捨てさせなければなりませんでした。そしてようやく2人とも、『私たちはなぜこれほど長いあいだ、そんなことに気がつかなかったのだろう？　幼いころから普通の子どもと少し違っていると知っていながら、私たちはお前が、単に繊細で優しい子どもだと思い込んでいたなんて』と、言ってくれるようになったのです」

さらには大義も、物語の筋書きを調整する役割の一部を担った。アイダホ州ボイシで生まれ育ったメラニー・クラウスは、趣味で小さな農場を営みながら45種類ものぶどう栽培を行う、彼女の言葉を借りれば、これ以上望むべくもない素敵な両親に恵まれた。メラニーはワシントン大学で生物学を学び、海外で暮らし、その後、将来の夫となるジョーと一緒に住むために、オレゴン州の西の外れに移り住んだ。原子炉かぶどう畑関連の仕事しかなかったので、彼女はワイン産業で働き始めた。5年後、メラニーとジョーはアイダホに戻りシンダー・ワインズを起ち上げたが、この変化は単に仕事の面だけに収まらなかった。夫婦経営のワイナリーとして商品を売り込むには、取り組み全体を網羅する物語が必要だった。

「つまり私たちは自らを真剣に見つめ直し、**このワインに高級感を持たせたいのか、あるいは遊び心のあるものに仕上げたいのか？**　と、自分自身に問いかけなければなりませんでした。私たちは、**人生の物語をどう取りあげ、それをワインの物語としていかに捉えたらよいのか？**　という疑問に対し、その解決策を見つけ出す必要があったのです。会社を始めるまでは、物語を語り聞かせるなど考えもしませんでした。でも今では、それが私たちの生活のとてつもなく大きな部分を占めています」２人は、スネーク・リバー・ヴァレーにある、ほとんど知られていないワイン生産者と連係する道を選択した［訳注：「スネーク・リバー・ヴァレー」はオレゴン州東部からアイダホ州南西部にかけて広がるＡＶＡ（アメリカ政府承認ぶどう栽培地域）である］。

ライフクェイクの発生はすなわち、人生の物語を再構築する機会につながる。それは自伝的機会であり、ライフクェイクがもたらす２つめの余震である。

形状変化

最後に訪れる３つめの余震が最も強力で、**形状変化**と呼ばれるものだ。１８５５年、ごま塩髭を生やした36歳のウォルト・ホイットマンは、現在の私の住まいからそれほど遠くない、ブルックリンハイツのクランベリーストリートにある小さな印刷所を使い、彼の代表作となる『草の葉（原題：Leaves of Grass）』の初版本を出版した。人間とその性的資質を広義に容認し賛美する『草の葉』には、多くの注目すべき一節が含まれており、なかでも特筆すべきは「自己の歌」第51節のこの3行である。

私は矛盾しているのか？
いいだろう、それなら矛盾しようではないか
（私は大きく、多くを内包しているのだ）

ホイットマンのメッセージは、20世紀の心理学における主要なテーマとなり、その1世紀後にはポジティブ心理学の中心教義になるだろう。私たちは多くの特質を内包しており、そうした特質のあいだを移動し、私たちに意味を与えてくれるものを再調整する力を備えている。

ライフクェイクはそうした私たちを揺さぶり、意味を示すABCの各要素にどれだけの重みを置くべきか、再評価を迫る重要な先導者なのだ。人々は、行為主体性を重視する姿勢を緩めたり、帰属意識への関心の度合いを高めたり、もっと大義に注意を払うべきだと初めて気づいたり、場合によっては3つすべての比重を変更したりするかもしれない。いずれにせよ、これらはすべて人生の劇的変化に対する直接的な反応である。このように非線形世界に対する反応の仕方においては、人間も他の自然となんら変わりはない。

カオスの本質は自己編成形（内部構造に関して自身を自律的に再編成する能力を持っている状態）にある。例えば川の流れが大きな岩の回りで渦を巻きそのあとでもとの流れに戻るのも、鳥の群れが木から一斉に飛び立ち、その後よどみなく編隊を組んで飛び去るのも、ある気象状況が別の異なる気象状況と衝突、合体し、さらに移動を続けるのも、いずれもこの自己編成形によるもので、砂丘、雪あらし、雲などの動きも同様だ。どのケースも、ある実体がひとつの形状をもって発生し、混乱期に陥り、一種の小カオス状態を経、再び新たな形状を持って出現するという点では共通している。だが混乱前と混乱後では形状は酷似しているが、実体はまったく異なっている。つまりカオスとは、絶え間なき変化に直面する自然が生み出した創造性なのだ。

人間に引き当てれば、この創造性に相当するのは精神的適応プロセスである。身体に、物理的不均衡さを修正する能力があるのと同じように、心にも、精神的不均衡さを修正する能力が備わっており、ユングはこの実践を「偏りをもって相殺する」と表現した。私たちの生活は、アイデンティティの一側面に偏れば偏るほど、その分、別の側面がおろそかになっていく。これは私たちの誰もが体験する現実である。仕事にかまけて家族を無視し、子どもの世話に夢中で自分のことには気がつかず、他人に奉仕するばかりで愛する人を無視してしまう。私たちは純粋に、ひとつに集中すればするほど他を見落としてしまう危険性を持っている。

しかしホイットマンが言うように、私たちは「ただひとつのもの」ではない。私たちは多くを内包しているのだ。事実、昨今の研究結果はこの見解を裏づけている。当初、コア構造の研究者たちは、人は誰もが内向的もしくは外交的、受動的もしくは積極的、開放的もしくは閉鎖的といった生来の特性を持っていると考えていた。しかしこのテーマの捉え方は時間の経過とともに進化を遂げ、今日では、そうした特性は部分的には固定されているが、部分的には流動的だと認識されている。すぐれたパーソナリティー研究者であるブライアン・リトルの言葉を借りれば、「4月にあなたが人生を見ていたゴーグルは、5月にはもう役に立たないかもしれない。（中略）あなたは世界に対する予測を修正し、新たなアイデアを試し、その過程で、あなたにとって役に立つ固有の理解・判断をもたらす新たな認知構造を整理、統合する」べきなのだ。

この流動性は、とくに人生が大きく破綻しているときに強く現れる。日々の生活は、どうあがいても、それまでと同じやり方では成り立たない。見慣れたランドマークは瓦解し、信頼できる道路地図はもはや使いものにはならない。あなたには新たな知識、新たな通路、新たな建物が必要なのだ。

私はこの現象を捉えるのに**形状変化**という言葉を使っている。なぜならこの状況を克服するには、3つの意味の源泉とそれらを具現化した形状、すなわちライン（行為主体性）、サークル（帰属意識）、およびスター（大義）のそれぞれに付与すべき相対的重みを調整し直す必要があるからだ。私たちはみな、人生のなかでこの作業を経験している。例えば挫折を味わい、家族により多くの時間を捧げようと決意した会社人間、子どもたちが登校したあとは、1日のほとんどをボランティア活動に励む専業主夫（あるいは主婦）、要求があまりにも多い患者の世話で疲れ切ってしまい、長く遠ざかっていた趣味をもう一度始めようとする介護者などを思い浮かべてみればよい。

形状変化は、バランスを失った人生に対する治療法である。これを行うために必要な手段を、私たち自身が持ち合わせているなら問題はない。しかしどのような理由であれ、大きな亀裂が生じ、優先順位の再検討を余儀なくされるのはよくあることだ。そして、そこで行う再調整は、私たちを驚くべき方向に導いていく。

近年私たちはレジリエンスという言葉や、極めて大きな障害にぶつかっても以前のような状態に戻っていくという考えに慣れ親しみ、それが当たり前になっている。私たちは**すぐに回復する、以前のような生活に戻る、もとの自分に立ち返る**。こうした表現はすべて、

形状変化

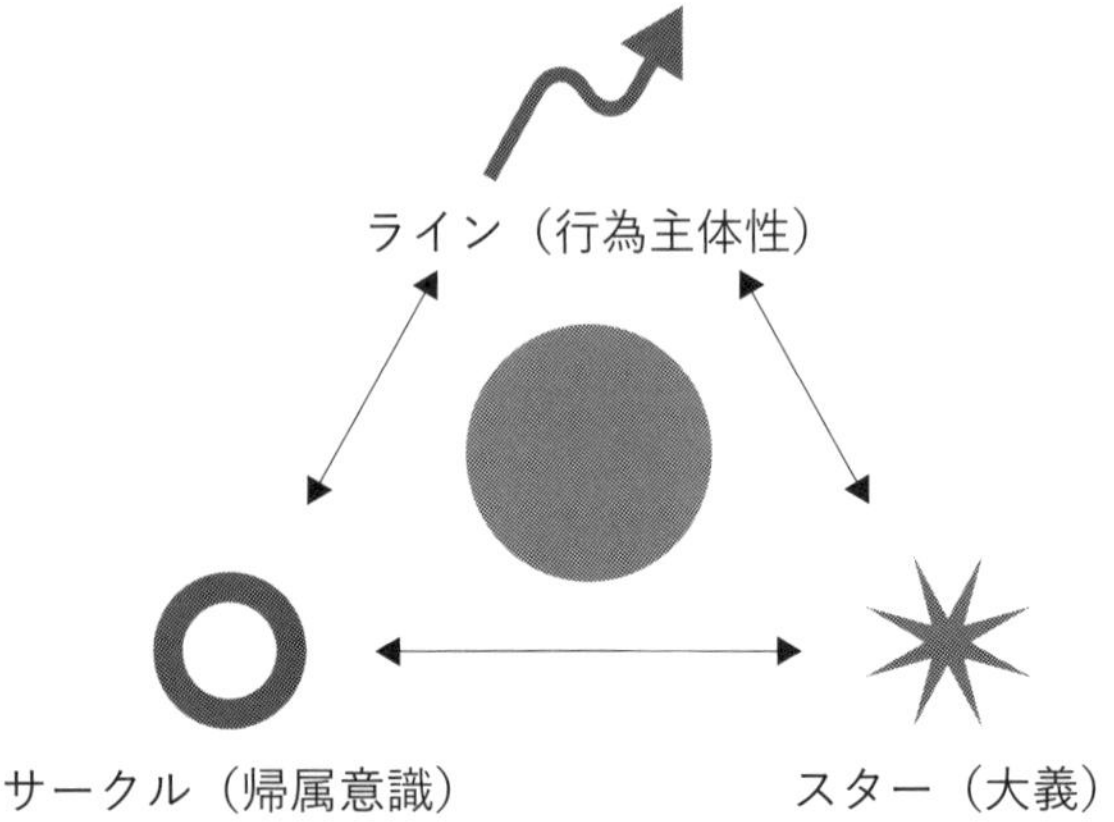

人生に大きな混乱が生じても、最終的には以前の自分に戻るのだという私たちの意識を暗示している。たしかにそうした線形の立ち直りが見られる場合もあるだろう。しかしながら、私たちは新たな方向に進んでいるというのが、はるかに頻繁に起こっている現実なのだ。以前のような状態に**戻る**のではなく、**横に**、**前に**あるいはまったく予期しない場所に移動している。言い方を換えれば、形状変化でさえも、非線形人生のあらゆる側面と同様、非線形なのである。

　このプロセスが現実の人生にどう機能するのかを示す例を、以下にいくつか挙げておく。

ライン（行為主体性）

私が聞いたなかで一番多かった形状変化は、自己中心的志向から、サービスや対人関係をより重視する人間への方向転換だった。

行為主体性 ⇓ 大義

アン・マリー・ディアンジェロは10代のころからプロのバレエダンサーを続け、ジョフリー・バレエのトップバレリーナにまで上り詰めた。だが50代で怪我をしたため、やはり同じように怪我をしたダンサーが実社会でやっていけるよう、サポートを行うライフコーチに転身した。

ダレル・ロスは、生まれ故郷であるミシガン州のグランドラピッズで保険会社を経営していたが、友人が殺害されたために大いに動揺し、会社を売却して非営利団体を設立すると、手頃な価格の住宅の宣伝活動を行った。

行為主体性 ⇓ 帰属意識

ヤン・エグバーツは大学院でビジネスと医学の学位を取得し、それを活用して上場製薬会社のCEOに就任した。だが別居中の妻が、長期にわたる精神疾患の末に自殺したため、代わりに思春期の息子たちの世話をしようと、CEOの職を辞任した。

ウェンディ・アーロンズは、ハリウッドの映画スタジオで下積みを続ける若い脚本家だったが、配役の代償として性的関係を迫るなど「#MeToo」運動に見られるような恥ずべき行為の数々に嫌気がさし、夫とともにテキサス州オースティンに引っ越したのを機に、専業主婦の道を選んだ〔訳注：#Mee Tooとは、セクハラや性的暴行などの性犯罪被害の体験を告白・共有する際にSNSで使用されるハッシュタグ〕。

サークル（帰属意識）

対人関係は充実感をもたらす最も豊かな源泉のひとつだ。しかしそこには限界もある。私は多くの母親から、子ども以外の物事に目を向ける必要がある、あるいはそうせざるを得ない段階にまで至ったという、多くの具体的な話を聞いた。

帰属意識 ⇒ 大義

息子のブレントが小児がんで瀕死の状態であるにもかかわらず、未成年という理由で臨床試験への参加を拒まれたのに激怒したアン・レイマーは、それまでの温厚な母親から一変し、小児がん患者の擁護者として激しいスピーチをしたり、副大統領に陳情を行ったり、執拗にＦＤＡに迫ったりするようになった［訳注：ＦＤＡ（アメリカ食品医薬品局）は、食品、医薬品、化粧品、医療機器、玩具など、消費者が通常の生活で接する様々な製品の安全性・有効性を確保するための政府機関］。

ニューヨーク州ウェストチェスター郡に住むリサ・ヘファナンとメアリー・デル・ハリントンは、子どもたちが大学に通い始め、彼らの自立が目前である事実に気づき大いに動揺し、子どもが巣立ったあとの喪失感に悩む親たちが助言を得られるよう、「グロウン・アンド・フロウン（成長と巣立ち）」という名称のグループをフェイスブックに起ち上げた。

帰属意識 ⇒ 行為主体性

ペギー・バッティンは南カリフォルニア大学で哲学を学ぶ大学院生であり、彼女の言う「夫と子どもたち、そして週末はカントリークラブですごす型どおりの暮らし」にそれほど興味が湧かなかったので、ユタ州で願ってもいない仕事が見つかると、子どもたちを夫に委ね、自分のキャリアを追求するために家を出た。

シャーリー・エグモントは母親として７人の子どもを育て、妻として41年にわたり夫を支え続けてきたことに満足を覚えていた。ところがその夫が、自分よりも若いガールフレンドと「幸せを見つけるため」に駆け落ちすると、彼女はいかにうまく操られ、利用されてきたのかに気づき、より自立し自信に満ちた「別の人間」に変貌した。

スター（大義）

天職を見つけることとは、自らを幸福へと誘う素晴らしい扉であり、多くの人たちがそこへ向かい、人生を歩んでいく。だが大義を中心に人生を築く人のなかには、行きすぎて疲弊してしまう者もいる。

大義 ⇓ 行為主体性

ジョン・オースティンは、連邦法執行機関に25年間勤務し、最終的には麻薬取締局の特別捜査官補となったが、健康上の不安から、雇用が確実に保証された職務を断念し、危機管理会社を起ち上げた。

アン・イミグは、「リッスン・トゥ・ユア・マザー（お母さんの話を聞いて）」というタイトルの舞台朗読イベントを全国的に展開したが、大きな負担を強いられる無償労働に疲れ切ってしまい、活動の第一線から身を引くと、執筆業に専念した。

大義 ⇓ 帰属意識

スーザン・ピアースは高等教育に人生を捧げ、ピュージェットサウンド大学の学長として11年めの任期をスタートさせたところ、夫が3カ月のうちに二度も脳卒中を発症した。なんとか職務に留まれないかと引き止められたが、彼女はそれを断ってフロリダに引っ越し、夫の看病にあたった。

マット・ウェイアントは、アトランタの若き政治活動家、エモリー大学入学時にアフリカ系アメリカ人研究を専攻した唯一の白人学生、そしてジョージア民主党委員長だった。しかし物事に縛られない自由奔放な性格の妻は、彼の仕事への献身ぶりに嫌気がさしてしまったため、マットは仕事を辞め、彼女と一緒にコスタリカに移住した。

形状変化は、私たちがなんらかの理由により、意味の3つの柱のうちのひとつに傾きすぎたとき、もう一度人生のバランスを取り戻させてくれる、意味づけのための強力なツールである。自発的、非自発的にかかわらず起こる可能性があり、このタイプの調整は多くの場合、ライフクェイクに呼応して発生する。ライフクェイクをかりそめの死とみなし、それを自伝的機会として利用するのに加え、この形状変化は、人生における大きな混乱に伴って発生する、3つの余震のうちのひとつである。

しかしながら、これらの余震が役立つとはいえ、人生の立て直しという大仕事に比べれば、まだ下準備のようなものだ。その再構築には、複雑で、しばしば困難を伴う移行プロセスが含まれる。この移行という言葉はよく知られてはいるが、それが実際にどう機能するのかというその仕組みについては、ほとんど理解されていない。その大きな理由は、多くの人が期待するようなやり方で移行が進められているわけではないからだ。

人生は、雨のなかで踊るのを学ぶことです

人生の移行における新たなモデル

Learning to Dance in the Rain

A New Model for Life Transitions

ライフクェイクの本来の定義に少し戻ってみよう。それは、「激変、移行、そして再生の期間をもたらす、その人の人生における変化という名の激しい爆発」だった。私たちはこの定義の最後の部分、つまり何が「変化という名の激しい爆発」を引き起こすのか、そしてそれによって生じる「激変」の影響について話をしてきた。だが激変に続いて現れる2つの現象、すなわち「移行」と「再生」はどうやって起こるのだろう？

簡単に言えば、それは選択によって起こる。つまりこれを経験するには、変化と激変を移行と再生に転換することを選択しなければならない。最初に受ける衝撃は自発的でも非

自発的でもかまわないが、移行は自発的で**なければならない**。つまり自分自身で意味をつくる必要があるのだ。

まず具体的な事例を見ていこう。

「俺の指を、お前の首に巻きつけてやる」

フレイディ・レイスは、ブルックリンに住む超正統派ユダヤ人一家に、6人きょうだいの5番めの子どもとして生まれた。キューバ生まれの父親は、彼女によれば「極めて暴力的かつ虐待的」だったので、子どもたちは母親が引き取り、女手ひとつで育てられた。フレイディは元気で勇敢な子どもだったが、宗教の戒律には従った。彼女は着古したフレアのワンピースの下に、ニーソックスをはいていた。「見られた格好じゃなかったですね。**見てご覧なさいよ、みんな、フレイディはタイツの上にソックスまではいてるわよ！**って。でもそれは大事なことでした。私は自分の限界を広げたかったんです」

フレイディは子どものころ、テレビもラジオも新聞も、身近になかった。「女子校に通い、そこで料理と裁縫を学びました。ビートルズが誰なのか知りませんでしたし、ハンバーガーはハムでできていると思っていました」16歳を迎えると、将来の結婚のためにSAT（大学進学適性試験）は受験しないと誓う文書に署名しなければならなかった。

18歳になると、フレイディは結婚候補者の1人に加えられたが、両親が別居しているうえに貧しかったので、よい結婚相手とはみなされなかった。彼女は見合いをするようになった。そこでは2人きりになるのも、互いの身体が触れ合うのも許されなかった。「向かい合わせに座り、コカコーラを注文し、子どもが何人欲しいか話し合います。それから家に帰って、残りの人生をともにするかどうかを決めなければなりません」

最初の見合い相手から、過去にマリファナを試したと告白されたフレイディは、彼との結婚を断った。次の相手はチェーンスモーカーに加え、危険運転で十数回の違反を犯していた。しかも彼は、3回のデートのうち2回も、見知らぬ人と路上で殴り合いの喧嘩を始めた。だが「一度だけ行使できる拒否カード」を切ってしまっていた彼女は、彼との結婚に同意せざるを得なかった。6週間後、2人は夫婦になった。

「恋をしているはずじゃないのに、幸せなんだと自分に言い聞かせていました」

彼は結婚式の夜、フレイディを殺すと脅した。しかもぞっとするほど具体的で詳細に。「俺の指を、お前の首に巻きつけてやる」と、彼は言った。「お前の息の根が止まるまで、絞り上げる。それからお前の目をのぞき込み、息をしていない顔を眺めるんだ」またあるときは、ナイフを使って彼女の身体をばらばらにする方法を、具体的に語って聞かせた。

「彼はよくお皿や窓ガラスを割り、家具を壊していました。車でドライブに出かけると、時速１６０キロまでスピードを上げては急ブレーキを踏むので、私は何度も座席から放り出されていました」彼はまた、彼女が隠し立てできないように、バスルームのドアは閉めさせなかった。

フレイディは、いったいどうすればよいのかわからなかった。彼が実際に危害を加えることはなかったが、威嚇や脅迫は絶え間なく続いた。彼の父親に相談すると、父親は自分の息子に問題があると言われて気分を害し、母親に話しかけると、背を向けて部屋から出て行かれてしまった。ニュージャージーに越して子どもができれば、少しは状況も良くなるかと思ったが、そんな彼女の考えは間違っていた。

「弱冠20歳の母親であり専業主婦だった私は、自分の人生が嫌でしかたがなく、一瞬たりともその気持ちは消えませんでした。母親でいても、夫のために料理や掃除をしても、そこにはなんの喜びもありません。なにしろ主人は、帰宅したら窓ガラスの1枚も割らずにいてくれればそれで十分と願うような男だったのです。ときどき、通りの向こう側の公園へ行き、ブランコに座って何時間も泣きました」

こうした生活がおよそ10年続き、フレイディが27歳を迎えたころ、1人の友人が、コミュニティ外部のセラピストの名をそっと教えてくれた。そのセラピストは最初の面会で、**家庭内暴力**という表現を用い、夫に対して接近禁止命令［訳注：身体的暴力、あるいは生命・

身体に対する脅迫をしてくる配偶者の接近を禁止する裁判所の命令」を申請できる資格があるのではないかと語った。「とにかく天地がひっくり返るような話でした」とフレイディは語った。「**少なくとも、私の頭がおかしくなったわけじゃない**」

数日後、フレイディが生まれたばかりの赤ちゃんの世話をしていると、夫が帰宅し、玄関のドアを蹴り開けた。フレイディは赤ん坊を抱きかかえ、車に飛び乗り、友人の家に向かった。彼は自分のトラックに乗り込み、彼女の運転する車のすぐ後ろを走りながら、「殺してやる！」と叫んでいた。友人の家は突き当たりにロータリーがある袋小路にあったので、フレイディが車を停めると、夫に行く手を遮られた。「そんな場所に向かうなんて愚かな話ですよね。それでもそのときには、私にもまだ逃げる方法がありました。110番に連絡したんです」

フレイディは、ニュージャージー州レイクウッドにある超正統派のユダヤ人コミュニティの歴史のなかで、初めて接近禁止命令を取得した人物になった。彼女の夫は、家から追い出された。「これは普通なら自由を意味したかもしれませんが、私のいるコミュニティでは罪でした」翌日、ラビ（ユダヤ教聖職者）は男性弁護士を彼女の家にやり、その申し立てを取り下げるよう判事の前に連れ出そうとした。彼女は弁護士から、従わなければ子どもたちには二度と会えなくなると警告された。「他に方法はありませんでした。しかしそれは、そんな生活に終止符を打つための始まりだったのです」

フレイディはその後5年間、夫と一緒に暮らした。彼女はそのあいだずっと、キッチンの収納スペースに置かれていた全粒シリアルの箱に、密かに現金を隠していった。夫は宗教上の伝統から、新しいかつらを買うための費用を渡していたが、彼女は古いかつらを洗って使い、渡された現金を貯めていった〔訳注：超正統派の女性の多くがユダヤ教の教えに従い、結婚を示すため、人前で髪を見せないよう帽子やスカーフやかつらで髪を覆っている〕。4万ドルになったところで、彼女はラトガース大学に入学した。すると夫は、彼女にこう言った。「大学になんて行けやしないよ」

「いったいどうやって、私を思いとどまらせるつもりなの？」と、彼女は言った。

フレイディにとって、大学生活は簡単ではなかった。入学早々ギリシャ文明を学び、他にも多くの神々がいると知って愕然とした。彼女はすぐに、かつらをつけるのをやめた。フレイディの毅然とした態度に恐ろしくなった母親は、彼女のために死者を弔うユダヤ教の儀式であるシヴァを行った〔訳注：ユダヤ教では、一親等以内の親族が7日間の喪に服することをシヴァと呼び、この間、遺族は椅子を使わず硬い床に直接座ったり、上着に切れ目を入れるか直接裂いたりして悲しみを表す〕。夫がかんしゃくを起こせば、フレイディは子どもたちと一緒に寝室に立てこもった。それでもある安息日に、夫から押し入るぞと脅されると、今度は子どもたちを連れ、車でショッピングモールへ行き、映画を観てすごした。近所の人たちは震え上がった。フレイディが子どもたちと家に戻ると、夫の姿はなかった。「これはチャンスだと思い、鍵を替えました。1週間後に帰ってきた夫に、私はこう言ったんです。『あなたのいない毎日を存分に味わったわ。それは愉快で楽しいものだった。もう戻ってこないと思っていたのに』」

フレイディは離婚を申し立てた。ラトガース大学を平均4・0という好成績で卒業し、1万人の卒業生から総代に選出され、地元紙であるアズベリー・パーク・プレス社の記者の職を得た（最初の仕事をするにあたり、まずは地元で一番の名士であるスプリングスティーンの名前の綴りを尋ねなければならなかった）。彼女は自分の家を購入した。それから数年後、女性が強制結婚から逃れるための支援を行う団体を設立し、彼女はそれにアンチェインド・アット・ラスト（ついに鎖を解かれ自由の身に）という名を付けた。それは彼女が考える自らの人生の形、すなわち「断ち切られた鎖」に由来するものだった。

フレイディが大きな衝撃をくぐり抜け、感動的な回復を果たしたのは明らかだった。私は彼女に、そうした変化は自発的なものか、あるいは非自発的なものか、どちらだったかと尋ねてみた。「始まりは非自発的でした。そこには選択肢はありませんでした。でもなんとかその結婚をやめなければならなかった。私の命も、子どもたちの命も危険にさらされていたんです。でもその後の行動、つまり大学に通い、それまでの宗教から離れ、他の女性の擁護者になるのはすべて自発的でした。私は非自発的状況を自発的状況に転換したのです」

「自分が選んだのだから、そう行動しなければならなかった」

人生の移行という考えが現代生活のなかに比較的広く浸透しているにもかかわらず、その機能の仕組みに関する学術的研究は驚くほど少ない。他の誰にも増して、人生におけるそうした時期に注目した人物は、アルノルト・ファン・ヘネップだった。彼は1873年、未婚の両親のあいだにドイツで生まれ、6歳のときにフランスに移住した。こうした異文化的背景を持つファン・ヘネップは、様々な文化に対する情熱を育んでいった。彼は18の言語を習得し、エジプト学、アラム語、原始宗教、民俗学の各分野で先駆的研究を行った。彼の最大の貢献は、成人式から結婚式、葬儀に至るまで、その人の人生の移行を、特定の出来事を示す期間ごとに分け、そこに名前を付けたことだろう。彼はそれを総称し、**les rites de passage**、すなわち通過儀礼と呼んだ（ただし翻訳者たちは、**passage** という言葉は、より正確を期すなら **transition**（**移行**）と訳すべきだと述べている）。

では移行とは厳密には何か？　ファン・ヘネップは、それは人生の様々な時期をつなぐ架け橋だと言っている。ビジネスコンサルタントであり、1979年に出版され大きな影響を与えたベストセラー、『トランジション―人生の転機を活かすために（原題：Transitions）』の著者でもあるウィリアム・ブリッジズは、トランジション（移行）とは、人がその人生に変化を取り入れるために経験する、内面における新たな方向づけであり再定義であると述べた。

この定義はすぐれたものだが、私がインタビューでとくに心を打たれた、たくさんの要素が欠けている。本書の後半部分で説明するように、移行には明らかに困惑と混乱をもたらす試練の期間が含まれるが、同時に、探求と再結合という活気に満ちた期間も含まれている。またこの説明には、うんざりするような過去の習慣を捨て去り、誇りに思える新たな習慣を生み出すために利用されるという、移行の持つ独創的性質が抜け落ちている。さらにこの文章には、人生のこの時期をいかに利用し、私たちに目的、つながり、そして形状を与えてくれるものをどう再評価すればよいのか、その方法も捉えられていない。

私の定義：移行とは、人生の大きな混乱の後、私たちが意味を見出すための手助けをしてくれる、調整、創造、そして再生のための重要な期間である。

しかしどのように、この不可思議な状態に入っていくのだろう？　それは否応なく訪れるのか、あるいはなんらかの方法で、そこへ移動しようと決めるべきものなのか？　もしそうだとしたら、具体的にどうやって？

この問題を掘り下げるには、時間が必要だった。私はインタビューのたびに、その人が体験した人生の大きな変化について、一連の質問を行った。最初の質問：「そうした人生の移行は自発的でしたか、それとも非自発的でしたか？」その答えには驚くほどの一貫性が見られた。自ら人生を混乱させる道を選んだにせよ、あるいはそれによって人生が混乱させられたにせよ、いずれにしても彼らは「人生の移行」は自分自身が決めたと語った。彼らの行動は明らかに行為主体性によるものだった。

中流階級のパキスタン移民であるカムラン・パシャが、ニューヨークにやって来たのは2歳のときだった。幼いころは貧しく、ホームレスとして育ち、父親が統合失調症と診断されてからは、それが恥ずかしくてしかたなかった。カムランは、逆境を乗り越えていく架空の英雄譚を作りあげることで厳しい幼少期を乗り越えた。その情熱が彼を脚本家に導いたのだろう。彼は最初、法律事務所の安定した仕事のかたわら、脚本家を目指そうとした。だがあまりにハリウッド進出に熱中しすぎ、そのために仕事を首になって初めて、最初の脚本をエージェントに提出した。「人生の混乱は非自発的なもので、まるで虚空のなかに放り出されたような思いでした」と、彼は語った。「でもだからこそ、大きく飛躍する必要があるんだと気づいたのです。それはまるで『インディ・ジョーンズ　最後の聖戦』

の、渓谷を渡らなければならないのに目の前に橋がないという、あの素晴らしいワンシーンのようでした。ひとたび移行を決意し、虚空に一歩踏み出すと、そこには見えなかった橋があると気づくのです」

一部の人たちにとっては、こうした非自発的混乱から自発的移行への切り替えは、数カ月のあいだに生じる。ジョン・ティローは、ナンバーワンヒット曲を出したテネシー州ナッシュビルのカントリーミュージック・ソングライターで、あるときルーテル教会の聖職者に召されたと公表し、家族を呆然とさせ、ひどくうろたえさせた。「私もそうしたくはありませんでした」と、彼は語った。「ですが、神様はそうした大きな人生の移行のひとつを、私に経験させたいと願われたのです。それは私たちが健全であるために必要でした。最初は腹が立ちましたが、それでは人は破滅するだけです。ようやく、それは自分が選んだ道であり、そう行動すべきなのだと気づきました。それは自発的か、非自発的か？　結局のところ、それは自発的なものだと言うべきでしょう」

切り替えに至るのに数年かかる人もいる。高校を中退したクリス・シャノンは、その後、大陸間弾道弾であるタイタンⅡのミサイル技術者を務めていた。ある日、妻をバイクの後ろに乗せてアリゾナ州の空軍基地を出ると、数分も経たないうちに飲酒運転の車にはねられ、背中と首の骨を折り、右足を失った。このとき彼は二度、臨床死を宣告されている。

（車の運転手は事故現場から逃げ去ったが、クリスの大腿部が車のラジエーターに挟まっていたため、それほど遠くまで行けなかった）。クリスは事故後の自分の姿に不機嫌に黙り込み、妻の世話をしながら、辛く苦しい2年間をすごした。妻の怪我は彼ほど深刻ではなかったが、精神的外傷がひどく、最終的にクリスは、妻と別れて前に進もうと決意した。「ここまで来るのにずいぶん時間がかかりました。でも私はようやく、物事を成し遂げるための最も簡単で最もすぐれた方法は、自らの人生を受け入れる自発的選択を行う、つまり雨の日に目を覚まし、その空気の匂いを愛することだと気づいたのです」

おそらくは、激動の時期をくぐり抜け、そこから移行しようという積極的な決断を下すのがいったいどんな感覚か、最も的確な説明をしてくれたのが、デボラ・フィッシュマンだった。デボラはコネチカット州の、それほど宗教に熱心ではないユダヤ人一家に生まれ、拒食症を抱え孤独のうちに育った。プリンストン大学時代には超正統派に走り（前述のフレイディ・リースほど敬虔ではなかったが）、卒業後、彼女は結婚した。デボラも最初のうちは料理をしたり、子育てをしたり、安息日を守ったりという、人間関係の緊密なコミュニティがもたらす、人生の意味づけ的側面を受け入れていた。なにしろ当時の彼女の人生の形状は、コミュニティの結びつきを表す「3つ編み」だったのだ。しかし時間が経過するにつれ、彼女はあらゆる規制にいらだちを覚え、自分で設立した飲食協同組合の整備にもっと時間をかけたいと考えるようになった。そこで彼女と夫は離婚に同意した。「そうした変化は私のなかから引き出されたものだと思いますし、実際に私は息を吹き返しつつありました。でも間違いなく、私にはスイッチを切り替える必要があったのです。私は物事が解決するのを、じっと待ったりはしませんでした。外に出て、自分で解決を図りました。人生は、雨が止むのを待つことではありません。雨のなかで踊るのを学ぶことです」

なぜ人生の移行は非線形なのか

いったん人生の移行を決意すると、あなたはしばしば混沌として制御不能にさえ見える、混乱という名の大きな渦に飲み込まれる。しかし私の行ったインタビューは、そうした時期であっても、そこには驚くほど整然とした秩序があり、よりスムースに進めるためにできることがいかにたくさんあるのかを示唆している。まず全体的な構造から見ていくとしよう。

ファン・ヘネップが人生の移行に関する具体的構造を発表すると、すぐにそれが多くの人の見解になった。移行を経験する人は、ある世界を出て、人里離れた奥地を経由し、新たな世界に入っていくわけだが、彼はそれを場所の移動、すなわち、ある部屋を歩いて出て行き、廊下を通り抜け、別の部屋に入っていく様子に喩えた。実際に敷居をまたぐのが極めて重要であり、だからこそ多くの通過儀礼には門やアプローチ、玄関が置かれ、それぞれの入口にはドラゴン、鬼、怪物が生息していると彼は言う。私たちは恐ろしいものを神聖化する傾向があるのだ。

さらにファン・ヘネップはこの喩えをもとに、移行は3つの局面に分けられるとした。まず馴染んだ日常の居心地の良さをあとにする**分離期**、次に中立地帯で自分を孤立させる**隔離期**、そして新たな空間に入り、再び文明的日常に加わる**統合期**の3つである。彼はそこで、伝統的な成人式（10代の若者たちは家から引き離され、荒野に送られる）、結婚式（婚約者は生家から隔離され、その後、嫁ぎ先に新たな家族として迎えられる）、出産（妊婦はいったん地域社会から除かれ、出産後に再統合される）など、数多くの事例を引用している。

このファン・ヘネップのモデルは、世の中に大きな影響を及ぼした。彼の考え方が1世紀以上にわたり、ほぼ異議を唱えられることなく繰り返された事実を見ればわかるだろう。人類学者のヴィクター・ターナーは、1960年代にこの3つの局面を再び取りあげ、その中間局面の特性に**どっちつかず**という非常に印象的な名を与えた。イギリス人教授のウィリアム・ブリッジズは経験的データに依存せず、この考えを彼の3段階モデルの基礎に据えた。彼は言う。「移行は、**終わり**から始まり、**中立地帯**へと続き、**新たな始まり**で終わりを迎える」

ブリッジズはまた、別の重要な点でも、ファン・ヘネップの考えを繰り返した。彼は、人生は線形に進むという当時の認識を反映し、3つの段階は**時系列に発生しなければならない**と主張した。「人生の移行が機能するには、3つの局面すべてがその順序に従って生じる必要がある」と、ブリッジズは書いている。彼によれば、まず生じるのは「終わり」であり、次に「中立地帯」へと続き、そして最後は「新たな始まり」で終了するという。

ライフストーリー・プロジェクトがもたらした最も明確な発見のひとつは、人生が線形に移行するという考えが間違っていることである。あらかじめ決められた時間軸に沿い、あらかじめ決められた順序で、そうした一連の感情を経験していくと信じている人たちにとって、この事実はまさに危険だ。

簡単に言えば、人生における移行を経験する道はひとつではないのである。

公平を期すために言うが、3局面構成という考え方は役に立つ。過去に別れを告げ、別の自己認識に向かってよろよろ歩き、新たな自分を受け入れる――こうした移行の局面ごとに、まったく異なる感情的段階が存在するのだ。私はそれらを、**長い別れ**、**面倒な中間期**、そして**新たな始まり**と呼んでいる。しかし私のインタビューからはっきりと、そして明確に伝わってきたのは、そうした各段階は**直線的には起こらない**という現実だった。人生が非線形であるのと同様、人生の移行そのものも非線形である。

人が無秩序な人生を送るように、彼らが身をもって経験する移行もまた無秩序なのだ。そうした3つの局面を順序通りに経験する人もいれば、逆さまに経験する人もいるし、なかには最初に真ん中、それからどちらかに移動する人もいる。ある人はひとつの段階を終えてから次の段階に進むが、ある人は新たな段階に進み、その後、終わったと思った段階に逆戻りする。また多くの人が、ひとつの局面に長期間留まる傾向がある。

改めて考えれば、こうした様々なアプローチの存在自体が実に理に適っている。愛する夫を航空機事故で亡くした妻が、その数年後に再婚しても、それが最初の夫を悼む気持ちを失ったことを意味するわけではない。人が不倫する場合は、たいてい古い関係を清算する前に新たな関係を始めている。子どもを持つあなたが再婚を前提に、これから配偶者と離婚しようとする場合、離婚が成立すれば、そこから新たなスタートが切れると思うかもしれない。だがその先も、親権、金銭、子育てにおける意思決定などについて、元の配偶者と交渉するのに（つまり「面倒な中間期」に）かなりの時間を費やすだろう。

ポイント：各段階がきれいに始まり、きれいに終わるなどというのは、ほとんどまれなことだ。誰もがそれぞれに異なるパターンでその3つの局面に出入りするというのが、ご

人生の移行における3段階

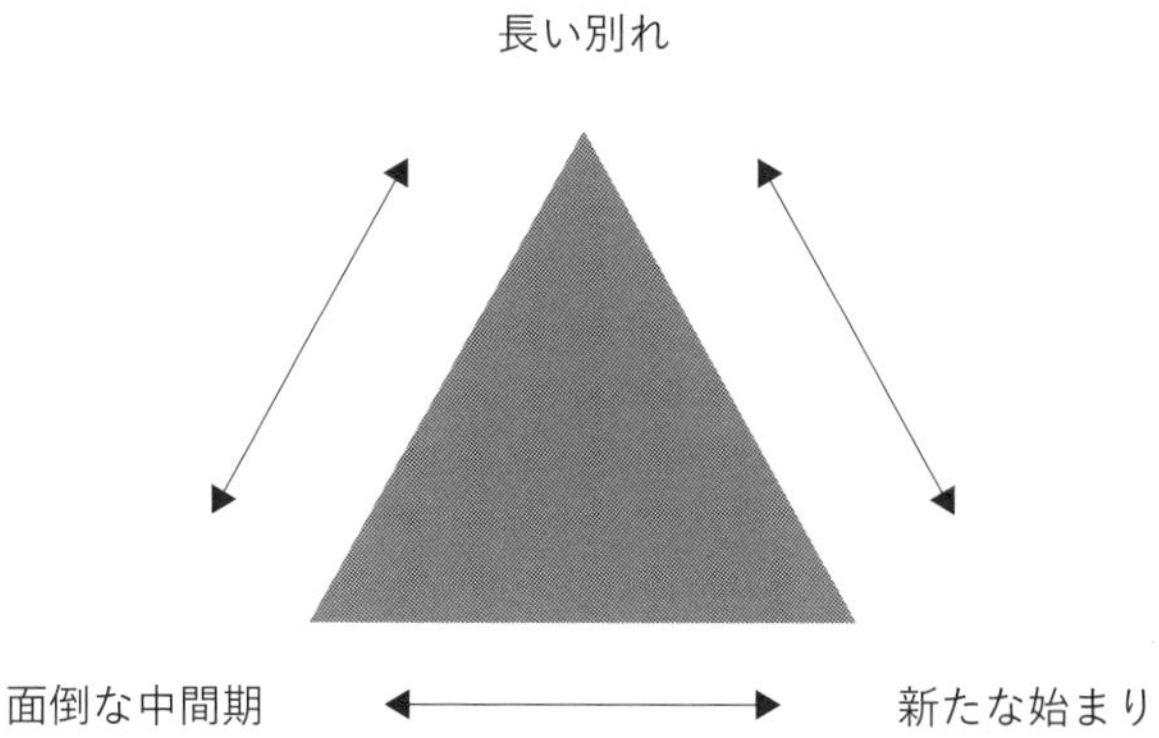

く普通のあり方なのだ。

　では人々がどの局面をどんな順番で経験するのかは、何によって決まるのだろう?

　私はインタビューから、概して人は、3つのなかのある局面における対処は非常に上手だが、別の局面における対処は苦手であると知った。つまり私たちの誰もが、人生の移行に対して**超能力を備えている**と同時に、**クリプトナイト**［訳注：コミック・ヒーローのスーパーマンの生まれ故郷であるクリプトン星が爆発して砕け散った残骸で、スーパーマンの力を吸い取ってしまう鉱石］も抱えているのだ。

　私たちの研究によれば、人は元来、得意とする局面には引き寄せられ、最も苦手な局面では足を取られるとわかった。「長い別れ」に抵抗を感じなければ、すぐにそれを片づけ、次の問題へ進んでいけるかもしれない。だがあなたが対立を嫌い、人を失望させたくないと願うタイプなら、必要以上に長く、有害な状況に留まり続ける可能性があるだろう。同じことは「面倒な中間期」にも当てはまる。カオスのなかでこそ力強さが発揮できる人もいれば、カオスのなかで立ちすくんでしまう人もいる。「新たな始まり」に関しては、その新鮮さを喜んで受け入れる人もいれば、それを恐れる人、つまり物事が変わらずにそのままでいてくれるのが好きな人もいる。

局面ごとにそれを嫌いと感じる人の割合には驚いた。私は被験者全員に、3つの局面のうち、どれが最も難しいと思ったか尋ねてみた。ほとんどが「面倒な中間期」を挙げるに違いないという私の予想は大きく外れた。たしかに「面倒な中間期」が難しいと答えた人は全体の47パーセントを占めたが、「長い別れ」が一番大変だったと答えた人も39パーセント（それほど大きな差ではない）いたのである。そして残りの14パーセントが「新たな始まり」を挙げていた。

これらのデータは、表面的には、人生の大きな変化を切り抜けるためのこうした3段階すべてが困難であることを想起させる。プロセス全体を考えるだけでも気が滅入ってしまうと感じるのはあなた1人ではない。しかしこの調査結果を改めて見直せば、私たちの多くが「長い別れ」を大きな困難を伴う行為と考えており、その場合、次に遭遇する事態は最も困難な局面は？

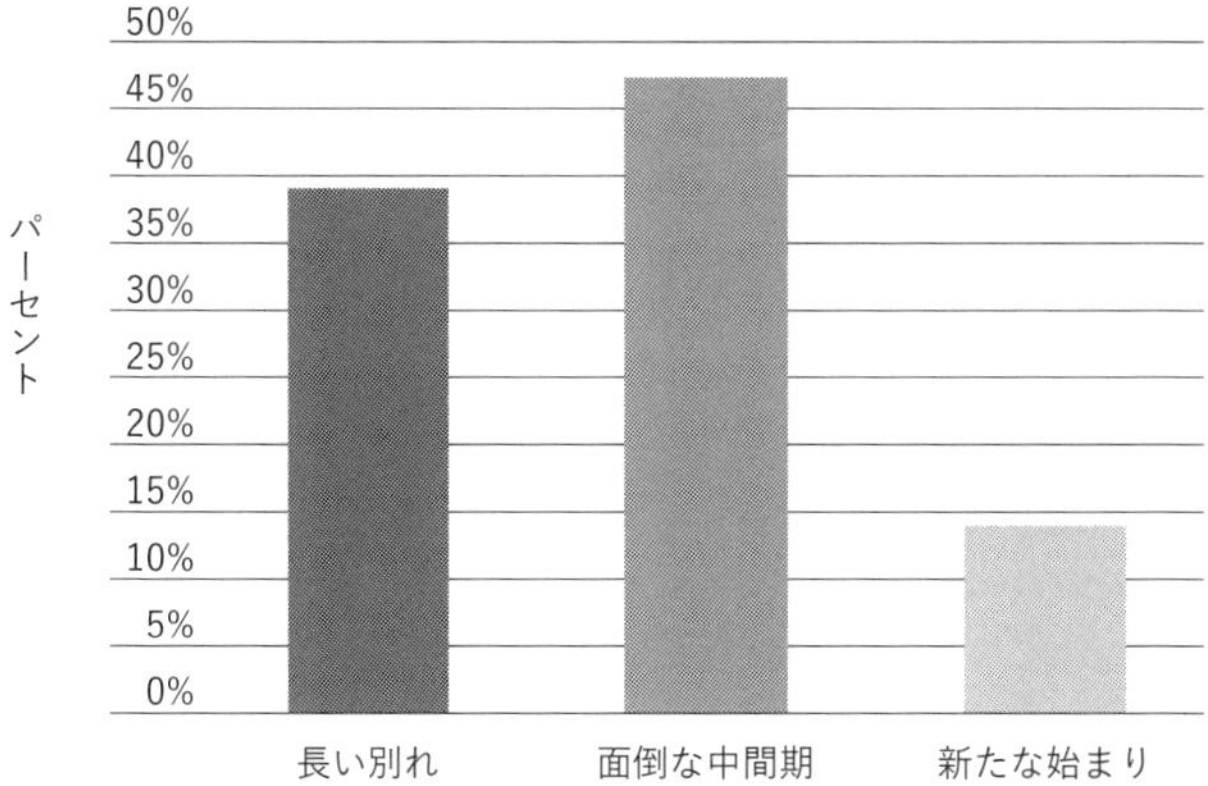

さらに困難の度合いが高まるという事実に突き当たる。朗報があるとすれば、私たちのほとんどが、初めからやり直すのは比較的簡単だと感じていることだろう。

　前述した超能力とクリプトナイトが、現実の世界でどのように機能するかは、以下の通りである。

「私には少なくとも彼が、神様の腕のなかで守られているとわかっています」

私が行った調査では、およそ10人に4人が「長い別れ」が最も難しいと感じていた。心理学者はこれまで、**損失回避**から**選択のパラドックス**に至るまで〔訳注：「損失回避」とは、人が無意識のうちに行う、得よりも損を避けようとする意思決定を指し、また「選択のパラドックス」とは、現代の自由主義社会においては、人は選択肢が多いほど不幸を感じやすくなる心理作用をいう〕、その理由になり得る数多くの条件を特定してきた。私たちはこのグループの人たちに、ある共通点を発見した。

例えば過去の感情的なしこりやこだわりに苦しむ人たちがいる。12歳で父親を亡くし、37歳でSNS構築支援サービス企業であるニングの経営責任者の職を失ったジーナ・ビアンキーニは、こう語る。「私は別れが大の苦手です。これまでの人生で、大切な彼と別れたり、別れを告げられたりすると、立ち直るのに、そうですね、だいたい2年くらいかかっていました。その理由は、心理学の学位がなくても理解できます。私は父親に悲しみを感じたことがありませんでした。死別したという現実に向き合い、それを心のなかで処理しきれていなかったのでしょう。だから別れという現実に直面すると、必要以上に動揺してしまうのです」

また、これから起こる出来事に不安を抱く人たちもいる。リサ・ルードヴィッチは実際に退職する何年も前から、インターネット販売の仕事をどうしても辞めたいという衝動に駆られ続けていた。「ええ、心の底から『長いお別れ』がしたくてしようがありませんでした」と、彼女は言った。「でも怖かったんです。**周りの人が私をどう思うか？　この先、食べていくにはどうすればよいか？　母から家賃の800ドルが必要だと電話がかかってきたらどうするか？**　人を失望させたり、自分自身のために何かをしたりするのが怖くてできない――私はずっとそういうタイプの人間でした。仕事を辞め、**自分の人生を生きるんだと決意するまで**、物事を自分本位に考えたことは一度もなかったのです」

失ったものに心を痛める人もいる。ニーシャ・ゼーノフは10代の息子を亡くし、グループセラピーを受けるようになった。なかなか前に進めないニーシャにいらだったセラピストは、ある日彼女に枕を投げつけ、こう言った。「さあ、いい加減、息子さんに別れを告げましょう」「私は彼に罵声を浴びせてから、こう言いました。『**親に向かって、息子や娘に別れを告げろなんて、金輪際、言ってはいけません。実に不適切な言動です。私は絶対に別れは言いません。口にするのは、常に挨拶の言葉です**』」。失われたものとの絆を保ち続けることが、人生を前向きに進むために役立つ場合がある――そのとき私はすでに、ある研究が解明したこの事実を知っていました」

大切にしていた人生の一時期に別れを告げるのが寂しいと感じる人もいる。ブルックリンにあるエリート高校の優等生だったエヴァン・ウォーカー＝ウェルズは、大統領選でのオバマ陣営の選挙運動にボランティアとして参加するために学校を離れ、その後、イェール大学に入学した。1年次も半ばをすぎたころ、彼の胸にグレープフルーツ大の腫瘤があるのを医師が発見した。ステージ4の非ホジキンリンパ腫（悪性リンパ腫）だった。彼は自宅に戻り、6カ月にわたる化学療法を受けた。「治療からおよそ13カ月後、胸に奇妙な感覚を覚えるようになっていました」と、彼は言った。「結局、問題はなかったのですが、そのときに気づいたんです。**ああ、なんてことだ、僕はもうこの先、この状態からは抜け出せないんだろうなって**。自分は完全に無敵な存在で、やりたいことはなんでもできるんだという考えに別れを告げなければなりませんでした。そして、友人たちが60代や70代にならなければ触れないだろう医療制度に、これからずっと向き合っていくのだという現実を受け入れる必要がありました。私はそれがとても嫌だったのです」

大多数の人たちが、別れを告げるのが自分にとってのクリプトナイトだと感じている一方で、それが自分の超能力の源だと思っている人もいる。

アンバー・アレクサンダーは20代前半に友人や親戚を相次いで亡くし、死者を埋葬するのに慣れてしまい、数年後に息子が脳腫瘍と診断されるまで、失ったものについていつまでも考え込んだりはしなかった。「イーライが初めてそう診断されたとき、実は何もコントロールできていなかったのだと思い知らされました。それは、なんでも管理したがる私のような人間にとっては、少しばかり耐えがたいことでした。でもすぐに慣れました。私よりも賢い人がこう教えてくれたんです。『結局のところ、イーライは神の子なのだ――私はそう確信しています』と。この世で私が彼の母親でいられるのはとても喜ばしいのですが、彼がこの世から次の人生に移行するとしても、少なくとも神様の腕のなかで守られているとわかっています」

ニーナ・コリンズは早熟な子どもで、何をするにも人より早かった。ヒッピーで混血の両親のもとに、ニューヨーク市で生まれた彼女は、13歳で初めて職に就き、16歳で高校を卒業し、18歳でヨーロッパに渡り、その後、母親ががんでこの世を去ると、弟を育てるために19歳で帰国した。異なる仕事を経験し、何度か結婚を重ねて家庭を持った。「私は別れを告げるのに、後ろ髪を引かれたりはしません」と彼女は言う。「母が亡くなったときのことはよく覚えています。『オーケー、現実に起きてしまったのだから、実際の問題として対応しなきゃ』といった感覚でした。ビジネスの拠点を動かしたり、開業したり、廃業したりするのも同じです。いつもそうしていますし、本当に楽しんでやっています。私はかつてセラピストから、物事に対する執着が足りないと言われました。でもきっと母が短命だったせいでしょうね。人生の儚さを強く感じる性分で、新たな経験を貪欲にしていきたいと思っているんです」

「気がつくと、あたりかまわず罵詈雑言を並べていました」

「面倒な中間期」は、多くの人にとって実際に厄介である。だが誰もが、その厄介さには別の側面があると感じている。

一部の人たちにとって最も難しいのは、まだ準備が整ってはいないと不安を感じる状況に追い込まれることだろう。オクラホマ州の田舎で生まれ育ったジェニー・ウィンは、臨死体験を二度経験した。6歳のときに喘息で呼吸停止状態に陥ったのが最初で、二度めは20歳のときに家族4人でナマズを捕りに行き、そのとき一緒に捕まえたカエルの足を食べ、その毒にあたったのだ（彼女の病状があまりに深刻だったので、医師たちは家族を集め、彼女に別れを告げるよう言い渡した）。その後ジェニーはオクラホマシティの教会で牧師になったが、上司が急死すると、彼の職を引き継ぐかどうかも含め、突如として彼女の身に様々な困難がいっぺんに降りかかった。

「気がつくと、あたりかまわず罵詈雑言を並べていました」と、彼女は言った。「それから私は、集まった信徒の人たちに向かってこう言いました。『今は何もお話しできません。私自身が、悲しみの淵から這い上がろうと努力しているところだからです』。しかしみなさんが私を必要とされたので、気がつけば1人の牧師という立場から――しかも女性として初めて――主任牧師になっていました。そこへ至るのに2年ほどかかりました。その職を引き受ける直前、私は恐ろしいほどの恐怖を覚え、2カ月のサバティカル［訳注：旧約聖書に登場する「安息日」の意味のラテン語に由来する、使途に制限のない職務を離れた長期休暇］を取りました。私には自分自身の考えを改める時間が必要でしたし、信徒のみなさんにも、私に対する認識を変えてもらう時間が必要だと考えたからです」

他の人たちにとって「面倒な中間期」は、危険なほどの感情の揺れに満ちている。カースティ・スプラゴンは西オーストラリア州のアウトバック（内陸部）で育ち、小さいころは痩せているという理由でいじめられた。功名を求め、そうした境遇からなんとか逃れようとしていた彼女は不動産業者となり、シドニーへ移り、大手国際不動産企業であるリマックスの契約エージェントのなかで、世界のトップ100人に入るまでに成長した。だがその一方で、彼女はそれまで、人に言えない恥ずかしい秘密を抱えていた。19歳で性感染症に罹患し、それをきっかけに自信を失い、男性に近づくことができず、彼らとうまく関係が築けなくなっていたのだ。そこで彼女は会社を辞めてロサンゼルスへ移住し、企業研修の講師のキャリアを追求するうち、結局、自分の過去と対峙することになった。

「人はこうした魂の暗い夜を経験します」と、彼女は言った。「アメリカにやって来たとき、私には友だちや信頼できる相談相手は1人もいませんでした。**ねえオプラ、アドバイスしてくれない？**って、電話で相談するわけにもいきません［訳注：「オプラ」は、オプラ・ウィンフリーという人気司会者のこと。ここでは彼女の冠番組である「オプラ・ウィンフリー・ショー」というトーク番組（日本のワイドショーのようなもの）で彼女に相談する様子を表す］。蝶になるにはサナギにならなければならないというのは理解できますが、イモムシのままでいるのはあまり愉快ではありません」

しかし「面倒な中間期」に成功を収めたと語る人たちも、驚くほどたくさんいた。アトランタ出身で緋色の髪を持つ詩人、ローズマリー・ダニエルは、アルコール依存症の父親と、自ら命を断った母親のあいだに生まれた娘だった。ローズマリーは16歳で結婚し、最初の2人の夫は彼女の方から離婚した。三度めに結婚したのはニューヨーク出身の知識人で、このときは彼の方から離婚を切り出された。彼女は精神的にひどく打ちのめされ、その後は石油掘削施設のような劣悪な環境で働く男臭い男たち、例えば警察官、カウボーイ、輸送トラック運転手とデートを重ね、『Sleeping with Soldiers（兵士と眠る）』と題する愛の遍歴を綴るようになった。

私は、理想とはほど遠い男性たちと付き合った彼女の「面倒な中間期」について尋ねると（彼女は最終的にはそのなかの勝者である陸軍空挺部隊の男性と結婚し、30年連れ添った）、彼女はばかにするような目で私を見た。「見方によっては混乱と捉えてよいでしょう。でも私は、それを人生の休暇と呼びたいのです。とにかく素敵な時間でした！」

彼女は笑い声を上げ、こう続けた。「愉快で、新しい経験や創造性に富んだ、それまで会ったことのないような人たちとの出会いの期間だったと考えています。『Sleeping with Soldiers（兵士と眠る）』には、その期間に見た夢に関する一節があり、私にとってそうした様々な人たちとのセックスがどれほどよいものであったかが描かれています。なかにはレイプされるのではないかと思うような、恐ろしい瞬間も何度かありましたが、おしなべて素晴らしいものだったと言えるでしょう。初めて自立した気分になり、育てられてきたルールに従う必要はないのだと感じていました」

ロブ・アダムスもまた「面倒な中間期」を刺激的な経験と捉えたひとりだ。シンシナティの典型的なアメリカ人一家に生まれ、子ども時代をメキシコシティとジュネーブですごした彼は、ダートマス大学へ進み、ノースウェスタン大学のケロッグ経営大学院で学んだ。シカゴで高収入のコンサルティング業務に携わった後、妻と子どもたちをニューイングランドに戻すと、自らは、家族経営を続けるサイモン・ピアスというガラス工芸品制作会社の社長の座に就いた。ところがわずか10日後に大不況が起こり、月の売り上げは3分の1にまで減少したため、しばらく交渉は続いたものの、最終的に辞任するよう求められた。「別れは辛いものでした」と彼は語った。「私は彼らが大好きでした。もっとコミュニケーションを図り、彼らを育てたいと願っていましたからね。気持ちの整理がつくまで、おそらく必要以上に時間がかかりました。でもいったん肚が決まれば、あとは「面倒な中間期」を楽しみました。もともと分析し、調査し、それについてじっくり考えるのが大好きなものですから、次に何をすべきか40人の異なる人たちと話をしました。私はコンサルタントです。問題を解決するのが専門なんです」

彼は妻と相談し、数年間、家族でアフリカに移住しようと決めた。彼は現地でサッカーの非営利団体を運営し、3人めの子どもを養子に迎えた。この混乱期のおかげで、彼は自分が最も感謝していた子ども時代の一部に立ち返ることができ、子どもたちも世界の持つ別の側面が体験できたのである。

「素面でいられるのは嬉しいけれど、これからいったいどうすればよいの？」

「長い別れ」と「面倒な中間期」を乗り越えるための長いマラソンが終われば、次の「新たな始まり」は、待ちに待った安らぎの期間だと誰もが期待するだろう。しかし6人に1人が、この段階が最も難しいと感じている。

ペギー・フレッチャー・スタックは『ソルトレイク・トリビューン』紙の記者で(「あんたは家族のなかで2番めに質の悪い出来損ないよと母に言われたのを考えれば、キャリアとしては悪くないでしょう」)、初めての仕事で雇った、ワイルドな巻き毛を持つ極めてハンサムな男性であるマイクと結婚した。2人の子どもがまだ2歳未満だったころの彼らには、とにかく「幸せ」の他に言うべき言葉はなかった。

それからペギーは、双子の女の子を妊娠した。そのうちの1人、カミーユは心臓に異常を抱えていたため、1週間も持たないだろうと言われていた。マイクは仕事を辞め、その後2年間、献身的に付き添い、祈りを繰り返しながら苦難を乗り越えていったが、ある日の早朝、とうとうカミーユは呼吸を止めた。「私の頭のなかに小さな声が聞こえたんです。**『ママ、わたし、スーパーベイビーでなきゃいけないの? もう楽にさせて、お願い、お願い』**。マイクは傷ついた獣のような叫び声を上げ、そして私は大きなショックを受けていました。それは恐ろしいほど、辛く苦しいものでしたが、そこにはある種の安らぎもありました。私たちは酸素を止め、そこに座り、昇る朝日を見つめていました」

そのときこそ彼らは間違いなく、人生のどん底にあったはずだ。違うのだろうか?

「私たちは基本的にあの数年こそ、結婚生活の絶頂期だったといまだに思っています」と、ペギーは語った。「どう考えてもおかしな話です。なにしろそれは、人生で最も辛く厳しい期間でもあったのですから。2人とも夜はなかなか眠れず、休みもとらず、私は病欠もしませんでした」しかしそのときに現れたのが——と、彼女は続けた。「私たちの最高の姿だったのです。お互いに、まさに理想的な伴侶でした。私たちは子育てに全力で取り組みました。不機嫌になったり、いらだったり、声を荒げたりすることもなければ、喧嘩もしませんでした」

しかしその「面倒な中間期」が終わりを告げた途端、道に迷ってしまったと彼女は言った。**「これからどんな人間になりたいのか？**——その答えを探し出す必要がありました。私たちはそれまでの、聖なる空間と時間からこぼれ落ちてしまったのです。私たちは、3人の子どもを持つごく普通の夫婦にすぎませんでした。互いに批判し合い、喧嘩もします。しかも手元には、未払いの請求書がまだ6万ドル残っています。彼と一緒にいますが、2人とも感情の処理方法が大きく異なるんです。さて、どうしたものでしょうか？」

ジャネル・ハンチェットもまた、混沌と虚無感のなかに意味を見出し、その期間が過ぎ去った後、どうすべきかわからなくなってしまった1人だった。ジャネルは、親でありながら住まいさえともにしないアルコール依存症の父親と、ナイフや美術品の販売で生計を立てるモルモン教徒の母親の娘として、カリフォルニア州の中央部で大きくなった。ジャネルは何事に対しても責任を持ってやり遂げる模範的人物だったが、大学に進学すると人が変わったように飲酒を始め、コカイン、LSD、幻覚キノコに手を染めた。21歳で妊娠し、その父親である19歳の男性と結婚し、うつ病に陥り、その後もう1人子どもを産んだ。「28歳のときには、私はすでに失業し、コカイン中毒で、7種類の向精神薬を服用し、統合失調症を患っていました」子どもたちの面倒はジャネルの母親が見なければならず、夫に愛想を尽かされた彼女は、精神療養所で日々をすごした。

「30歳の誕生日を2週間後に控え、3日3晩、好きなだけ酒を飲んだその翌日の日曜日の朝、身体の震えと痛みに寝返りを打った私は、もうアルコールの奴隷にはなるまいと決めていました。この星の上で、自由な人間として生きたかったのです」

その日の午後、彼女はAAミーティングに参加した〔訳注：AAはAlcoholics Anonymous（飲酒に問題のある匿名の人たち）の略であり、飲酒の囚われから解放されたいと願う人たちが集うのがAAミーティングである〕。1年後、彼女は母親と子どもたちのもとへ戻り、夫とも再縁を果たした。彼らは家を購入し、再び家族として生活を始めた。しかしそこにも同じような混乱は見られたが、同時にこれまでと変わらないシステム――12ステップ・プログラム――も存在した。すなわち1日、さらにもう1日、1週間、1カ月と断酒を続けていくという目標である。前述したペギーのように、あるいは生死の問題に直面した経験を持つ人たちであればわかるだろうが、この期間には奇妙な安心感が存在する。そこには目的があり、意味があるのだ。

そしてその後、突如としてすべてが失われる。

「私には、その『新たな始まり』を乗り越える方が圧倒的に大変でした」と、ジャネルは語る。「飲まなくても大丈夫な自分がいるのは嬉しいのですが、だからといって、これからいったいどうすればよいのでしょう？　そのとき私には、もうひとり子どもが生まれていました。でも私にとって母親業はとにかく退屈で満たされず、単調で無味乾燥な毎日の繰り返しにいらだっていました。だからといって酒を飲むわけにもいきません。結局、素面のまま自分の人生を考えていくしかなく、なによりそれが大変でした」

人生の移行は単純なものではなく、スムースにいくとも限らず、目の前に広がる真っ直ぐな道の先にあるわけでもない。予測できるようなものではないのだ。

人生の移行は、あなたが思うよりも時間がかかる

そしてもうひとつの驚きは、人生の移行は思ったよりも時間がかかることだろう。

私は、どの段階が最も難しかったかという質問に続けて、移行にはどの程度の時間がか

最も困難な局面は？

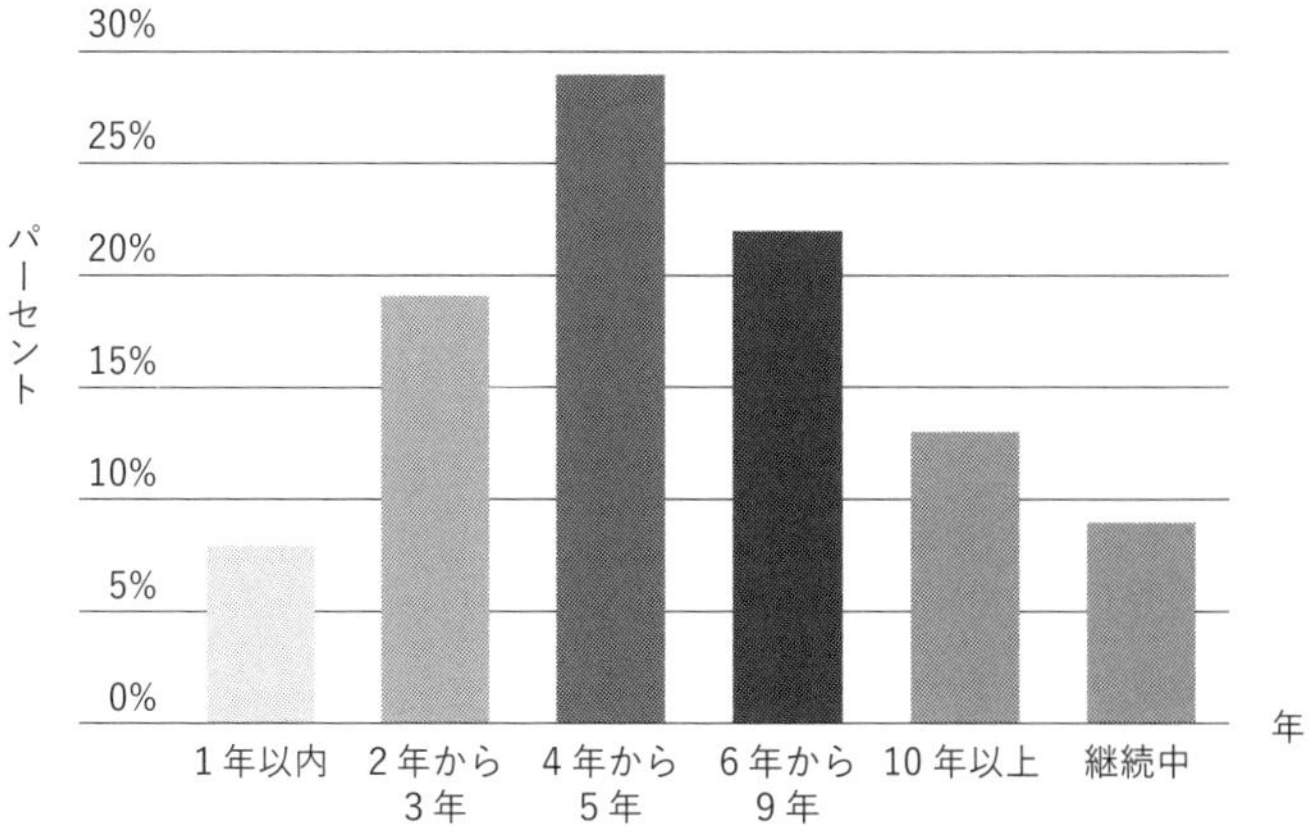

かったか尋ねた。答えに一貫性は見られたが、私が期待した答えにはほど遠かった。両極端な回答をした人は少なく、例えば最小値の「1年以内」と答えたのが全体の8パーセントであるのに対し、最大値となる「いまだ継続中」は9パーセントだった。5人に1人が、移行には「2年から3年」かかったと答え、一方で同じ割合の人たちが「6年から9年」と答えた。しかし回答人数が最も多く、さらに数値も平均的だったのは「4年から5年」だった。

これらのデータは、多少正確さに欠けると言わざるを得ない。私がインタビューした人のなかには、最初に生じた混乱から5年経過していない者もいたし、「いまだ継続中」と答えた人のなかには、「人生そのものがひとつの長い変遷である」と信じているが故にそう答えた人もいれば、その一方で現実に終わりを迎えていないからそう答えた人もいた。とはいえ、こうしたやりとりから伝えられる、より大きなメッセージまで否定はできないだろう。

移行の継続期間は、およそ5年なのだ。

私が最初に得た印象は、**いや、この数値はちょっと大変だ！**だった。愛する人が人生の大きな変化に遭遇したばかりのときに、**「心配しなくても大丈夫、5年のうちにはすべて片が付くよ」**などとは、なかなか言えるものではない。ところがあれこれと考えを巡らすうち、これらの数値の裏に、別のメッセージが見え隠れし始めたのである。

第一に、人生の移行に関する議論が十分に行われていないため、私たちの多くがその意味するところを理解しておらず、従って十分な備えができていない。誰の目にも明らかなのは、私が話を聞いた数百人のうちの4分の3の人たちが、人生の移行に4年、あるいはそれ以上の時間がかかったと述べた事実である。彼らの多くが、自分たちだけが異常に時間がかかったのではないかと思い込み、申し訳なさそうにその数値を口にした。逆もまた然りだった。そして彼らは、同じ回答をした人たちがたくさんいることを知ると、ほっとした様子を示した。だが私が問題と捉えたのは、実際に移行に要した時間ではなく、彼らがどれくらいの時間を予想していたのかである。人々の物の見方や見込み値を調整する責任は、私たちの側にある。

第2に、私たちは人生の大部分を人生の移行に費やしているという事実である。成人期を迎えると、その後3回から5回のライフクェイクを経験し、それぞれがおよそ4年、5年、6年、場合によってそれ以上続くと考えれば、私たちは30年以上を変化のなかですごさねばならない計算になる。これは人生のおよそ半分にも相当する期間だ！　人生の移行期を最大限に活用する必要があると主張してきた私にとって、これはその大きな理由のひとつになり得るだろう。もしもこれを、憤慨したり抵抗したりする期間として捉えると、自分が思うよりはるかに長い年月を無駄に費やしてしまう。人生の価値を見失わず、持てる時間をできる限りうまく受け入れていきたいものだ。

そしてこれが最後の教訓につながる。かつて詩人のロバート・グレイヴズは、第一次大戦の塹壕での生活を、「騒音が止むことは決してなかった――ほんの一瞬たりとも」と表現している。これこそひとりの人間が、人生の途上で巨大な個人的変化を経験する際の感覚である。人生は騒がしく、不協和音に満ち、複雑で、混乱し、そしてそれらが止むことなく繰り返されるのだ。

移行はこの喧噪を静めてくれる。それは騒音を音楽に戻す、ゆっくりとした非線形の、努力を必要とするプロセスである。かつて障害を抱える娘を出産したリサ・ポーター教授は、舞台演出やマネジメントなどステージ関連業務を専門とした人物である。彼女は人生の移行と舞台の転換を、美しい喩えで表現してくれた。そうした移行や転換は、レンガをつなぐモルタルのようなものだと彼女は言う。「レンガはショーや人生の構成要素であり、モルタルにはそれらをつなぎ合わせる役目があります。モルタルが機能しなければ、建物は崩壊してしまいます」

つまり移行そのものが接着剤であり治療薬なのだ。それは壊れたものを取りあげて修復し、揺れているものに手を添えて安定を図り、形のないものをすくい上げて形を与える。このプロセスは、実際には人生の移行を容易にし、成功する可能性を高めるのに役立つ、一連のツールに分解できる。ここから先の後半部分では、そうしたツールが実際にどんなもので、それらを最大限効果的に使用するにはどうすればよいか、詳細に説明を加えていく。

II

Reshaping Your Life

人生を立て直す

マークする

変化を儀式化する

Mark It

Ritualize the Change

非線形人生におけるひとつの必然的結果は、人生は文字通り、非線形であることだ。それは明確な構造を持たない、一時的で不安定な、変化しやすい人生である。この種の自由さは、行き詰まりを感じたり不満を覚えたり、あるいは圧倒されたり打ちのめされたりしたときには、これ以上ないほど素晴らしいと感じるだろう。なにしろあなたはただ引き下がり、旋回し、再起動しさえすればよいのだから。

しかしときとして、とくに人生の巨大な変化の真っ只中にいるときには、そうした流動性に完全に圧倒されてしまう場合がある。**こんな予測のつかない状況はもうたくさんだ。**

いい加減、しっかり握りしめていられるようなものをくれ！　事ここに至れば、人々には、自らが求めるその具体的なものを生み出す驚くべき能力が備わっているとわかるだろう。彼らは心を鎮める新たな方法を発明し、失ってしまったものを思い出させる記念の品々を集め、過ぎ去った過去を悼む行事を執り行う。

彼らは儀式を作り出すのだ。

儀式とは、なにやら古色蒼然たる言葉だ。それは堅苦しい制度、時代遅れになった習慣、着心地の悪い服を連想させる。**ああ神様、とはいえこれは、新たな『祈りの輪』を意味しているわけではありません**［訳注：「祈りの輪」は礼拝の一形態として人々が円を成して祈る意図的実践を指すが、これは聖書が推奨する一般的なものではなく、異教徒的、私的なものとされる］。ライフストーリー・プロジェクトを進めていくなかで一貫して見られたもののひとつが、これまでないほど人生に押し流されていると感じたとき、彼らがしばしば解決のための拠り所にしたのが儀式だったという事実である。そして彼らの多くは、それを自ら作り出した。例えば彼らは歌い、踊り、抱きしめ、罪や汚れを清め、タトゥーをし、テレピン油浄化法を用い、スカイダイビングをし、シュヴィッツ（ユダヤ式サウナ）に入った。境界のない世界では、儀式がその境界を作り出し、大洪水が起これば、儀式が舟を提供してくれる。

形状変化を伴う期間では、儀式が形を与えてくれるだろう。

「どうすべきか、もう10年も考え続けてきました」

マーガレット・パットンがこの世に生を受けたとき、彼女にはすでに明らかな特権と逃れがたい名声の備わった人生が与えられていた。なにしろ彼女の高祖父は、南北戦争で南軍大佐として指揮を執ったジョージ・S・パットン・シニアで、祖父はまた、第2次世界大戦で北アフリカとシチリア島侵攻の先方を務め、ノルマンディー上陸作戦では第3軍を率いフランスからドイツへの東進で戦功を挙げた、やはり高名な陸軍大将であるジョージ・S・パットン・ジュニアである。加えて父親のジョージ・パットン4世もまた、朝鮮戦争やベトナム戦争に従軍し、東西冷戦時代まで指揮官を務めた陸軍少将だった。

「私はずっと、将来は軍人と結婚し、たくさんの子どもをもうけ、様々な任地に赴くのだろうと思っていました」と、彼女は言う。

しかしマーガレットには、強い反発心が備わっていた。家族がみな航空機のファーストクラスに搭乗したときでも、彼女は「そこに座りたくなくて、普通の人たちがいる後方の座席へ移動しました」両親がわざわざケンタッキーダービーの場を選び〔訳注：アメリカの競馬の最高峰とされ、スポーツイベントとしても非常に知名度が高く、「スポーツのなかで最も偉大な2分間」と形容される〕、結婚相手に相応しい将校を引き合わせようとしたときも、「すぐに大勢の人たちがいるスタンドへ逃れました」彼女はマリファナを吸い、高校を退学になった。「私はそんな生活が、心のなかでは嫌でしかたがありませんでした。一族の持つ資産、幼いころから常に叩き込まれてきた『多く与えられし者は、多く求められん』というモットー、率先してベトナム戦争に関与するのが至極当然だというような周りからの期待感――そうした諸々と格闘し続けていました。でも私がそんな環境から逃げ出したいと口にするたびに、いつもこう言われたものです。**『いずれにしても君はあのパットン家の一員なんだ。君のなかに流れる血がそうはさせないよ』**と」

マーガレットが18歳でベニントン大学に入学すると、同じ新入生のルームメイトが、コネチカット州ベスレヘムにあるレジーナ・ラウディス修道院と呼ばれるベネディクト会修道尼のコミュニティで、カトリックの指導を受け始めた。ある週末、名ばかりの米国聖公会員だったマーガレットは彼女に同行すると、孤立、精神性、献身といった概念に興味をそそられた。

マーガレットはさらに長期にわたり滞在しようと、夏のあいだ、再び修道院を訪れた。ある夜マーガレットに、レジーナ・ラウディス修道院の創設者であり、マザー・ベネディクトとしても世に知られたダス修道院長から、直接会いたいと話があった。マザー・ベネディクトはまず、修道女たちは翌8月27日、フランスのジュアールにある親修道院が19

44年にナチスから開放されたことを記念する式典を行う予定だと語り、その式典に着想を得て、アメリカ軍への感謝の気持ちから、新たな施設をコネチカット州に開設するつもりだと打ち明けた。マザー・ベネディクトはマーガレットに、それを踏まえたうえで、その式典で星条旗の掲揚を行う意思はあるかと尋ねた。

自分がアメリカ軍に対し、矛盾した感情を抱いているのを懸念したマーガレットは、婉曲な言い方で断った。「私の周りにそれに相応しい人物は見当たらないように思います」「相応しい人物がたしかにいると私は思うのですが」と、修道院長は言った。「あなたはご存じないようですね。私たちがこうしていられるのは、あなたのご一族のおかげなのです。私たちの親修道院を開放してくれた兵士たちを率いたのは、あなたのおじい様でした。彼がいなければ、今の私たちも存在していなかったでしょう」

マーガレットは仰天した。「この日の出来事は、私の心に深く刻まれました。ここは私が心惹かれた教会であり、私の一族がその歴史のなかにいたのです」

しかもそこは心の安らぎと自己犠牲が存在する、彼女が生涯探し求めていた場所だった。彼女は教団への参加の可否を尋ねた。

修道院長は彼女の願いを断った。マーガレットはまだ若く、世間を知らず、心に余裕がなく、社会に対して多くの不満を抱えている。「心の底から湧き上がるほどの強い望みでなければ」と、修道院長は言った。「まだ機は熟していません」マーガレットは、世才のある人物になりたいという願望と、コネチカットの森のなかにあるこの世俗から離れた神秘的修道院に対する愛着の狭間で格闘しながら、その後10年をすごした。彼女は旅行を重ね、デートをし、学校に通い、恋に落ちた。そしてその間ずっと、疲れた心を癒すため、長期滞在と称し、その場所に戻り続けた。

「必要なカウンセリングを受け」と、マーガレットは語った。「いくつかの物事を正していきました。そしてあるとき、修道院長からこう告げられたのです。『あなたはそれを失う可能性もあるのだとわかっていますね？』私はその瞬間を決して忘れないでしょう。それは剣のように私を貫きました。そして私は自分自身にこう言ったのです。**その通り、失いたくない**。ここに滞在しているあいだ、私は相互性を感じていました。向こう側に誰かがいて、その誰かを自分の人生の核として据えたかったのです」

「その誰かとは、神ですか？」と、私は尋ねてみた。

「神様です」

マーガレットは家族に、修道院に入るつもりだと告げた。それはほぼ完璧な別離を意味した。もう休日をともにすることはない。コミュニケーションは最小限に止められ、新たな名が与えられる。彼女はついに、あの**忌まわしい血**を超える方法を手にしたのである。

彼女は自らの人生を神に捧げるつもりだった。

両親は大きなショックを受けた。母親は動揺のあまり、マーガレットが修道尼となる儀式への出席を拒絶した。だが軍人であった父親は、家族に対する軍の指針に立ち返り、彼女をサポートするのが自らの責務であると考えた。1982年の大晦日、将軍は娘を連れ、近くの高級ホテル、メイフラワー・インで夕食をとった。「2人で席に着くなり、父は言いました。『このレストランで一番高いワインを頼むよ！　なにせ娘が修道院に行くのでね』。思わず私は『お父さんったら、もう』と口にしていました。サラダバーに足を向けると、メートル・ドテルに呼び止められました。『お嬢様はまだお若い。思いとどまられるべきでしょう』。そこで私はこう答えました。『どうすべきか、もう10年も考え続けてきました。そこは私にとって家も同然なのです』」

夕食を終え、パットン将軍は娘を修道院まで車で送った。マーガレットは着替え室へ行き、黒のチュニック〔訳注：ミサのときに着る膝までの外衣〕を着ると白いスカーフを巻いた。彼女が戻ると、将軍は聖書を読んでいた。「父は私を頭からつま先まで子細に眺め、こう言いました。『なるほど、それがお前の制服というわけだな？』」

彼らは聖域に入り、他の者たちは全員外に残った。「修道院長は父が私を祝福し、神様の加護を祈れるようにと、あくまで例外的措置として私たちを招き入れてくれたのです。

私は知らなかったのですが、修道女のひとりが護身のため、引退した警察官から射撃訓練を受けていました。彼女はエルヴィス・プレスリーの相手役としてスクリーンデビューを果たした、元女優のドロシー・ハートでした。彼女には演出の心得があり、父のために何かしたかったのだそうです。そこで彼女は祈りの直後、空に向かいライフルを撃ちました。

おわかりだと思いますが、軍人は銃の音を聞き分けます。父はすかさず尋ねました。『あれは？』」

それから修道女たちは、マーガレットを壁の向こう側へ誘った。「彼女たちは私の背後で、この大きくて頑丈な門を閉めました。父が大きな声で叫ぶのが聞こえます。『しっかりやるんだぞ、マーガレット！』 私も叫び返しました。『ありがとう、お父さん、頑張るわ！』」

個人の自由、世俗的な愛、性的体験を求める人生から、個人の禁欲生活、神様への献身と貞節を誓う人生への移行は、どう見ても極端にすぎる。定住、服従、回心には最高の価値が置かれている。修道女の生活は、古くから何ひとつ変わってはいないのだ。しかしどうすれば、そんなふうに人生を根底から変革できるのか？ ベネディクト会のような修道会は、想像できる限り最も深いレベルでの人生の移行を通じ、人々を何千年にもわたって導いてきた事実や経験から、いったい何を学んで来たのだろう？

答え：ゆっくり進むこと。自らの心を深く見直そうと努めること。そして、自身の歩みの各段階を、そこまでに至った状況を明確にし、区切りを設けるために、注意深く構築した儀式によって目印をつけることである。

マーガレットの場合、このプロセスは**さらに10年**続き、ようやくコミュニティの正式メンバーとなった。まず探索の儀式が行われた。マーガレットは他の聖職志願者同様、最初の1年を家系図の探索に費やし、今後担うであろう新たな役割に、どのような家族の歴史をどんな形で活かしたらよいのかを正確に把握した。その年は**衣服の儀式**で終わりを告げた。黒のチュニックとスカーフを与えられた志願者は、切られた髪を白いベールで覆い、その後自分の名前を公表する。マーガレットは、シスター・マーガレット・ジョージナという名を選んだ。それは彼女が生涯をかけて乗り越えようとしてきた4世代にわたるジョージ・パットンに敬意を表するものだった。

次は**言葉の儀式**である。新たにシスターとして生まれ変わった彼女は、ラテン語、典礼［訳注：キリスト教の教会で司祭によって公に行われる礼拝の儀式］、聖歌を学び、さらに寓話や喩え話、祈りの言葉を通じて、自己表現する術を身につけていく。さらに続くのは**献身の儀式**で、シスターは、すでに自分に与えられている才能が何なのか、そのうえで神への奉仕としてどのような領域を――チーズづくりから簿記に至るまで――受け入れるべきなのか特定するために、いわゆる研修課程に臨んでいく。マーガレットは植物を選び、農業を学ぶと、花畑と菜園に対する管理責任を引き受けた。

最後は**奉献の儀式**である。「あなたが教会に対し、『私はあなたのものです』と言えば、教会もまたあなたに対し、同様の言葉を送ります。それからあなたはそこに横たわり、そのあいだ、周りの人たちは全員で諸聖人の連祷《れんとう》を唱えます〔訳注：「諸聖人の連祷」とは、ローマカトリック教会の5つの連祷のひとつで、主への感謝と諸聖人への祈願からなり、諸聖人への祈願で聖人の名が次々と呼ばれるところから連祷の名が生まれた〕。それは結婚式のようなもので、連祷を受ける人は花の冠をかぶります。私の冠は、修道院のすべての場所にある花からつくられていました」

しかし、彼らはいったいなぜ、このようなことをするのだろう？　なぜ10年もの歳月をかけ、そうした精緻に組み上げられた会話のなかで、昔から変わらない古風な儀式1つひとつを執り行うのだろう？

「人々がそれを必要としているからです」と、マーガレットは言う。「それはコミュニティが今、プロセスのどの段階にあるのか理解するのに役に立ちますし、誰もが自分自身に対して異なる考え方ができるよう、支援してくれます。成長するには、ある程度の不変性が必要です。こうした儀式がもたらしてくれるのが、その不変性であり安定性なのです」

窓の明かり

私はインタビューの際、人生の移行期に入った瞬間をなんらかのかたちに止めたかどうか、全員に尋ねてみた。何がその目印に該当するのかはとくに限定せず、すべて相手の判断に任せた。それは儀式、ジェスチャー、言葉など、いずれにしてもあらゆる種類の記念的要素である可能性があった。

78パーセントの人たちが「目印を残した」と答え、残りの22パーセントは「残さなかった」と答えた。

その具体的答えには、驚くべき創作力とともに、激動の時代にあっても混乱に押し流されないことを確かめる必要があるという、ほとんど本能的とも言える一貫した欲求さえ見て取れた。儀式には大きく分けて4つのカテゴリーが存在した。回答数の多い順番に並べると以下のようになる。

- **個人的なもの**（タトゥーを入れる、祭壇をつくる）
- **集団的なもの**（パーティーを開く、式典を催す）
- **名前の変更**（結婚後の姓の追加あるいは削除、宗教名を名乗る）

・清めや浄化（ダイエットをする、髭を剃る）

多くの人がわかりやすいよう、私はこうした活動をすべて**儀式**という言葉に置き換えている。儀式とは、移行期に意味を与えるのに役立つ象徴的行動やジェスチャー、あるいは式典である。

多くの人が儀式を行う理由は何だろう?

基本的に儀式は、意味をもたらす行為である。これらは私たちが人生のなかで、行為主体性、帰属意識、大義の３つがすべて剥奪されていると感じるときに、その感覚を取り戻すのに役立つ。作家で、フェミニズムを唱える学者でもあるクリスティン・ダウニングは、そうした時期を迎える際に私たちが感じる不安を、自身の回想録である『Journey Through Menopause（更年期への旅）』のなかで、こんなふうに描いている。

「私は孤独で、十分な知識もなく、いくばくかの恐怖まで感じていたが、その一方では、好奇心と期待感さえ覚えていた。私はちょうど人生の重要な転機に差し掛かったところで、歴史上の女性たちが希望や尊厳、あるいは深みを持ってこの移行期を生きるのを支援してきた神話や儀式については、何ひとつ知らなかった」

これ以外にも意味から孤立した状態は存在するだろうが、そうした瞬間に対する私たち

最も一般的な儀式

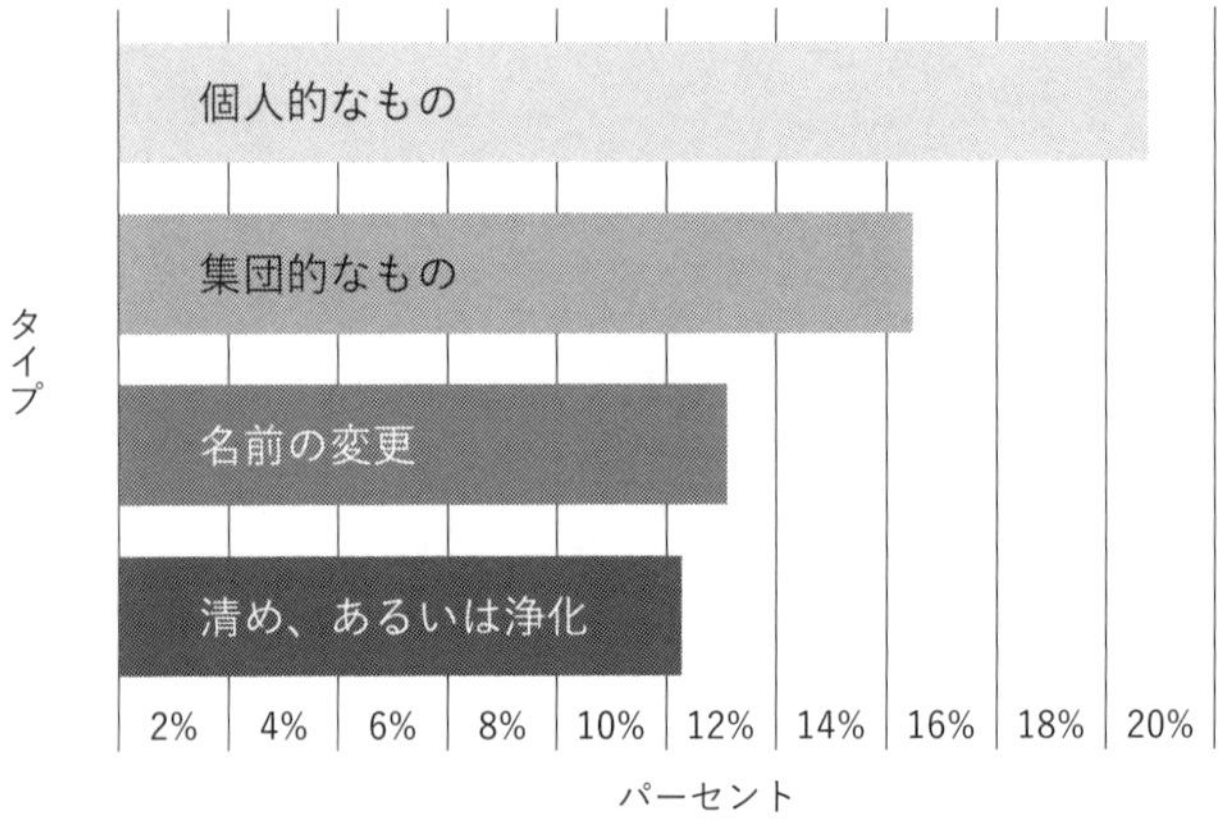

の反応は、意味を示すＡＢＣを反映している。

Ａ　私たちは依然として、世界をある程度コントロールしているのだと気づかせ、安心させてくれる儀式に惹かれるようだ。私たちは自分の肉体をいじくり回し、キャンドルに火を点し、記念碑を建てる。心理学者のイェルチェ・ゴードン＝レノックスは、儀式とはこうした、いわば句読点のようなものであると述べている。あるときは葬儀や送別会のように、終わりを示す句点もあれば、あるときはサバティカルや断食など、切れ目を示す読点もあるだろう。なかには結婚式や卒業式のように、感嘆符が必要な場合もある。

B　私たちは、他者との関係を深めてくれる儀式に惹かれる。私たちは晩餐会を主催したり、降霊術の会［訳注：死者の魂と交信しようとする人たちの会合］に参加したり、巡礼の旅に出かけたりする。ダウニングによれば、そうした儀式の目的は、その人に個人の枠を超えたより大きな何かとのつながりを実感させ、私たちが抱く個人的な深い苦しみは、実は多くの人たちが何年にもわたって共有してきたものだと気づかせ、その解決に向けてともに歩んでくれる仲間を**今すぐに**集めるための支援を行うことにあるという。

C　私たちは、自分たちの抱く痛みや喜びを、より高次の使命感に結びつけてくれるような儀式に惹かれる。私たちは洗礼を受け、通夜に参列し、マスクを着け、抗議活動に参加し、告別の辞を述べる。だが自分自身の感情に押し流されてしまいがちなため、多くの人が何世代にもわたり安心して見て来られたような行動を取るのが最善の方法だろう。これらを考え合わせると、儀式とは、私たちがそうした変革の瞬間に遭遇するとわかっていた祖先や神々が、私たちの恐怖を状況的に説明できるような技術を後生のために残してくれたものではないかと思わずにはいられない。

以下は、私がインタビューのなかで聞いた、多くの儀式の具体例の一部である。

個人的儀式

・大手製薬会社の仕事を辞め、クロスフィットジムの経営を始めたメイラード・ハウエルは、その後、右手の中指には**呼吸すると考える**、左手の中指には**成功**と**幸福**という、それぞれ2つの言葉をタトゥーで入れた。「自分の手にそんなばかな真似をしたら、2度と製薬業界には戻れないとわかっていました。でもそうしたんです。友人たちには『マイク・タイソンみたいに、そのうち顔にもタトゥーを入れるつもりさ』と、話しました」

・オスカー・エメットが超正統派ユダヤ教を棄教し、最初に行ったのは、まず儀式としてチーズバーガーを食べ［訳注：ユダヤ教では肉と乳製品をお腹のなかで一緒にしてはいけないという決まりがあるため、ユダヤ圏のマクドナルドにチーズバーガーは存在しない］、着用が許されなかったジーンズをはき、禁断のファーストキスを楽しむことだった。

・ハリウッドでのプロデューサーの仕事を失い、母親と喧嘩をし、初デートを52回も繰り返すという耐えがたい1年を送ったリサ・レイ・ローゼンバーグは、スカイダイビングに挑戦した。「私は極度の高所恐怖症でした。**それができれば何だってできるに違いない**――そう考えたのです」1年後、彼女は結婚し、子どもを授かった。

・ナンシー・デイヴィス・コーは父親を亡くすと、彼の写真、好きだったビールのジェネシー・クリーム・エール、ゴルフボール、米を入れたティーカップを暖炉の飾り棚に並べ、祭壇を作った。ティーカップの脇には、葬儀で使った祈りのカード［訳注：ポケットサイズの小さなカードで、葬儀で使う場合には亡くなった人を称えるため、一般的に故人の写真とともに葬儀で故人に捧げた祈りや詩が描かれている］を立てかけた。「私はただ、父からの『しるし』を待っていたんです。父が生きていれば、『ばかげたことはやめなさい』と言ったでしょうね。父も私もとても現実的な人間でしたから。でもある日、祭壇に行くと、ティーカップのお米に親指で押したようなくぼみの跡が残っていました。子どもたちはそれを理解するにはまだ幼すぎましたが、私にはわかりました。『あらあら、いつもの父のやり方だわ。私をちょっとからかってみたかったのよね』」

集団的儀式

・ケンタッキーの心理学者だったフレッド・シュローマーは、30年連れ添った妻と別れ、ゲイであると公表し、ニューメキシコ州にあるネイティブ・アメリカンのスウェット・ロッジ［訳注：アメリカ・インディアンの儀式のための小屋、またはこの小屋で行う「治癒と浄化の儀式」］に参加した。そこは儀式を実践する少数の人たちが集まる場所で、彼らは石や鷹の羽を集めると、他の人たちが叫び声を上げ、儀式の歌を歌うなか、乳首の上部の胸を切り、そこに小枝を刺して皮膚を引っ張る、ピアッシングの苦行を行うのである。

・ナオミ・クラークは9・11のあと、女性へ移行するプロセスを始めるにあたり、まずシックなマンハッタンのバーに、友人を集めて「ホルモンパーティー」を主催した。

・デボラ・フィッシュマンは超正統派ユダヤ教の夫と別れる準備をし、過越祭のある晩に彼を家から追い出すと、女性のエンパワメントのためのセーデル（晩餐会）を主催した。デボラはそのために、春を祝い、健康と新たな始まりに重点を置きながらも、イスラエル人のエジプトからの解放ではなく、女性を男性から解放させることを強く主張する一連の祈りの言葉と儀式について書き記し、その後毎年、その行事を行った［訳注：「過越祭」とは、エホバ神がイスラエル人をエジプトでの奴隷状態から解放したことを祝う8日間にわたるユダヤ教の休日で、そこで行われる「セーデル」には、ユダヤ人の歴史と信仰に関わる象徴的な意味が込められている。デボラはそれに則り、女性のエンパワメントのためのセーデルを行ったと思われる。「女性のエンパワメント」とは、女性が能力開花の妨げとなる様々な社会的抑圧や不足から解放され、社会的資源へのアクセス、対等な存在として政治・経済・社会・文化的生活への参画、権利などが満たされることを言う］。

名前の変更

・サラ・ピネオは、ウォール街では珍しい女性デリバティブトレーダーとして数百万ドルを稼ぎ出したが、仕事を辞めてニューハンプシャーへ移ると官能ロマンス小説作家になり、それを私費で出版した。他人の嘲笑から身を守るため、彼女はサリーナ・ボーウェンというペンネームで活動した。「それは新たな人格を得るための、いわば儀式のようなものでした」と、彼女は語った。「私にはこうした小説を書きたいという一面があったのですが、それを他の人たちに知られたくなかったのです」

・サラ・シスキンドはハーバード大学で人種に関する記事を発表すると物議を醸し、リベラル派の人たちから「好ましからざる人物」と見られ、最終的にはニュース専門放送局のフォックスニュースでも取りあげられた。彼女はそれを機に考えを変え、それまでの保守的見解を放棄し、コメディー作家になろうと考えた。インターネット上でさらされるパブリック・シェイミングに悩まされていた彼女は、常にそうした恐怖を覚え続けるような以前の人格から距離を置き、真新しい自分自身を作り出す自由を得るために、作家としての自らの名前にミドルネームの「ローズ」を加えた。

・フィギュアスケート選手だったサーシャ・コーエンは、いまだに人々の記憶に残るオリンピックでのパフォーマンスからなんとか逃れたいと強く願い、ごく「普通の」生活を送るために、サーシャから本名のアレクサンドラに戻した〔訳注：競技名のサーシャはアレクサンドラのロシア語風の愛称〕。

・キリスト教、ヒンズー教、さらにヒンズー教の流れを汲む新興宗教のハレ・クリシュナと、生涯にわたり真理を探求し、カリフォルニアからオレゴンに至るオルタナティブ・コミュニティ〔訳注：一般的なものとは異なる、より自然で物質主義によらない、ときには型破りに見えるライフスタイルをとる地域社会〕まで作りあげたコートニー・ログマンズは、離婚という苦い経験を通じ、イスラム神秘主義であるスーフィーの教えを受け入れ、名前を「人間の持つ神的側面を自分なりの表現を用いて創造し形成する」という意味のアラビア語の変化形、「カーリカ・バキ」に変えた。

清め、あるいは浄化

・ジェイソン・ドイグはＮＨＬ（ナショナルホッケーリーグ）を引退すると怠惰な生活を送り体重が増えたため、新たなガールフレンドに影響されてビーガンになり、健康的なライフスタイルを取り入れ、例えば「テレピン油浄化法」と呼ぶ手法を実践した。これはアメリカ先住民族が松の葉から抽出、醸造したエリキシル剤を決められた分だけ服用することで、激しく汗をかいて禁断症状を引き起こし、糖分を断とうとするものである。

・アレン・ピークは公開書簡を通じ、州議会議員時代にアトランタで不倫をしていた事実を友人たちに告白し、密会場所として使っていたコンドミニアムを売却すると、州議会議事堂からジョージア州中部の町に住む家族のもとへ、毎晩車で2時間かけて帰宅すると約束した。

・クリスチャン・ピッチョリーニはスキンヘッドを離れた後、二次的な問題に直面した。彼の身体はどこもかしこも、ナチスのタトゥーで覆われていたのだ。それらをすべて消し去るのは難しかったため、タトゥーの上にさらにタトゥーを入れることにした。「私の首の後ろには、カギ十字を持つ鷲のタトゥーがありました。それを覆うだけの十分な幅があるのは十字架に架けられたイエスの像だけで、結局それは、私の再生の象徴になりました」

死よ、驕るなかれ

人生の移行期という目印を残すための儀式や方法に、必ずしも身体的表現が伴うわけではなく、なかには感情的なものも含まれる。服喪期間の場合はとくにそうだ。人生の移行期を迎えるという側面に対する誤解はたくさんあるが、それでも理由の如何にかかわらず、一番の大きな誤解は『食べて、祈って、恋をして』の著者であるエリザベス・ギルバートが言う「悲しみの甘い時間」に対するものだろう。私の行ったインタビューは、私たちが原因や解決策、さらにはそのプロセスがどのような形を取るのかさえ見誤っていることを示唆している。

ラリー・モルドは、プロが撮影する証明書用顔写真でも黒いカウボーイハットをかぶっていた。大西部時代の開拓者精神がカウボーイ文化として色濃く残るワイオミング州シャイアンに住んでいた彼にすれば、それが当然だったのだろう。むしろ驚くべきは、「カウボーイ・ステート」にある、最も歴史の古いユダヤ教信徒団であるシナイ山信心会のラビだったことだ。

ラリーが生まれたのはミネアポリスで、父親は板金工だった。内向的で読書家だったラリーは、野外活動が苦手だった。「神様は、私たちが壁を作るのを許してくださいました。だから私たちはそのなかにいられるのです」数学に秀で、独学で習得していった彼は、小学校の2年生のときに教師から懇願された。「『頼むからクラスのみんなが追いつくまで、これ以上数学を勉強しないでくれ』と言われたんです。6年後、ようやくクラスが追いつきました。でもそのとき、私はすでに歴史に取りかかっていました」

他人と一緒にいると落ち着かなかったラリーは大学まで自宅で暮らし、イリノイ州ピオリアでユダヤ人教育の仕事に就いた後、ネブラスカ州オマハのユダヤ教会堂で儀式全般を取り仕切る責任者を務めた。結婚し、義父のために質屋で働くと、その後は認可を受けて、銃器取引業者になった。

「義父に頼まれてそうしたんです。使わない物は売れるのだとわかりました。私自身はそれほど身につけないのに、宝石類を販売していました。ここではおばあちゃんでさえ、拳銃を所持しています。年に二度ほど路上に持ち出し、空に向けて発砲します。そうやって、大晦日と独立記念日を祝うんです」

しかしながらラリーは、銃口を突きつけられたのを境に銃器取引業者をやめ、ラビになろうと決意した。「友人にはこう言われました。『君にはすでに知識や経験がある。でも世間は、その人物に知識があるからといって採用はしない。肩書きが必要なんだよ』とね」

この間ずっとラリーは、夫婦で子どもを作ろうとしながら失敗し、ようやく妻が妊娠したものの、赤ちゃんは6カ月ほどで発育が止まり、死産になった。「とても複雑な感情でした」と、彼は言った。「しかも妻の家族は誰一人、家系的に初産が死産になるリスクが高いと教えてくれませんでした。6世代にわたってずっと、最初の子どもは死産だったのです。いずれも、へその緒が巻きついたのが原因でした」

本質的に伝統主義者だったラリーは、彼の信奉するユダヤ教一派に、死産に直面した家族を支援するような儀式や慣行がないという事実を発見し、余計に腹を立てた。病院側が遺体の引き渡しを拒んだため、彼と妻は葬儀さえ行えなかった。「この一連の経緯について、妻は今も怒り続けています」と、彼は語った。

ここから彼のなかの独学志向が再び頭をもたげる。ラリーはその後数十年間、流産、死産、およびそれ以外の新生児の死亡事故について、ユダヤ教に関するあらゆる資料や文献を漁り、徹底的に研究を重ねた。「慰めになるようなものは何ひとつありませんでした」と、彼は言う。ラリーは最終的にラビという立場から、「妊娠の失敗と新生児の死亡：ラビおよび礼拝先唱者のためのパストラルケア〔訳注：その人が属する宗教の宗教的指導者から与えられる心理療法的ケア〕」と題する論文を書き上げた。

彼はいったい何を学んだのか？

「悲しみは心に感じ、哀悼は行為で表します」と、彼は言う。「悲しみを表現する方法がなければ、悲しみはあなたのなかに溜まる一方で、心身の機能は支障を来します。新生児が死亡しても、コミュニティは儀式を許可していなかったので、悲しみは行き場を失っていました」

ラリーと彼の妻は、ラリーの知識を武器に彼らなりの弔い方を開発した。2人はその子に名前を付け、愛する家族や友人たちに、その子が本来送るはずだった人生が失われてしまったことを事実として受けとめてくれるよう頼み、死産の日にはろうそくに火を点し、後に男の子を養子に迎えたときには、会えなかったきょうだいの思い出を共有したのである。

「自分に起きた出来事を自分の手で記録しなくても、代わりに身体がやってくれるというのが研究を通じてわかったことのひとつでした。ときどき気分が落ち込み、その理由がわからない場合もあるでしょう。でも15年前にその出来事が起きているので、あなたの身体は毎年それを思い出すのです。追悼の目的は、そうした感情を吐き出すことにあります。コミュニティと共有するやり方でもかまいません。とにかく、そうしなければその感情は、後々あなたを蝕んでいくでしょう」

多くの人が追悼という言葉の意味は理解できている——すなわち人が亡くなったときに使われ、時間がかかり、段階的に展開されるもの——と思いがちだ。しかしこうした自明の理は必ずしも真実とは言い切れない。ではひとつずつ検証していこう。

ひとつめ、もはや悲嘆の対象は死だけにとどまらない。家を失ったり、大学進学を機に子どもたちが家を離れたり、自分の仕事が人の手に渡ったり、あるいは最終的にはすべてがうまくいくだろうという甘い期待に至るまで、人々は様々な物事を嘆き悲しんでいる。私のインタビューでは、人生の移行期に人々が覚える感情のうち2番めに多かったのが悲しみであり、その多くは失われたものではなく、決して実現しなかった物事——得られなかった幸福や実現できなかった夢――に対して向けられていた。詩人のジョン・グリーンリーフ・ホイッティアは述べている。「しゃべるにせよ書くにせよ、悲しい言葉のなかで最も悲しいものは『こうだったかもしれないのに！』である」

2つめ、追悼に長い時間は必要ない。ほんの1世紀前まで、人々は生涯にわたり喪に服するものだと考えていた。1849年、夫であるジェームズ・ポーク大統領が亡くなると、当時45歳だったファーストレディのサラ・ポークは、40年以上にわたる残りの人生を喪服ですごした。今日、追悼はもっと短期間にまとめるべきものだと考えられている。コロンビア大学の悲嘆研究家であるジョージ・ボナンノは、葬儀から1カ月が経つと、会葬者の最大60％に悲しみの感情が見られなくなることを発見した。なかには数日で悲しみを乗り越える人もいる。逆に遺族の最大15％が、数年にわたり悲しみと闘い続けていた。

3つめ、悲しみは非線形である。人間心理学における多くの分野と同様、悲嘆も20世紀に役割、手順、段階という漸進的タイムラインに落とし込まれた時期があった。さらにその3つのボックスには、決められたその順序通りにチェックが入らないと、誤った認識を引きずっているとみなされ、矯正カウンセリングが必要とされた。今では私たちも、人それぞれ独自の道のりと独自のタイムラインに従っているとわかるだろう。ボナンノは言う。「最も確実な発見のひとつは、死別は一面的な経験ではないということだ」

ボナンノらは、そうした喪失を経験した人たちが、失ったものを悼もうと具体的な行動をとれば、悲しみもより早く過ぎ去ることを発見した。追悼という行為には、喪失を経験した人物だけでなく、彼らを取り巻く人たちまで助けてくれるという付随的利点もある。とくに喪に服すべき者が、笑い、物語を分かち合い、集会を開き、記念碑を建てるなど、公的かつ前向きな体験と考えられるようなものを織り交ぜると、追悼という行為は結びつける行為へ、ひいては再構築をもたらす行為へと変化する。私がインタビューを行った人たちの3分の2が、移行期の途上、なんらかの形で死や喪失を悼んだと答えたのも不思議ではない。私が聞いた、より効果的な追悼の手法を以下に紹介する。

・**個人的記念日**　ダヴォン・グッドウィンは、アフガニスタンで外傷性脳損傷を負った日を記念日として、自分のための特別休暇と定めた。「毎年8月31日は、何もせずにすごします。仕事はしません。じっと座って考えを巡らせ、後部座席にいた友人のケリーに電話をし、彼女の様子を確かめます。この日が私に影響を及ぼさなかったことなど、これまでただの一度もありませんでした」

・**家族の恒例行事**　ミシガン州に住む、かつて驚くほど筋骨隆々とした夫、ドウェイン・ヘイズは、それまで二度の妊娠に失敗していた妻が、常位胎盤早期剥離［訳注：胎児が生まれる前に胎盤が剥がれてしまう状態」のために双子の女児を死産したとき、胸を引き裂かれる思いがした。「私たちは、娘にちなんだ儀式をたくさん作りました」と、彼は語った。「例えばその後に生まれたきょうだいと一緒に、2人の誕生を祝います。カップケーキを持って墓へ行き、冬にはリースを供えます」

・愛情のこもった送別　大学進学前の子どもを持つリサ・フェファナンは、我が子が巣立ったあとの喪失感を心配するあまり、同じような若者を持つ母親たちのためにフェイスブックグループを共同で起ち上げ、自らは、彼らが大学進学を果たすまでの移行期間を慎重に管理していった。「子どもたちの寮の部屋でのすごし方、食事に訪れるレストランや買い物に行く店などについて、様々な儀式を設けました。互いのコミュニケーションの取り方も、家族間でグループテキストメッセージが送れる環境を準備し、儀式化を図りました。私はそれを、『デジタル版夕食の語らい』と呼んでいます。結局私は、子どもたちが家を離れても悲しいと感じていないのに気がつきました。私はただ、彼らとの行き来がなくなり、様子がわからなくなるのが不安だったんですね」

・個人における内省的観察　アラバマ州の韓国系アメリカ人で生物物理学教授のヘレン・キムは、末期の胃がんのために胃の3分の2を失った。彼女は夫に献身的に尽くせなくなり、彼女の夫も彼女の世話をする意思を持ち合わせていなかったので、2人の結婚生活は終焉を迎えた。ヘレンのトラウマは同僚と食事に行くたびに蘇り続けた。「私は毎回、下痢のためにトイレに消えなければなりませんでした。ひとりでそこに座って考え込んだものです。**なぜ私だけがこんなふうなんだろう？** いつも少しのあいだ、そう嘆いてからテーブルに戻るのですが、誰一人、私のそんな気持ちには気づきませんでした」

・**物事を正しく判断する力** 20代の大半をヘロイン中毒者としてすごしたハーバード大学卒業生のセス・ムヌーキンは、25年経った今もなお、自分が体験できない物事を嘆き悲しんでいると語った。「以前はよく楽しんでいた、コンサートに行って大麻を吸うこと。いまだに興味のある幻覚剤を試すこと。スバルフォレスターに乗り、動物を獣医に連れて行き、消化器内科医の診察を受ける今の自分よりもずっとロマンチックに思える、無法者やならず者になること。私はそうした物事を、そして、それらすべてが可能な今の自分を追悼したいのです。やる気になればいつでもできます。それでも、あのころの自分より今の自分でありたいと願っているんです」

物語を語るブーツたち

インタビューを通じ、あらかじめ予測する理論やパターンに裏づけを取っていったものもあれば、反対にインタビューから教えられたものもあった。後者は、人々が人生の感情的な時期の終わりを示すため、それをマークする最終的手段に、似た傾向があると気づかされた。彼らは、移行以前の自分の人生と結びついた、当時の生々しい感情を未来に伝える器の役目を果たすような、思い出の品を選び出すのだ。

私が人生の物語を集め始めたころ、ダーワン・ウィリアムズを相手にインタビューを行った。ダーワンは父親の顔を知らずにフィラデルフィアのスラム街で育ち、22歳のときに武装強盗で捕まり、収監された。すでに複数の子どもの父親になっていたダーワンは、収監された父親のための支援プログラムを受講し、その後釈放されると、プログラムに従って働き始めた。今でも家の裏口の脇に囚人ブーツを置いているので、家を出るときには、いつもそれが最後に目に入るのだと彼は言った。「それは私に語りかけ、ひとつのことを思い出させてくれます。**これはあなたが望んだ道ではありません。ここまでの道のりは、ずいぶん長いものでした。今やあなたは、どんな方向にも進めるのです**」

そのインタビューから間もなく、私はエリック・ヘイニと会話を交わした。彼はジョージア州の北部に住む、アパラチア山脈地方の田舎者と揶揄される「ヒルビリー」の7世代めにあたる子孫で、後に対テロ作戦を遂行するアメリカ陸軍のエリート特殊部隊である、デルタ・フォースの第1期生の1人となった。1980年4月25日、エリックは、イランのテヘランで人質として捕らえられたアメリカ人を救出するために行われたイーグルクロー作戦の一貫として、イラン中央部の砂漠に着陸した1番輸送機に搭乗していた。作戦は、突如発生した**ハブーブ**と呼ばれる巨大な砂嵐に遭遇し、機体は視界が遮られるほど大きな塵の雲に巻き込まれた。暗闇のなかで、アメリカ軍のヘリコプター、シースタリオンがエリックの乗っていた輸送機に衝突し、大爆発が起きた。

「私は焼け死ぬのではないかという恐怖を覚えました」と、エリックは言った。「しかしヘリコプターのブレードが機体に当たっても、燃料が切断部から機体内部に流れ込んでくるだけでした」作戦は中止され、チームは撤退を余儀なくされた。彼らは安全な場所に飛び降り、飛行可能な機材のひとつで脱出したが、最後に機内に引っぱりあげられたのがエリックだった。

今日、エリックが執筆業を行うオフィスには、その夜履いていたブーツが置かれている。エリックは言う。「あのときを思い返そうとしているわけではありません。私は人生における今の新たな局面に意味を見出しています。しかしあの出来事も、私という人間の一部であることを忘れないようにしたいのです」

ダヴォン・グッドウィンもまた、戦車運搬用トレーラーでIED〔訳注：簡易爆発装置のことで、一般的にゲリラや過激組織などが手榴弾、砲弾、地雷などを流用して作った手製の簡易な仕掛け爆弾〕を踏み越えたときに履いていた血痕の残るブーツを、寝室のドアの脇に置いている。「毎日それを見ています。そうする必要があるのです。そのたびに**乗り越えた**と実感し、謙虚であれと諭されるからです」

3つの異なる人生。共通するひとつの品物。同様の物語。何が起こっているのだろう？私は思い出の品、あるいは象徴的な物に関する質問をインタビューのなかに組み込んだ。85パーセントの人たちが、そうした形見や記念の品、思い出の品に依存していると言い、残りの15パーセントはそういうものはないと答えた。

所有物が私たちのアイデンティティの確立に寄与するという考えは、決して目新しいものではない。学者たちは、所持品がその人の自己を創造し、かつ維持する役目を果たしているのを目にしてきた。「所有物は、私たちが何者であるかを教えてくれる」とは、1980年代初頭のミハイ・チクセントミハイとユージン・ロックバーグ＝ハルトンの言葉である。

しかし私は、そこにはもっと重要な何かがあるように感じ始めていた。そうした血まみれのブーツ、色褪せた写真、使われなくなった宝石類、そして顔に負った傷跡は、それらが持つ象徴的価値だけでなく、それ自体が変化をもたらす主体になるのだ。第一に、それらは激動の瞬間に湧き上がる、そうした手に負えない感情の多くを受け入れる器として機能する。こうした不定型な感情を特定の対象に割り当てると、どういうわけかより自制心が働き、脅威が軽減されるのである。

さらに重要なのは、私たちの感情や思いを、そうした所有物が一瞬のうちに時空を越えてその場面へ運んでくれることだ。**このネックレスに触れると母を思い出す。あの写真を見ると、あのひどい電話がかかってくる前の気持ちを思い出す。**こうして思い出の品々は、私たちの生活のなかに溶け込みながらも（結局、棚の奥や引き出しのなかにしまい込まれはするが）、必要とされればすぐに目覚め、瞬時に私たちを過去へ連れ戻そうと準備万端整えている。思い出の品々は原体験そのものの代役となり、日常生活の場では、ますます重要性を失っていく一方で、少しずつ私たちの人生の物語の一部を占めていくのだ。

私が聞いた意義深い思い出の品のいくつかは、実際に目に見えるものばかりだった。

・エイミー・マーフィーは、生後わずか2週間の息子を嬉しそうに抱いている写真を携帯電話に保存している。その後すぐに赤ちゃんは精神障害と診断され、以来18年間、彼らの生活はその障害に大きく影響され続けた。

・ヤン・エグバーツは、妻が自ら命を絶ったあと、長年にわたる2人の暮らしを写した数10枚の写真をデジタルフォトフレームに収めた。「そのときはとても腹が立ちましたが」と彼は語った。「写真を見ると、妻が変わっていく様子がよくわかりました。2人が出会ったばかりのころから、中国、アフガニスタン、イランに旅行した当時までは、幸せそうな写真ばかりです。でも妻の精神状態が悪化していき、もうまったく笑わなくなると、そういう写真は1枚もありませんでした。私はそうした変化に気づかなかったので、とても助かりました」

医療トラウマを思い出の品として記憶する人もいる。

・ペギー・フレッチャー・スタックは、先天性疾患でこの世を去った娘、カミーユの心音を聞くために使用していた聴診器を、分厚い請求書と一緒に保管している。「どれもあの当時を思い出させてくれる品物ばかりです。請求書をぱらぱらめくると思い出します。**これはあの子を心臓専門医に連れて行ったときのもの、これはあの病院に連れて行ったときのもの**というふうに」

・かつて惨めな別れで心に深手を負い、酒浸りになり、ボストンの精神科病院に入院したアダム・フォスは、入院当時の血圧と脈拍が書かれた紙を財布に入れて持ち歩いている。「私は基本的にかなりの低血圧でした。血液がとても薄かったのは、大半がお酒でできていたせいでしょうね。それほど飲んでいたんです。私はそれを忘れないように、この紙を保管しています。**これがお前が自分自身にしたことだ。お前がどれほど死ぬ寸前までいったのかが、わかるだろうとね**」

なかには、身につけるものを思い出の品にする人がいる。

・ジェン・リアリーは、ずっと消防士になりたいと願っていた。フィラデルフィア消防署に入署した同期１００人のうち、女性は彼女を含めて２人しかいなかった。彼女はその後、消防署が火災から救出したペットのケアをする組織を起ち上げた。だが一時的に預かっていたピットブル［訳注：ブルドッグに似た犬で、本来は闘犬だがペットとして飼う人もいる］に自分のガールフレンドが襲われ、助けようとしたジェンは手首をひどく咬まれ、31歳で消防士を断念せざるを得なくなった。彼女を気の毒に思った安全事務所の友人が、本来なら規則違反だが、特別にヘルメットの所持を許可してくれ、彼女はそれを自宅に保管している。

・ヴィヴィアン・ミンは、まだ男性の身体だった高校生のころはフットボールの選手で、その後大学を中退し、車のなかで生活し、自殺を図り死の一歩手前までいった。だがそこで踏みとどまり、もう一度大学に戻り、認知神経科学の博士号を取得すると、女性にジェンダー移行した。「初めてのガールフレンドをプロム〔訳注：学年末に正装で行うダンス・パーティー〕に連れて行くのに夢中で買ったタキシードを今でも持っています。妻と結婚したとき、私はすでにホルモン剤を服用しながら減量していたので、結婚式にはそのタキシードを着用しました。何だか衣装を着ているように感じましたが、私と彼女以外は誰も知りませんでした」

その他、身体の一部として常に持ち歩いているものもある。

・ブルックリンのギャングのボスのもと、違法賭博の運営に何年も携わり、ガールフレンドが殺されるのを目撃し、コカイン中毒になり、足を洗って配管工事会社を起ち上げ、教会の助祭になったエリック・ジョンソンによれば、思い出の品は複数の注射痕だと語った。「腕に多数の注射針の痕が残っています。それが私をここまで導いてくれたのですから、自分の物語を恥ずかしいとは思いません。でもそれを目にするたびに、二度とあのころの自分には戻りたくないと思うのです」

・シャノン博士は、1968年にベトナムに動員された際に口髭を剃ったが、仲間の2人が殺され、彼らを讃えようと再び伸ばし始めた。「その後の人生で、毎日口髭を整えるたびにその2人を思い出します。あれから50年経ちますが、私にはいまだに口髭があります。5人の孫がそれぞれ13歳になったときにこの話を聞かせ、彼らの孫にも、私の仲間を思い出してくれるよう伝えてほしいとお願いしました」

儀式から追悼式、思い出の品物に至るまで、冠婚葬祭や具体的な物品はいずれも例外なく、様々な方法によって人生の一時の感情を封じこめ、形を与える役割を果たす。

それらは、過去はたしかに過去であると認識するのに役立つため、人生の移行期に「長いお別れ」が生じる場面でとくに効果を発揮する。つまり私たちの抱える不安や恐れを体現するとともに、それらの抑制や阻止を行い、さらには私たちが人生の重要な変化を経験し、たとえ暫定的であるにせよ、次に来るものに対する準備が整っているという、自分自身、そして他の多くの人たちに対する表明でもあるのだ。

語る

新たな物語を組み立てる

Tell It

Compose a Fresh Story

最後に紹介するツールは、私が最初に興味を持った、そして同時に他のすべてのツールを支えるものである。人生の大きな変化を生き抜くのに不可欠な行為でありながら、それについて時間を割いて口にしようとする人はまずいない。それは自分自身の物語に新たな情報を加え、最新のものにすることだ。

「次の赤ちゃんをつくるんだ、今すぐ」

アーロン・コフマンはロサンゼルスで、折り合いの悪い両親のあいだに1人っ子として生まれた。「母は子どもを4人望んでいたそうですが、両親の結婚生活は、私が生まれてから6カ月も続きませんでした」アーロンは、彼の言葉を借りれば「ピンポン球のような子ども時代」だったという。母親と暮らしながら隔週末だけ父親とすごし、10歳になると、今度は父親のもとに身を寄せ、隔週末を母親とすごした。そして父親が再婚すると、すべてが悪い方向へ進んでいった。

「基本的に自分の面倒を見るのは自分しかいなかったので、遊びは自分で見つけ、勉強する方法も自分で探す必要がありました。両親が同じ部屋でひとつの空間をともにすることは考えられなかったので、結局、私のバル・ミツヴァー［訳注：ユダヤ人コミュニティでは男性は13歳で成人とみなされ、一連の儀式のあとで親戚や友人たちと祝う習慣がある］を祝うパーティーは2カ所で開かれました。私はそんな状況から逃れ、できるだけ遠くに行きたいと願うようになり、16歳でニューヨークのシラキュース大学に入学しました」

それは大きな間違いだった。

「若すぎたんです」と、アーロンは言った。「入学して2週間経ったとき、**いったい何を考えていたんだろう？　話す言葉は同じでも、ここはまったく別の国じゃないか**と思うようになっていました」アーロンはカリフォルニアに戻り、仕事を見つけ、ハビタット・フォー・ヒューマニティ［訳注：住居の建築や修繕支援を通じ、人々がきちんとした居住環境を手に入れ、幸福で豊かに暮らすことを目指す国際支援団体」でボランティア活動を行い、都市計画に夢中になった。壊れた家庭に生まれた少年は、家を建てることに人生を捧げようと考えた。

彼はカリフォルニア大学バークレー校からマサチューセッツ工科大学院へ進み、その後9・11同時多発テロ事件に触発され、再建支援のためにニューヨークへ移り住んだ。

しかし彼が本当に望んでいたのは父親になることだった。「すべての不安定性を安定性で正したかったんです」と、彼は語った。幾度かの真剣な恋愛の末、33歳のときに地元の金融業で働くヘザーと出会った。4年後に彼らは結婚し、ヘザーが新婚旅行で妊娠すると、2人の息子ボディは8月の最終週に生まれた。アーロンはそれを人生のハイライトと呼んだ。

その9カ月後、今度は最悪の事態が訪れた。

「物語は朝から始まります」と、彼は言う。「その日は雨で、ロサンゼルスの友人が訪れていました。私たちは上の階に住む家族と同じ保育士を使っていたのですが、彼女は妊娠していて、モデルで少々気位の高い人物でもあり、その仕事ぶりには不満がありました。彼女は遅刻し、家に入ってくるなり、夫からこの仕事を辞めるように言われたというのです。私は彼女を見ながら思いました。**正直、君にはもううんざりだとはっきり言ってやればいいんだ**。しかし友人に会う時間に遅れていたし、ヘザーと話をせずに勝手なことも言えず、とにかく急いでタクシーに飛び乗りました」

彼の1日はずっとそんなふうだった。雨は降り続いた。妻のヘザーは仕事で遅くなるはずだった。アーロンがパートナーを務める不動産会社は、大きな取引をまとめようとしていた。彼は5時半に少し遅れる旨のメッセージを保育士に送り、素早く地下鉄に乗り込んだ。地上に出たところで保育士から電話があった。

「それまで彼女から電話がかかってくることはありませんでした」と、彼は言った。「彼女は電話口で、ボディが昼寝したまま目覚めないと叫んでいました。親であれば最も恐れる内容です。私は何十年ぶりに、大急ぎで駆け出しました」

自宅近くに到着するころには、彼の心臓は発作を起こすかと思うほど早鐘のように打ち続けていた。角を曲がるとまず救急車が目に入り、9カ月の息子の救護にあたる消防士の姿が見えた。「次の瞬間、私は叫んでいました。『**いったい何があったんですか！**』すると消防士は言います。『ちょうどお子さんをここまでお連れしたところです。これから酸素吸入を始め、そのままブルックリン病院に向かいます』。『2ブロック先に緊急治療室があるのに、ブルックリン病院にまで行くんですか？』と私が尋ねると、『そこでは対応できないんです』と、消防士は答えました」

ボディを乗せた救急車は動き出した。アーロンは別の救急車に乗り込み、あとを追った。

「そのころから、もしかしてこれは最低の悪夢かもしれないという思いが胸をよぎり始めていました。それでも私は、息子は必要な処置をしっかり受けたのだからと、自分自身に言い聞かせていました。おそらく息子は何かを喉に詰まらせてしまったのでしょう。でもきっと大丈夫に違いない。そして自分の乗った救急車がブルックリン橋を通過しようとしたとき、突然、車の警光灯が点灯していないのに気づきました。そのとき私は、すべてを理解したのです」

ボディ・フェアファックス・コフマンは5月の最終木曜日、生まれてちょうど9カ月めの誕生日の午後7時に死亡が宣告された。「足の力が抜けたようでした」と、アーロンは語った。「私は床に倒れ込み、大声で叫びました。我知らず叫んでいたんです、『嘘だー！』と。私たちはよく、息子の成長の節目を祝っていました。妻はケーキを焼くのが得意なんです。その日は、1歳のバースデーケーキのちょうど4分の3に当たる日でした」

この一件はニューヨークのタブロイド紙の紙面を賑わせた。警察捜査の対象にもなったが、とくに問題は認められず、その死は事故死とみなされた。アーロンは保育士に怒りの矛先を向けていたが（「私は彼女を殺したいとまで願っていました」）、ヘザーは彼の憎しみを和らげようと説得を重ねた。彼はひどく傷つき、立ち直れるようには見えなかった。

「ふざけるな、冗談に決まってる――そう思っていました。私の苦労など大したものではないかもしれません。もっと大変な思いをした子どもたちがたくさんいるでしょう。でも私は私なりに辛い子ども時代をすごしたんです。大人になってからもそうでした。ヘザーも25歳のとき、父親を脳卒中で亡くしています。これから世界は私たちの面倒を見てくれる、そう思っていました。ですからこんなことが起こるなんて信じられなかったのです」

アーロンにとってその後の出来事は、多くの辛い人生の移行期のなかで、最も苦痛を伴うものだった。

彼が最も悩み苦しんだ一番の感情、それは悲しみだった。

出来事を印すためにアーロンがよく行った儀式とは何か？　彼は1年間髭を剃らず、毎日ボディの好きだった青色を身につけた。前腕に「B」のタトゥーを入れた。「彼の思い出を物理的に示す必要がありました」と、アーロンは語った。「よく袖をたくし上げていたので、毎日それを見て彼を思い出そうしたんです。タトゥーはボディの目の色と同じ青にしました」

彼の思い出の品：「子どもを亡くした他の親の教えを参考に、ボディの汚れた服を捨てずにとっておきました。彼の匂いを忘れたくなかったのです」

彼は何を失ったのか？　毎日彼のベビーカーを押す喜び。写真を撮る喜び。

どうやって自分の時間を組み立てていったのか？　崩れやすいがそれでも何かをつくっ

ていく「砂場遊び」。「2人とも職場の上司から、気持ちが落ち着くまでゆっくりするとよいと言われていました。私たちはしばらくのあいだ、外に出ようという気分になれませんでした。私はときどき子ども部屋に行っては、カーペットの上に横になっていました。基本的に、私たちには何もすることはなかったのです。ある日、11時半に刑事が来るというので待っていると、その約束は10時にキャンセルになりました。ヘザーは泣き出しました。**今日は何をしたらよいの？　この時間をどうやって埋めろというの？**」

彼が始めたクリエイティブな習慣は？　「友人のひとりから、ガラス瓶とフラッシュカード52枚一揃えを贈られ、『彼が心に浮かぶたびに、その気持ちや思い出をカードに書き留め、折りたたんで瓶のなかに入れていくとよい』と言われました。そのおかげで、幸せに包まれる素晴らしいひとときがすごせました」

彼は移行に際し、住まいを変えようとしたか？「引っ越しはしませんでした。新しいアパートに移って静かに暮らすつもりでしたが、3週間前にすべてキャンセルしました。私たちはここに留まるべきだったのです。私は毎日、カーペットの上で横になる必要がありました。眠るのもカーペットの上でした。彼の部屋にいるだけで、本当に安らぎが得られました」

最終的に、彼はどうやって新たな物語を書いたのか？

「私たちはすぐに取りかかりました」と、アーロンは言った。「ボディが亡くなったのは木曜日です。翌朝、ヘザーに生理が来ました。葬儀は翌週の木曜ですから、それまで何もありません。そのぽっかり空いた時間のなかで、私たちはたくさんの苦しい経験をしました。自殺にまったく興味はなかったのですが、死ねばそれ以上痛みは感じなくなるので、それ以外にこの状況を乗り越えられる方法が見当たらないように感じていました。しかし私たちは、自ら死を選ぶのは、ボディの遺産を葬り去ることでもあると気づきました。さらに私たちはお互いのためにも、ここにいる必要があったのです」

「月曜の夜、私たちは追悼文を書くために夜遅くまで起きていました」と、アーロンは続けた。「自分たちの考えを文章に表し、話し合い、どうすればこの先も自分たちの物語を続けていけるのかと考えるうちに、2人とも同じ思いに至ったのです。**次の赤ちゃんをつくるんだ、今すぐ**」

ヘザーは最初の試みで妊娠した。ボディはわずか9カ月でこの世を去り、その9カ月後、ヘザーは男の子を出産した。ボディの物語はこれで幕を閉じたわけではなかった。追悼式が計画され、資金が集められ、式典のために公園が改修された。そしてアーロンの物語は新たな始まりを迎えた。光は屈折し、ばらばらになり、彼が生涯をかけてひとつにまとめようと試みたそのすべてが砕け散り、そして再び結びつこうとしていた。彼の物語は世の中に広く知られるようになっていった。そしてある意味、彼はその事実にも驚かなかった。この経験は、彼自身の人生の物語が持つフラクタル構造（自己相似性）〔訳注：図形の全体をいくつかの部分に分解すると、そこに全体と同じ形が再現されていく幾何学的構造〕と一致した。アーロンは、彼の人生の形はプリズムだと語った。

次の章を書く

それまで積み上げてきた人生の出来事が砕け散ったあとで、再び自分自身を完全な姿に戻すプロセスが「移行」だとするなら、私たちの人生の物語を修復するのはそのプロセスにおける最高の宝物であり、新たな自分を形成するという芸術的行為を完成へと導いてくれるものだ。物語は、そうした人生のあらゆる部分を結びつける人生の移行の一部である。**私もかつてはそうしたひとりであり、その後人生の転機を経験し、現在の私がある。**

近年私たちは、物語は人間が生きていることの主要な精神的単位だと再認識するようになった。自分のため、あるいは人に読まれるのを前提に、無関係に見える出来事を取りあげ、筋の通った物語に変換する能力は、人間に備わる際だった特徴のひとつだ。そしてこの能力は、すでに私たちのなかに組み込まれている。人間の脳の半分は、自らの人生を進行中の物語に変換し、その記述から意味を作り出すという想像力を必要とする作業に関わっている。文学者であり詩人のバーバラ・ハーディは述べる。「私たちは物語のなかで夢を見ます。物語という白昼夢のなかで、思い出し、予測し、願い、絶望し、信じ、疑い、計画し、修正し、批判し、構築し、陰口をたたき、学び、憎み、そして愛するのです」

もちろん物語には欠点もある。私たちは心理的に、世界のなかになんらかのパターンを見つけようとする気持ちが非常に強く、安易にパターンを作りあげてしまう傾向にある。不規則に点滅する光を見せられると、たとえそこに意味はなくても、ひとつのメッセージとして説得力のある理由を考え出してしまう。スポーツチームや金融市場を子細に眺め、**勢いがある**、あるいは**幸運に恵まれている**などという根拠のない思い込みから説得力のある物語を捻り出し、それに賭けては大金を失うはめになる。

人々が危険な物語にいかに惑わされるか、私は驚くような例を耳にした。ソルトレイクシティ出身の宗教作家であるペギー・フレッチャー・スタックは、双子の娘の1人は2歳まで生きられないだろうと医師に告げられると、その子はもともといなかったのだと自分に言い聞かせようとした。「私はベッドに横たわり、こう考えました。**いいわね、本当は子どもがひとりだけ欲しかったの。だから、産んだのはひとりだけだったのよ**と。マイクにこの考えを伝えると彼は言いました。『それは絶対にだめだ！　カミーユはこれからもずっと家族のひとりなんだ。僕たちはこの先、天国で会うんだからね』。彼は正しかったのです」

拒食症で、ジョギングに夢中になり、走っているときに氷の上で滑ってジョギングをやめ、11人の子どもを養子に迎えたミシェル・スウェイムは、自分を幸せにするのが夫の務めなのに、不当な扱いを受けていると何年ものあいだ思い込んでいた。「いったん、**ああ、それは彼のせいじゃない、私の問題なのだ**と気がつくと、私は自立し始め、最終的には自分を幸せにするために決断するようになりました」

しかし、個人の物語を語る行為から得られる価値や重要性は、そこに潜む罠から被る損失をはるかに上回る。私たちは、例外的で予想もつかない、さもなければ常軌を逸するような人生の出来事があっても、それらを意味のある理解しやすいいくつかの章にまとめ、物語として語ることで、人生における流れのなかにうまく組み込んでいけるようになる。こうした人生の出来事を統合していく一連の行為こそ、物語を語ることで得られる最大の贈り物なのだ。物語は例外的な出来事を様式化し、語り得ないものをひとつの話に変換する。小説家ヒラリー・マンテルの言葉が示すように、物語こそ、私たちが「自分自身の著作権を掌握する」ことを可能にしてくれるのだ。

私はこれまで、人々が自分自身を癒すために自らの物語をいかに利用しているのかを示す、感動的ないくつかの事例を聞いた。

ロッキー・リン・ラッシュは、同じような境遇で育ったソングライターをレコード会社から紹介されるまで、何年ものあいだ、親から捨てられ辛い子ども時代をすごした話をするのは気が進まなかった。「捨てられたんだ、大した家族じゃなかった、すべてがね」と、ロッキーは語った。「彼と一緒に『歌はそこから生まれる（原題：That's Where Songs Come From）』という曲を書いた。同情はごめんだ、俺は運がいいんだって歌だ。『ああ、君には見えないのかい、歌はそこから生まれるのさ』って。そうした経験のすべてが、私にとって大きなカタルシスを覚える瞬間だった」

メアリー＝デニス・ロバーツは少女時代、度重なる性的虐待に苦しんだ。「少なくとも3人の成人男性がそれぞれ異なる場所にいて、常に私にちょっかいを出してきました」彼女は苦しい体験に満ちた過去から逃れるため、プロの調停者であり救援活動家として世界中の様々な紛争地域に赴いた。彼女はそのあいだ、幼少期の恐怖を完全に心のなかに抑え込みながら、離婚と再婚を経て、アトランタの作家団体に加わった。「自分の人生の物語にたくさんの専門用語や業界用語を使って体裁を整え、当たり障りのないものにして語っていました。そのうちに師事する人物からストーカー行為を受け、ようやく『これまで絶対に書きたくないと思ってきたこと、それまで経験した最も恐ろしいことについて書かなければならない』と胆を決め、すべての話を書き上げました。すると今度は止まらなくなったのです。そしてまさにその瞬間、混乱と涙の末に、私はそれを語ることができると気づきました。むしろ語るべきなのだと」

ピッツバーグ生まれの植物愛好家であり、アフガニスタンで、テロリストの仕掛けたIED（簡易爆発装置）で重症を負ったダヴォン・グッドウィンもまた、自分の物語を語るのに消極的な人物だった。だがある日教会で、母親から大きな声で話すよう強要された。「回復の鍵は、自分の物語を打ち明けることです」と、彼は言う。「そうしないと自分が支配されてしまいます。私には悪い日がないなどと言うつもりはありません。しかしその日を境に、悪い流れに支配されるのではなく、自分でコントロールできるようになったのです」

距離を置く

成功に至る個人的物語を語るのは人生の移行を締めくくる重要な行為だが、人々は実際にこれをどのように行うのだろう？　変革の物語全体に共通するなんらかの特性は存在するのだろうか？　インタビューのなかで私が注意深く耳を傾け、そのうえで私たちがコード化しようとしたことのひとつは、人々が自分自身に、そして周りの人たちに語りかけるために利用する道しるべが存在するのかどうかだった。**大きな精神的動揺を乗り越えた、**

亡命生活に耐え忍んだ、元のゲームに戻った——自らの人生の物語を語る際、意味の空白を意味のある瞬間に変換するための、なんらかの具体的方法があるのだろうか？

私たちは3つの要因を特定した。

ひとつめは、彼らが現在と過去という2つの時間を用い、そのあいだに意識的に距離を設けていることである。初めて人生の道を踏み外した経緯を語った物語と、今を語る物語のあいだには、時間的なずれが存在する。彼らは、**これが今私に起きていることから、当時私に起きていたこと**へ移動しているのだ。

この変化のバロメーターのひとつは、動詞の時制である。私たちが遭遇した破壊的な出来事を現在形で表現すると——**ドアを開けると地面に遺体が横たわっているのが見えます**——直接感情に訴えかけてくるように感じるが、その分、私たちがそこから引き出せる意味は少なくなる。ところが過去形を使うと——**ドアを開けると遺体が横たわっているのが見えました。私は人生が変わろうとしているのに気づき始めていました。**——その出来事はより現実から切り離され、その分、物語の大きな流れのなかに組み入れるのが容易になる。私の友人で、モス［訳注：舞台芸術と技術を専門に個人的物語をライブで語る世界的非営利団体］の芸術監督を務めるキャサリン・バーンズは言う。「最高の物語には感情を揺さぶられますが、心が苦しくなるほどではありません。それは傷ではなく、傷跡から生まれるからです」

私はこの問題に2つの面から遭遇した。数カ月のあいだに妻に出て行かれ、上司に解雇を告げられた雑誌編集者、自らは罪を犯していないと主張しながら連邦刑務所に収監され、釈放されたばかりのシングルマザー、娘が3度めの麻薬更生施設に入所した父親など、私は人生の予期せぬ急激な変化から間もない多くの人たちにインタビューを行ったが、彼らは依然として動揺が隠せない様子だった。彼らとの会話は、私にとって最も胸の痛むものだった。彼らはそうした出来事に見舞われたばかりで、まだ自らの感情が処理しきれていなかったからだ。

その一方で、私が聞いた、より感動的な物語のなかには、その人がその出来事に意味を見出すのに十分な距離が置けるようになるまで、数年かかったものもあった。

私は、バイク事故で片足を失い、臨死体験まで経験した空軍技術者のクリス・シャノンを思い出す。今日彼は、オレゴンの若者を指導する傍ら、キャンピングカーで国内を旅行している。「片足を失い、私の人生は本当に変わりました」と、彼は言った。「物事に対する不安はあります。しかし本当に恐れはありません。それ以上に感謝しています。真面目な話、事故にさえ感謝しているくらいなんです」

私は、婚約破棄によって健康が著しく損なわれ、歩くのもままならなくなったニューヨークのテレビプロデューサー、ケイト・ミリケンを思い出す。彼女は、主治医のところに向かうタクシーのなかで、危うくビデオカメラの電源を入れそうになり、そこではっと我に返った。「その話をしたくても、まだ気持ちの整理がついていなかったのです」と、彼女は言った。「多発性硬化症［訳注：視力障害、感覚障害、運動麻痺など様々な神経症状の再発と寛解を繰り返す病気］と診断され、うつ病まで発症したケイトは、その後代替療法に変更し、恋に落ち、結婚し、子どもをもうけた。彼女はまた、自らの人生の旅を32本のショートフィルムにまとめた。

「時間はかかりましたが、これまでの出来事を、現実を超えたものとして捉えるようになりました。今や私の目には壁ではなく、広大な可能性の海が見えています」

私は、ミズーリ州ジョプリンで発生した竜巻によって危うく命を落とすところだった若き牧師、ケイト・ホーグを思い出す。彼女は竜巻の直後、主に近隣住民の悲しみを和らげるため、数多くの説教を行った。「私は、私たちが手にしているものすべてに対し、どれほど感謝の念を抱いているかについて話をしました」しかしどこかで虚しさを感じていたと彼女は言った。心のなかに信仰に対する疑問を抱えていたからだ。「**友人のトリップが竜巻で亡くなりました。神は私を見守ってくださったのに、彼に対してはそうなさらなかった。そこにはどんな意味があるのでしょう？**」

ケイトは博士課程を修了し、カウンセリングの道に進み、眼球運動による脱感作と再処理法［訳注：治療者が目の前にかざした2本の指を、苦痛な出来事を想起しながら頭を動かさずに眼球で追うことで、その苦痛な出来事を脳の中に貯蔵されている肯定的なネットワークと連結させ再処理していく方法］を利用し、最終的にこの出来事を乗り越えるために5年の歳月を必要とした。

「一度でもトラウマを経験すると、自分がいかにその種の物事をコントロールできないか気づきます。トラウマが生じた場合、あなたがコントロールできるのは、そこにどのような意味を持たせるのかを決めることです。私の考えるよい物語とは、何かひどい出来事が生じても、その人がそれに対して前向きで、人生を肯定するような行動をとったという話です。今では私も、そうした物語のひとつだと言えるでしょう」

豚を空に飛ばす

2つめは、人生に変化をもたらすような個人の物語には、ポジティブな言葉が使われていることである。

小説家のジョン・スタインベックは署名のあと、そこに風変わりな絵を描いた。羽の生えた豚である。彼はそれをピガサスと呼び、その名前をギリシャ語で書き加えた。彼は晩年、そのマークに「羽のある豚に乗って星々へ」をラテン語に翻訳した **Ad Astra Per**

Alia Porciとの一節を添えた（後にこのラテン語には誤りがあると判明）。たとえ誰もが地上に縛られているとしても、私たちはみな天国に到達しようと努めねばならない――彼はそう言いたかったのだ。

豚が空を飛べば（when pigs fly）という表現は、まずあり得ない物事であり達成はほぼ不可能という意味を表す言葉として、半世紀にわたり複数の言語で用いられてきた。これは、決して起こりえない物事を表す「アデュナトン」として知られる修辞的表現法である。スタインベックがこの言葉を使ったのは、常に否定的に物事を見ようとするある教授から、「豚が空を飛べば」君も作家になれるだろうと言われたからだ。

ごく最近、神経科学者たちは、人が阻害された人生から回復するには、この種の考えられないような結果を想像するのが極めて重要だという事実を発見した。**次の仕事を見つけよう、もう一度笑おう、再び恋をしよう**など、今の自分には達成するのが難しいと思うような未来を心のなかに思い描けば描くほど、そこに向かって前進していけるのだという。その大きな理由は、脳の一部には、子細に眺めた行動を模倣しようとするミラーニューロンが存在するからだ。私たちの脳は、誰かが飛び跳ね、笑い、そして泣くのを見ると、同じ行動を再現しようとするのである。

物語からも同じ反応が現れる。誰かが飛び跳ね、笑い、そして泣いている物語を読むと、私たちも心のなかでその動作を再現する。だがそれだけではない。私たちが物語を**語る**場合にも、そうした「ミラーリング」が起こるのだ。もっとよくなる、もっと穏やかになる、もっと幸せになると自分に言い聞かせれば、私たちの心はその結果をシミュレーションし始める。反応によりそうした結果がすぐに達成されるわけではないが、私たちはたしかに、その可能性に向かって動き出している。

スタインベックは正しかった。私たちは豚を空に飛ばすことができるのだ。

こうしたすべての神経科学は、最初のうちはインタビューのなかでいくら耳にし続けても納得できなかった事実を、理解する手助けになった。多くの人が、不快な状況に置かれながら、まだ起きてもいない話を自分自身に語るようになったと話していたのである。**実現するまで演じ続けろ**という言葉なら、誰もが耳にしたことがあるだろう。この表現は、最初に特定の行動を起こすと感情はあとからついてくるという、ウィリアム・ジェームズの観察と結びつけられる場合がよくある。しかし私が聞いた話は少しばかり異なっていた。人々は、先に特定の物語を自分に語ると、感情があとからついてくると言っていたのだ。

スタインベックの言葉を借りれば、まず私たちは、豚を空に飛ばすことができると自分自身に言い聞かせなければならない。そこでようやく、私たちは彼らが飛ぶのを助ける機会が得られるのだ。

ここでは人々が再生への足がかりとして、いかにして自分自身に明るく楽観的な話を語ったのかを示すいくつかの例を紹介する。

・夫が失業したためにミネアポリスからノースダコタ州に戻ったエレン・シェーファーは、大都市で広告キャンペーンを運営する立場から小さな代理店で働くようになるのは屈辱的だと感じていた。しばらく両親と一緒に暮らしたが、気持ちは変わらなかった。「母は毎晩、腕を振るって中西部の伝統料理を作り、洗濯もしてくれたので、夫は大喜びでした。私はそんな母に甘え、自分の歳を気にしなくなっていました。突然、小学生に戻ってしまったのです」そこで彼女は、なぜ自分たちが家に戻ってきたのか、話を作りあげた。「それは、『私は大手ディスカウントスーパーであるターゲットのために、みんながわくわくするようなプロジェクトを運営していました。でもそれは結局のところ、顧客が必要としない品物まで買わせようとしていたにすぎなかったのです。そこで私は、もっと規模の小さな企業が小さなコミュニティに影響を与えるのを支援しようと考え、ファーゴに戻りました』というものでした。単なる言い訳でしたが、何度も話すうちに、自分でもそう信じ込むようになりました。今ではここが大好きです」

・心身リラクゼーション療法によりループス［訳注：全身性エリテマトーデス（不明熱を呈し、

全身の臓器が侵される炎症性疾患）のこと。皮膚に見られる紅斑が狼に噛まれた痕のような赤い局面であるためにループス（ラテン語で狼の意）あるいは狼瘡《ろうそう》と呼ばれる」を寛解させ、現在では他の人たちが生物行動学的自己療法を実践するための支援を行う診療所を運営するブレンダ・ストックデールは、たとえほんのわずかであっても肯定的行為は心のあり方を変え、異なる視点や発想をもたらしてくれると語った。「大きな恐怖の瞬間にはアイデンティティが失われます。そのときに必要なのは、例えば一口の食べ物、芳香、花の蜜を吸うハチドリの姿、刈りたての草の匂いといった、ほんの一瞬の『直接性』です。そうしたマイクロモーメントは常に私たちの周りに存在します。私たちはたいてい無視しますが、いったんそれに気づけば生活現象が生じ、突如としてハチドリの姿や草の匂いが、あなたをタヒチのハンモックの上へ、つまり想像上の休息へ連れ出してくれるでしょう。私はこの瞬間をうまく利用すれば、つまり自らに許可を与え、その直接性が導く方向に身を委ねられれば、私たちの心は、私たちを癒しの場所へ誘ってくれるのだと気づいたのです」

・冬季オリンピックの女子フィギュアスケートで、2大会連続の失望を味わったサーシャ・コーエンは、その後も過去の失敗に悩まされ続けていた。「長いあいだ、**なぜ私は自分の力が十分に発揮できなかったのか?**という疑問が、片時も頭から離れませんでした。私の姿を見かけた人から、『どうして転んじゃったの？』とよく尋ねられたものです。しかし今の私は、その質問を異なる視点から捉えています。私にはそれほど鋭い反射神経がないのはわかっていました。他の人なら寝ながらでも簡単にできるのに、私にはなかなかできないことがありましたし、ジャンプを跳んでも毎回どこか少しずつ違っていました。**そんな自分の身体でも、精神的に限界まで追い込まれたからこそ、あそこまでできたのだろう。諦めずに頑張り、多くの障害を乗り越えた自分を褒めてあげるべきなのかもしれない。失望の物語ではなく、恵みの物語として捉えるべきなのだ**——今の私はそんなふうに思っています」

エンディングを確定させる

個人的な物語を語る際、その有益性を最大限発揮させるための3つめの要因は、エンディングを確定させることである。

ダン・マクアダムスは、他の誰よりも人生の物語の重要性を訴えた学者であり、30年以上にわたり、物語のアイデンティティについて考え続けていた。物語に命を吹き込む語り手の手法が、聞き手が物語から受け取る意味に影響を与えるというのが、彼の特徴的な見解であり、その対極的な2つの例が、**汚染の物語**と**救いの物語**である。汚染の物語では、大事件が私たちの人生を悪い方向へ導いていく様子が描かれる。その出来事自体はポジティブな場合もネガティブな場合もあるだろうが、そこで語られる物語は暗い結末を迎える。**私は母親になるのが喜びでしたが、その後、夫が浮気をしました。脳卒中から回復しましたが、もう自転車には乗れません。**

救いの物語では、大事件が私たちの人生をよい方向へ導いていく様子が描かれる。その出来事自体はポジティブな場合もネガティブな場合もあるだろうが、そこで語られる物語は明るい結末を迎える。**賞をいただいたのは大きな喜びですが、とくに同僚と一緒に受賞でき、胸が熱くなりました。父が死に至るまで長く苦しい時期が続きましたが、その分、家族の絆は深くなりました。**

ハッピーエンドの脚本を書くうえで重要なのは、それがすぐに起こる必要はないということだ。人生の破壊的な出来事について思いを巡らせ、多角的に考え、細部にまでこだわるのは、健康的であるのはもちろん、必要なのだとマクアダムスは言う。しかし同じように必要であり、しかも健全なのは、その経験から生まれたなんらかの建設的物事を明確に伝える方法を見つけ、それを実現するために尽力することである。

ここで強調すべき重要なポイントは、人生の物語をどのように語るのかは、私たちが選択できるという事実だ。ただし書き直しができないような油性ペンでは書かない。不変性、ましてや正確性にはなんの意味もないのだ。単純に気分がよくなるからという理由も含め、いついかなるときでも物語は変更できる。結局のところ、私たちの人生の物語の主要機能は、自らの経験を過去にしっかりと根づかせ、そこから将来の繁栄を可能にする何か有益なものを得られるようにすることであり、それが起こったときにのみ、人生の移行が完了したとわかる。

そうして初めて、私たちはエンディングを確定できるのだ。

私はインタビューのなかで、遭遇したライフクェイクを明るい結末を迎える人生の物語に転換した多くの人たちに出会った。クリスティ・ムーアは17歳で妊娠し、学校を退学したが、だからこそ麻薬に手を染めたり、ひたすらハンバーガーを作ったりするような人生から救われたのだと語った。「手のかかる完璧な赤ちゃんであり子どもだった娘がいたからこそ、そして博士号の取得を目指したからこそ、今の私があるのです。それ以外の自分など今では想像できません。まさに神の恩恵です。それらはすべて神聖なる計画であり、それが私にもたらされるとは露ほども思っていませんでした」

ダヴォン・グッドウィンは、アフガニスタンで自らの人生を破壊したＩＥＤ（簡易爆発装置）を、神からの祝福と呼んだ。「それがなければ大学は3年間で卒業できなかったでしょうし、植物学に戻る道さえ見つけられなかったでしょう。私には、人生を狂わせるような出来事があるという考えは容認できません。それが起きたという現実は認めますが、限界として受け入れるつもりはないのです」

ゲイという理由で修道院を去った、かつてベネディクト会の修道士であったショーン・コリンズは、彼が7歳のときに、人生最悪の出来事のひとつが起きたと私に語った。学校のある男子生徒にオカマと呼ばれたのだ。「もちろん私は、彼に秘密を握られてしまったのだと理解しました」と、ショーンは言った。「母が迎えに来てくれたとき、私は泣いていました。理由を話すと、母はすぐにその少年の家に向かいました。私は母を止めようと『頼むからやめて、お願いだよ！』と言いました」その子の母親が玄関のドアを開けると、ショーンの母は彼女に食ってかかった。少年は姿を現すなり笑い声を上げた。ショーンは家に帰る道すがら再び泣き始め、母親から夕食に呼ばれたときもまだ泣き続けていた。「母は嫌悪の表情を浮かべ、私を見るとこう言いました。『どうやら、あの子が言ったのは事実だったようね』」

「その瞬間、私はこう思いました。**この秘密を知れば、結局、みんなひどいことを言い始める。だから誰も信用しちゃいけない。個人的な話は親にさえ絶対に話してはいけない**」

そしてそれ以来、彼は口を閉ざし、この出来事を境に、彼と母親の仲は完全に冷え切ってしまった。

「その後何年も経過し」と、ショーンは言った。「32歳を迎えたとき、私はもう一度、母の前でその話を持ち出してみました。母は私に謝り、こう言いました。『実は戦時中にお父さんと出会う前、私にはとても好きな女性がいたの』。そして第二次世界大戦前に、その女性と恋愛関係にあったと認めました。あの一件から25年経った今、母は私にそう打ち明けてくれたんです。母に正直に話をし、母もまた真摯に向き合ってくれ、結局私たちはお互いによく似ているのだと気づきました」

クリス・ワッデルは他の誰よりも、エンディングを確定させる難しさをよく知っている人物だ。20歳で初めてパラプレジック〔訳注：両下肢の対称性運動麻痺（筋力低下）〕になったとき、彼は人生がそこで終わったと思った。しかしその後、パラリンピック選手として輝かしいキャリアを築き、そして34歳でそのキャリアを終えたとき、彼は再び、自分の人生は終わったと考えた。競技スキーの世界から引退するのは、背骨を折るより「はるかに困難だった」と、彼は私に語った。「自分が何者なのかまったくわからず、自分の情熱に裏切られたような思いでした。私は崖の上から突き落とされたのです」

そこで彼は別の崖を登ろうと決めた。具体的には、アフリカ大陸最高峰であるタンザニアのキリマンジャロ山を、障害者として初めて登頂する夢を抱いたのだ。しかし両脚が動かせないクリスは、両腕だけを頼りに4輪マウンテンバイクをこぎ、5895メートルの高さを登り切る必要があった。彼は資金を集め、高地に耐える訓練を行い、特別なバイクを製作した。さらに彼をウインチに固定し、岩場に板を敷き、巨岩や高所、身体的要求、そしてストレスを乗り切るための支援を行ってくれる国際チームを募った。クリスは41歳でこの夢に挑んだ。

7日間にわたる登頂は過酷で、ときには1分間に30センチしか進まなかったが、国際メディアはそんな彼の英雄的行動に熱狂した。

しかし、頂上まであとわずか30メートルというところで岩はあまりにも巨大になり、4輪ハンドサイクルの車輪では貧弱すぎてどうにもならず、それ以上先に進めなくなった。彼は夢を諦めなければならなかった。

「暗澹たる思いでした。頂上は目の前に見えています。私の唯一の目標は、自力でそこに到達することでした。しかし目の前の現実は、**身体を損なわれた1人の男が、あらゆる困難に打ち勝った**という話ではなくなってしまいました。もはや絵空事にすぎません。私がこうするのだと約束し、私にその機会を与えようと多くの人々が犠牲を払ってくれました。私はそうした人々を裏切ったのです」それでもチームのメンバーたちは彼を説き伏せ、頂上に至る最後の数メートルを全員で運ぼうと決めた。クリスはそこで写真に収まり、地元ガイドがスワヒリ語でお祝いの歌を歌うのを聞きながら、そのあいだずっと、これは不正行為ではないかと罪悪感を覚えていた。

「ずいぶん時間が経ち、小学生にこの話をするようになって初めて、その教訓は最初からそこにあったのだと気づきました。**ひとりで山に登る人などいない**のだと。それこそ私が発見しなければならなかったこと、すなわち「チームの価値」でした。なぜなら私にとって、自力で登ったというのは完全な幻想だったからです。そこには必死に働くたくさんの人たちの姿がありました。もし自分の力だけで頂上までたどり着いていたら、私が排除しようとしていたもの、すなわち疎外感にいつまでも苦しみ続けていたでしょう。障害を持つ人たちは切り離される必要があるというのは間違いです。私たちには他の人たちが必要なのです。ですから私は、あの日の出来事を贈り物として語ります。それは私に、私が学ぶべきことを教えてくれました——すなわち、私も他のみんなと同じなのだと」

彼はその出来事を通じ、人生の物語を書き換え、そこに勇敢で英雄的なエンディングを与える価値や重要性を教えられたのである。

結論

In Between Dreams
The Secrets of Successful Transitions

夢のあいだで

「人生の移行」を成功させる秘訣

私の父、エドウィン・ジェイコブ・ファイラー・ジュニアは、1935年1月23日の水曜日に生まれた。母親は数学の教師、父親はとりあえずどんな仕事でも引き受けるが、それほど有能とは言えないような弁護士だった。

「1／23／45、つまり1945年1月23日、私は10歳を迎えた」と、彼は言う。「その数字の美しさを誇りに思い、その事実を多くの人に知ってもらおうとした。私はここジョージア州サバンナで生まれ、この町を愛し、人生もまたいろいろな点でこの町を中心に展開した。そもそも私の一族自体が150年以上にわたり、この町の一部であり続けてきたんだ。かつて子どもたちから、父さんは**プロのサバンナ人**だと冗談を言われたことがある。これはその後、私のニックネームにもなったが、私はそう呼ばれるのを誇りに思っていた」

2つの重要な世界的出来事が、エドウィンの子ども時代に大きな影響を与えた。ひとつは大恐慌である。「私たち家族の生活は慎ましやかなものだった。寝室が2つにバスルームがひとつのこぢんまりとした家に住み、小さな石炭ストーブで暖を取った」

もうひとつは第二次世界大戦だった。「すべてが戦争を遂行するために捧げられた。ガソリンは配給制だったから、車で走り回るなんて無理な話だった」おもちゃもなかった。「当時は模型飛行機を作るのが大好きだった。段ボール箱に入った模型キットを、ゲッチエル雑貨店でよく買ったもんだ。どれだけ正確に作れるかが自分にとってのこだわりだった。キットには設計図、バルサ材、翼と胴体部分のテンプレート、デカール、それにテッシュペーパーが含まれていた」

彼は続けた。「根気のいる作業だった。なにしろ接着剤が乾かないと、次の部品がくっつけられないんだ。寝室の天井に紐を張り巡らせて、弟のスタンレーと一緒に完成した模型をそこに並べていった。左手首には、手を滑らせてエクザクトナイフ［訳注：世界トップブランドのアートナイフ］で切った傷跡が今も残っているよ」

人種差別が続く1940年代の南部では、ユダヤ人であることには複雑な問題が絡んでいた。「中学生のとき、ベーブ・ルースの伝記を読んで感想文を書いたんだが」と、彼は言った。「この当時、ちょうど『ベーブ・ルース物語』という映画が公開されていて、先生は、私が本ではなくその映画を観て書いたと言い張るんだ。私は一歩も引かなかった。だって実際にその本を読んで書いたんだからね。『ユダヤ人の男の子はいつだってそうなんです』、そう先生は言った。学校が終わって家に帰り、母にその経緯を話すと、母はすぐに2ブロック先のワシントンアベニュー中学校まで歩いて行き、学校長とかけあった。次の日学校へ行くと、私は別のクラスになっていた」

「どんな気持ちだった？」

「ちょっときまりが悪かったけど、自分は正しいことをしたんだと思ったよ。私はその映画は観ていなかったけれど、あとで聞いた話によれば、それまでで最悪の映画だったそうだ」

エドウィンは軍隊様式の正確さを好んだ。イーグル・スカウト〔訳注：アメリカボーイスカウトの最高の進級記章〕になり、海軍ＲＯＴＣ（予備役将校訓練課程）〔訳注：大学に設置された陸海空軍および海兵隊の将校を養成するための教育課程〕の奨学金を得て、ペンシルベニア大学に進学し、戦艦ウィスコンシンに中尉として赴任した。「士官室〔訳注：軍艦の士官たちが食事や娯楽のために使う区画〕では夜になると、薄手の綿布をスクリーンにして映画が上映された。そこではスクリーンの反対側が、下級士官の座る場所だった」と、彼は言った。「つまり自分たちの観る映画は左右が逆で、野球映画なら、ランナーが三塁に走っていくように見えたんだ」

しかし、その後の人生を決定づける出来事は、１９５７年にボルチモアで起きたのだとエドウィンは言った。

「当時は結婚相手を探すのが大学生活の非常に重要な部分だった。卒業したら、ニューヨークからニュージャージーに至る北東回廊鉄道が走るこの人口密集地帯には留まるまいと心に決めていた。できれば故郷のサバンナに戻りたかったんだ。なんといっても『子育てに適した場所』だったからね。私がデートした女の子のほとんどは中西部の出身で、みんなこの条件を満たしていた。でもそんなとき、ボルチモアに住むおばのグラディスから、ジェーンという女の子に電話をするよう勧められたんだ。彼女とは数年前に面識があった」

彼は話を続けた。「私たちは2度ほどデートをしたが、すぐに相性のよさを感じた。彼女は賢く、魅力的で、翌年にミシガン大学を卒業する予定だった。センスがよく、明らかに芸術的才能もあるとわかった。私はそこに強く引かれたんだ。そうして足繁く彼女のもとを訪れ、手紙も頻繁に交わすようになった」

1957年6月、メリーランド州アナポリスで国際観艦式が開催され、世界中の軍艦が集結した。エドウィンの両親はジョージア州から、ジェーンはボルチモアからやって来た。文化的な衝突は避けられないと思われた。なにしろジェーンの父親はイェール大学で教育を受けた、本を愛する泌尿器科医で、彼女はその末娘だった。一方エドウィンの父親はリス狩りもする生粋の南部人で、**カーネル（名誉大佐）**の名誉称号で呼んでくれと彼女に冗談を言った。そして、2人はすぐに打ち解けた［訳注：当時の北部と南部の文化的相違は歴然としていた。南部ではリスは狩猟や食肉の対象であり、著者は南北戦争以来の名誉称号である「カーネル」も引き合いに出し、南部の特色を際立たせている］。

しかしその夏、彼は海上勤務だったため、ジェーンは他の男性ともデートしたいと言った。そして8月、2人は再会した。「その晩、彼女は私が告げるよりも先に、ついうっかり『愛してる』と口にしたので、私はこう反応した。『だとすればあなたはこの先、ジョージア州サバンナで暮らすことになりますよ』。私が正式にプロポーズすると、彼女はすぐに受け入れてくれたが、父親の同意が必要だと言った。彼女の父親は結婚を許し、しかも裏庭にあるタンクのガソリンを私の車のために使ってもかまわないと言ってくれたんだ」

エドウィン・ファイラーとジェーン・アベスハウスは、1958年6月に結婚した。2人は彼が退役するまでアナポリスに住み、その後、サバンナへ移った。そこでエドウィンは父親と一緒に低所得者住宅を建て、ジェーンは中学校で美術を教えた。彼らは3人の子どもを授かり、まるでハリケーンのそれのように、A、B、Cの順番でその文字から始まる名前をつけた［訳注：大西洋に発生するハリケーンには、アレックス（Alex）、ボニー（Bonnie）のように、アルファベット順で男性名と女性名が交互につけられる］。

彼の人生の最大の悲劇は、1970年に弟のスタンレーがMS（多発性硬化症）と診断されたことだった。「スタンレーはすべてに秀でていた」と、彼は言った。「魅力に溢れ、聡明で人望があり、素晴らしい教育を受けて一流の法律実務に携わっていた。母はその後もずっと、このショックから立ち直れなかったように思う」スタンレーは車椅子に乗り、実家の屋敷内の私道を玄関までやって来た。そこまで車椅子を押してきた妻は彼のもとを去り、スタンレーはその短い生涯の最後の数年間を両親のもとですごした。

エドウィンは1975年に「リーダーシップ・サバンナ」という市民団体を設立し、それが彼の大きな誇りとなった。「将来のリーダー予備軍となる人材を見極め、お互いを引き合わせ、コミュニティの問題について話し合おうと考えたんだ」父親は強く反対したが、彼は「私のような人間がやらなければ、それは実現しない」と押し通した。彼がリーダーたちに示した唯一の条件はプログラムのバランスだった。「つまり男性も女性も、黒人も白人も、経済的に余裕のある人もない人も参加するのが前提だった」そうした理念は当時のジョージア州の慣習に従ったものではなかったが、この組織は今日も活動を続けている。

エドウィン、すなわち私の父の、人生における大きな悲しみは、60代半ばでパーキンソン病と診断されたことだろう。父はその後10年近く、病気をうまくごまかしながら働き、理事会のメンバーを務め、自分らしくあり続けた。しかし時間が経つにつれ、もはや身体が病に冒されているのを隠しおおせなくなっていた。私が「ライフストーリー・プロジェクト」で会った人たち同様、その病気は日々の仕事、家族と一緒にすごす時間、地域社会への奉仕活動という、父のなかでそれまでバランスのとれていた、人生に意味をもたらす

3つの柱を、ゆっくりと蝕んでいたのである。80歳に近づくころには精神的負担が勝るようになり、父は自分の人生を終わらせる計画を立て始めた。

だが計画は失敗した。私はかつて、それをどう感じているか尋ねた。「恥ずかしく思っている」と、父は言った。その後の数カ月は、私が覚えている限り最悪の日々が続いた。私たち家族が交わさねばならなかった会話は、どれも苦痛で耐えがたかった。母は父と60年近く連れ添い、人生の大半を父のために捧げていた。

私たちの誰もが混乱し、心身が動揺するほど強い感情を覚え、大きなストレスを抱えていた。毎週月曜日の朝に父にメールで質問を送るという、私が父と始めたライフストーリー・プロジェクトが非常に意義深いものになった大きな理由のひとつは、そこにある。最もわかりやすいところでは、それは父にやるべきことを、母に休息を、私たち全員になんらかの話すべき機会を与えてくれた。だが実際には、それ以上のものを私たちに与えてくれたのである。

父はその晩年を、自宅で車椅子に座り前屈みになりながら、自分が書いた150以上の物語を6万語の自伝に丹念にまとめあげた。少年のころ、寝室の天井につるしていた模型飛行を組み立てる際にも発揮された注意深さと正確さ、再現性の高さと細部へのこだわりが、そこにも同じように表れていた。物語には写真やニュースの切り抜き、ラブレターを添え、実際に起きた事実は孫の手を借り、可能な限り二重、三重にチェックし、物事を羅列する場合には、曖昧さを避けるために表記の仕方に気を配らなければ気が済まなかった。書き直されるたびに新たな原稿に目を通していく作業は、私にとって自分の心の起源を探る旅のようだった。

父は晩年、病気のために脚、手の指、腸、膀胱などの機能がゆっくりと衰え、すでに身体は衰弱していたが、心の働きは相変わらず鋭敏なままだった。私は父が亡くなる数日前、彼と一緒に腰掛けたのを機に、80代で作家になって学んだことはあるかと尋ねた。「ずいぶん頭を使ったよ。お前から質問されて、過去を懸命に思い出そうと努めた。写真を撮るのが好きだったから写真はいくらでもあったが、物語はなかったんだ」

「それでどうしたの？」

「昔のこと――これまで誰と会ったか、何をし、どんなふうに行ったか、どんなことを考えたか、誰の人生に影響を与えたか――1つひとつ思い返していった」

私はさらに、その過程で最も有益だと感じたのはどんな点だったかと尋ねた。

「この本が、私たちの誰よりも長く存在し続けるという事実だろう。とても感慨深かった」

「この経験を通じて孫たちにメッセージを伝えるとしたら、なんて言う？」

父はしばし思いを巡らせ、パーキンソン病患者にはほとんどあり得ないこと、つまり笑顔を浮かべてこう言った。「物語を書きなさい」

あなたの人生の意味

1世紀にわたる研究を経ても、学者たちは依然として、最も単純な問いに対する共通したひとつの答えにたどり着けずにいる。その問いとは「物語とは何か？」である。なんらかの総意が得られるとすれば、物語には時間の経過のなかで関連する行為もしくは出来事のうち、少なくとも2つが含まれるという事実だろう。雪玉は物語ではなく、鼻血も物語ではない。だが雪玉と鼻血の関係性は物語だ。さらに物語には、主人公が解決しようとする問題も含まれる。母親は、鼻血を出した子どもと雪玉に遭遇する。ここが物語の始まりである。そして物語に欠かせない絶対的要素、すなわち面白い何かが起こる場面へとつながっていく。そうでなければ、その話が語られるはずがない。

しかし、物語について誰もが首肯する点がひとつある。物語自体には本来的な意味はないということだ。そこでは誰かが——語り手、聞き手、あるいはその両者が——物語に意味を与えなければならない。

これは私たちの人生にも当てはまる。

「ライフストーリー・プロジェクト」を通じて最初に教えられたのが、私たちの人生は物語なのだということだった。そこでは時間の経過とともに多種多様で重要な出来事が起こり、主人公たちが解決しようとする問題が存在し、ときに興味深い偶発的事件が起こる。しかし基本的レベルでは、私たちの人生の物語には本来的な意味はない。私たちがそこに意味を与える必要があるのだ。私たちが自らの人生に意味を与え、物語に意味を与えるのと同じように、私たちは自らの人生の物語にも意味を与えなければならない。

各々の人生それ自体が、その人における「ライフストーリー・プロジェクト」なのだ。ライフストーリーに意味を見出す術を学ぶのは、最も不可欠であると同時に、最も理解が及んでいないスキルかもしれない。トロントで意味の研究を続けるポール・ウォンは、意味づけを「人間の大いなる冒険のための最高の秘密」と呼んでいる。昨今の文化では幸せが大きな注目を集めているが、まず間違いなく意味の方が重要度は高い。ロイ・バウマイスターは、3人の研究者とともに2013年に発表した画期的な論文のなかで、幸せはあっという間に消え去るが意味は永続し、幸せは自分自身に集中するが、意味は自分よりも大きな物事に集中し、幸せは現在に焦点を当てるが、意味は過去、現在、未来をひとつにまとめるのに焦点を当てると指摘した。

バウマイスターらは「動物はみな幸せになれる（結局のところ、それは一時的な感情にすぎない）が、意味を見出せるのは人間だけである。なぜなら人間だけが本質的に不幸な出来事を受け止め、共感し、感情移入し、幸福へ転換できる能力を備えているからだ」と、明快に結論づけている。彼らは言う。「不幸だが有意義な人生は、幸せだが無意味な人生よりも、たしかにある意味では賞賛に値する。言い換えれば、人間は幸せを得ようと努める点では、他の多くの生き物たちに似ているのかもしれない。しかし意味を求めようとする姿勢こそ、私たちを人間たらしめている重要な部分であり、実際に人間固有の特徴である」

　私たちが人生の物語を取り扱う際に常に心がけているのは、その物語から受け取る意味を最大限に活かせるような方法で行うことである。幸いにも私たちはそれが得意だ。どちらかと言えば、意味の追求は幸せの追求よりもはるかに簡単かもしれない。まず個人的な物語を語る――2つの出来事を取りあげ、両者のあいだにつながりを作る――ところから始め、その結果から意味のある結論を導き出す。**9歳のとき、いじめっ子が他の子どもに鼻血を出させたのを見た私は、雪玉をつくってこう言った。「もう一度そんな真似をしたらきっと後悔するよ」これこそ私が法執行機関に携わるようになった原点だった。私は人生を通じ、これまでずっと弱者のために立ち向かい続けてきた。**

　始めたときにはわからなかったが、父と一緒にやったような物語プロジェクトは、今日では人生に大きな意味を与えることが明らかになっており、老年学の創始者であるジェイムズ・ビリンは、これを**誘導的自伝（Guided Autobiography）**と呼んでいる。人生は記憶で構成されているが、それらの記憶が関連性の低い挿話的出来事のまま、相互の関連性もなく切り離された状態に置かれ続けると、その影響は失われてしまう。数え切れないほど多くの研究が、注意深く記憶を育んでいくなかで生活の質が向上し、自尊心が強化され、幸福感が高まり、心の平穏が増し、うつ病の発症が抑えられると述べている。もし私がこの最後の要素をもっと早く認識できていたなら、実際よりもずっと前から父に質問をしていただろう。

私は父に質問を送るようになってから間もなく、ジェームズ・ビレンに会うため、ロサンゼルス北部にある書籍がずらりと並ぶ彼の自宅を訪ねた。96歳のビレン教授は、自分の研究について話す機会を得て目を輝かせていた。最も誇りに思っているのは、物語には高齢者を癒す力があると認識されるようになったことだと、彼は語った。歳を重ねるにつれ、私たちは非常に大きな疎外感や孤独感を覚えるようになり、やる気をなくし生きがいを失ったと感じるものだ。物語にはそうした感情を緩和する力がある。頂上に登って人生を見つめると、遠くにあると感じていた出来事や、長いあいだ忘れていた人たちを身近に感じるようになるのである。

ビレン教授は、物語の持つ別の側面も教えてくれた。彼はもともと、高齢者のために自分の人生を見直していくプロセスを考案したが、実際はあらゆる年齢層の人たちに有効だとわかった。ただしこの場合、発揮される機能は異なる。高齢者の場合は人生の振り返りによって過去を理解し、元気で充実した人生の物語を構築するのに対し、若者の場合は人生の振り返りによって現在に対する洞察を得、差し迫った人生の決断を下すのに役立てる。人は晩年を迎えるころになると、自分が何者であったのかをより深く認識するために物語を使い、人生の早い段階では、自分が何者であるかをよりよく知るために物語を利用する。いずれの場合も、物語は将来に備えるのに役に立つ。

帰り際、私はビレン教授に本棚の前へ誘われると、黒い装丁の本を取ってくるように言われた。背表紙にタイトルはなく、表紙には筆記体の白い文字で『ジェームズ・エメット・ビレン：回顧録』と書かれていた。彼はペンを取り出し、タイトルと同じ優しい文字で、本扉にこう記した。

ブルースへ：より豊かな人生の物語であることを心より願って

あなたの人生のテーマ

多くの人が、自分の人生から汲み取る主要な意味とは何だろう？「あなたの人生の物語をすべての章、場面、課題から振り返ってみて、その中心的テーマに気づきましたか？」私はインタビューの最後に必ずこう質問し、たいていの人が間髪入れずに「はい！」と答えるのに感動した。

テーマは5つのカテゴリーに分かれた。回答者の31パーセントが**苦闘**に、28パーセントが**自己実現**に分類され、18パーセントが**奉仕**、13パーセントが**感謝**、そして10パーセントが**愛**と続いた。これらの回答は、私たちが人生の物語から受け取る意味を代弁するものであり、詳しく見ていく価値がある。

苦闘

最も大きなこのカテゴリーに属する人たちは、人生には数多くの登り坂と下り坂があり、人生はそうした変化に対する適応の仕方を学ぶことだったと語った。全体に占める割合が最も大きいのがこのカテゴリーだという事実は、人々が人生を不規則かつ非線形であり、予測可能で何かを期待できるようなものではないと認識していることをさらに裏づけている。この概念は、人生が最も過酷なときに意味への欲求が最も高まるというヴィクトール・フランクルの見解を想起させる。「人生に多少なりとも意味があるなら、苦しみにも

人生のテーマ：苦闘

放蕩息子
勝利のために、リスクを取らねばならない
人生は長い　根拠のない盲信
始まりと終わりの繰り返し
自ら作り出したカオスと、自分の前に投げ出されたカオス
希望と忍耐
死と復活
点と点を結び、その先に何があるか見極める
変化こそ人生
現れたものを受け入れ、それに取り組む
変化球をヒットにする
不確実性を受け入れる

また意味はあるはずだ」

このカテゴリーの人たちは、人生は**苦しい登山、長い旅路、ジェットコースター、始まりと終わりの繰り返し**などと表現した。「自ら作り出したカオスと、自分の前に投げ出されたカオス──自分の人生はカオスとともにありました」と述べたエイミー・マーフィー。人生は逆境の連続だったが「辛い出来事や厳しい時期が訪れても、実際にはそれらはあなたを育て、備えさせるためにあり、決してあなたの人生を破壊するものではありません」と語ったダレル・ロス。人生には敏捷性が重要で「人生にいかに対処すべきかを考え、適応力を持たねばなりません」と言ったウェンディ・アーロンズ。このカテゴリーに属するのは彼らのような人たちである。

人生のテーマ：自己実現

私の人生は不安感が原動力であり、だからこそ私はなんでもできる
自分が何者なのか、そして何が合っているのかを理解する
本物でありたいという願い
マズローの欲求５段階説（自己実現理論）は正しい
冒険と探検の真っ只中で自分を見失う
進化、そして発見のプロセス
あなたはあなたのままであり、それについて謝る必要はない
自分は何者で、どこに帰属するのだろう？
成長　意味の探究
自分に正直であれば、それが常に正しい答えになる
大きくなり続ける
より良い人間、より良い夫であろうと努める
私の仕事こそ私自身だ

自己実現

2番めに大きなカテゴリーに属する人たちは、人生は自分自身に忠実であり、自分を受け入れ、あるいは自分を高めたと語り、**自分を第一に考える**、**両親の呪縛から抜け出す**、**誠実で信頼できる人間であれ**などの表現を用いた。人生のテーマは自尊心で、「あなたはあなたのままであり、それについて謝る必要はない」と言ったジョー・デンプシー。人生のテーマは自立だとし、「私は周りの人たちから独立し、自分のアイデンティティを取り戻す方法を学ばなければなりませんでした」と語ったアントニオ・グラナ。人生のテーマはやはり自尊心で、「自分に正直であれば、それが常に正しい答えになる」と述べたカレ

人生のテーマ：奉仕

自然界とのつながり
自分の仕事が変化をもたらすよう努力する
神をより大きく、自我はより小さな存在にする
善行をし、悪行を避け、声に出して言う
使命：人々にチャンスをもたらす
悟りへの旅と他者の救済
限界を超える
すべてが美しい神の愛を体現する
正しい行いをする
たとえささやかでも、世界をより良くしようと努める
人間としての可能性の達成
社会的正義
変化を起こそうという願望
模範を示す

ン・ピーターソン・マッチンガ。このカテゴリーに属するのは彼らのような人たちである。

奉仕

3番めに大きなカテゴリーに属する人たちは、世界をよりよい場所にすることに人生を捧げていると語った。人生について、ナンシー・デイヴィス・コーは「与えられた善きものを受け取り、さらにそれを強化すること」と言い、レオ・イートンは「自分の仕事が変化をもたらすよう努力すること」と語り、マット・ウェイアントは「たとえささやかであっても、世界をよりよくしようと努めること」だとした。このカテゴリーに属するのは彼らのような人たちである。

人生のテーマ：感謝

神とともにあれば、すべてが可能だ
苦闘を楽しむ
人生の贈り物を得る
祝福され、このような素晴らしい人生が送れる――まさに贈り物だ
楽観主義
神は私とともにあり、誰も私には抗えない
遊び心　**私は運がよい**
生きること自体が素晴らしい
夢を持ち、夢を実現し、それを愛した
すべては神様から授かった
機会を受け入れる
今あるものに満足を覚える
神の恩恵、守護、そして慈しみがあった

感謝

次のカテゴリーに属するのは、人生とは感謝、幸運、そして喜びを感じることだと考える人たちで、**今あるものに満足を覚える**、**すべてが可能だ**、**人生の贈り物を得る**といった表現を用いた。ニーシャ・ゼーノフは「人生は愛の祭典です。私は祝福され、こんな素晴らしい人生を送っています」と言い、デイヴィッド・パーソンズは、自分の人生には常に「神の恩恵、守護、そして慈しみがありました」と語った。修道女からアーティストに転身した78歳のメアリー・アン・プッチールは、夫の埋葬式を終え、がん治療の化学療法を受けながらこのインタビューに応じ、「幸運な一生だった」と人生を総括し、6カ月後にそ

人生のテーマ：愛

これ以上ないほどの愛を注ぐ
人生と子どもたちへの献身
母が側にいていつも慰めてくれた
家族と音楽
愛されないこと、手放すことへの恐れ
成功してもそれを分かち合える人がいなければ意味がない
愛に導かれる
結びつき　愛
話すのが好きで聞くのも好き
子ども時代を取り戻す
人間関係を破壊するのではなく構築する方法を学ぶ
愛され、立ち上がろうとする
愛情ある関係を持つ

の生涯を閉じた。このカテゴリーに属するのは彼らのような人たちである。

愛

最後のカテゴリーには、人生は人間関係を中心に成り立っていると答えた人たちで構成され、**妻と子どもたちへの献身、母が側にいていつも慰めてくれた、これ以上ないほどの愛を注ぐ**といった表現を用いた。「成功してもそれを分かち合える人がいなければ意味がない」と語ったモスリン・バウワース。「人間関係を破壊するのではなく構築する方法を学ぶ」と述べたリサ・ヘファナン。そして私の父がいる。父はまず母とすごした61年におよぶ結婚生活について語り、そのあとにある出来事を語った。「何年か前、アトランタの会員制社交クラブで上院議員の首席補佐官と昼食の席をともにしたんだが、『みなさんお元気ですか？』と聞かれたので、『子どもが3人いるんですが、おかげさまでみな、お互いに仲良くやっています。まずお金の価値や使い方を知り、仕事の意味を理解するのがなにより大切と考えているようで、他にはあまり関心を示しません』と答えたんだ。すると彼はこう言った。『私はこの部屋にいる人をみな存じ上げていますが、そんな話を口にできる方はまずいらっしゃいません』とね」このカテゴリーに属するのは、こうした人たちである。

移行における5つの真実

私の父は、自伝のなかで語る物語は年代順に分類しないと決め、その代わり、家族、学校、ビジネス、旅行、政治、写真などの項目に分けた。本の最後には「レガシー」と名づけた節を設け、そこには「大きな問題の解決」という題名の物語、「祖父からのアドバイス」と名づけられた手紙、「1975年に学んだこと」と記されたリストを並べた。

ここで言う1975年とは、その年にピークに達した「世界同時不況」を指している。父にとって、それは人生における決定的な非線形の出来事だった。なぜなら安定しているがやや堅調なサバンナでの職業生活に大きな打撃を受け、それを機にリスクは高いがときには大きく儲かるビジネスへの扉を開いたからだ。父はその後、その分野のプロとして人生を追い求めたのである。

「1975年に学んだこと」は、困難をうまく乗り切った、移行に対する彼なりの賛歌だった。

「ライフストーリー・プロジェクト」に取り組んでいたとき、私も同じようなリストを持っていた。「225人の人生に関する対話から学んだこと」を記したものだ。対話のテーマは「線形人生は死に、現実の非線形人生にはより多くの人生の移行が含まれる。よって人生の移行は、私たちが習得可能かつ習得すべきスキルである」というものだったので、私が実際にそのリストにつけたタイトルは「人生の移行における5つの真実」だった。

1　人生の移行はどこにでも見られる

もしも私が、人生は直線的だという考えが人々に大きな誤解を与えている事実に気づかなかったとしても、少なくとも人々が何世代にもわたり、人生は3つ、5つ、7つ、場合によっては8つにも及ぶ予測可能な段階をたどるという考えを抱き続ける事実に、少なくとも違和感は覚えただろう。かつては人々に安らぎを与えたそのガイドラインは、今の私たちには何ももたらしてはくれない。時代が異なれば、それまでとは違った指針が必要なのだ。危機が訪れるのはもはや中年期だけではない。私たちの日常生活を覆すような衝動は、大学の教科書に載っている簡易な図表が示した時期に起こるとは限らない。人生を左右する変化は起こるときに起き、人生の岐路は年齢とは無関係にやって来る。多くの場合、それはまったく予想もしていなかったときに、しかも以前には考えられなかったようなペースで現れる。

成人は平均的に1年ないしは2年に1回、人生の破壊的要因に遭遇する。これは多くの人が歯科医を受診する回数を上回る頻度だ。その10のうちのひとつ、つまり成人期の3つから5つの破壊的要因は非常に大きなものであるため、その人生には多大な変化がもたらされるだろう。10人中9人が誰かと一緒に暮らしていることを考えると、国内のほぼすべての世帯に最低でも1人、ときには2人、場合によってはそれ以上の人たちが、人生における大きな方向転換を経験している計算になる。今こそ置かれた状況をしっかり理解すべきときがやって来た。私たちは永続的に変化にさらされる存在なのだ。

2　人生の移行も非線形である

非線形なのは人生だけではない。私たちの人生を埋め尽くす移行もまた非線形である。移行に対する1世紀に及ぶ考え方、すなわち、あらかじめ定められた3つの段階を定められた正確な時期に通過するという捉え方は、極めて時代遅れとなった。移行は、地面に長方形を書いてマス目に切った幾何学模様のけんけん遊びではなく、自在に動き回るピンボール・マシンのボールである。人は「長い別れ」「面倒な中間期」、そして「新たな始まり」のうち、最も得意とする段階には引き寄せられるが、最も苦手とする段階では泥沼にはまり込んでしまう。人生の移行への対処に最も熟練しているはずの私たちでさえ、うまく扱えない段階があるのだ。

そうした時間を効果的に管理するためには、各段階をさらに細かく認識する必要がある。つまり移行には、誰もが独自の方法で導入でき、使いこなせるツールが必要なのだ。完璧なツールキットには、状況を受け入れ、変化に目印を付け、古いやり方を取り除き、新たな出口を作り、自身の転換を共有し、新たな自分を明らかにし、自らの物語を語ることが含まれていなければならない。実行するのは必ずしも簡単ではないが、このツールはあなたに驚くほどの回復力をもたらし、間違いなく活力を取り戻してくれるだろう。移行が対処メカニズムとして存続してきたのは、移行がその機能を発揮してきたからだ。

3　移行はあなたが思うよりも時間がかかる（ただし必要以上に時間はかからない）

インタビューのなかでほぼ例外なく気まずい雰囲気になるのは、人生の重要な移行期にどれくらいの時間を要したか尋ねたときで、非常に話の巧みな人でさえ、このときばかりは口ごもったり言葉に詰まったりした。それはあたかもひとつの事実――私の発見のなかで最も一貫性が見られたものでもあった――を認めたくないという彼らの感情の表れのように見えた。すなわち、人生の移行は彼らが望んでいたよりも長かったということである。

人生の移行に要する平均年数は約5年だ。3年未満と答えたのは4人中1人にも至らず、全体の半数以上が4年から10年、7人中1人はそれ以上と答えている。繰り返しになるが、これらの数値に私たちが直面するだろう移行の数（3回、4回、5回、あるいはそれ以上）を掛ければ、人生の移行は誰もプレーのやり方を教えてくれない生涯スポーツであると明らかになるだろう。

私たちの理解不足にはよい面もある。習得できるスキルや回避できる間違いが数多く存在するため、ほんの少し学ぶだけでうまく移行に対処できるようになるからだ。たしかに一部の感情はなかなか消えないだろうし、心の傷跡は残るかもしれない。だが90パーセント以上の人たちが、最終的には移行は完了したと述べている。思ったより時間はかかっても必要以上にではなく、まして永遠に続くわけではない。

4　移行は自伝的機会である

伝説的神経学者であるオリバー・サックスは、かつてこう記した。「私たちはこう言えるのかもしれない。すなわち私たちの誰もが「物語」を構築し「物語」を生きている。そしてこの物語こそが我々自身なのだと」もし彼が正しいなら―そして私は正しいと信じているが―人生の物語の破綻は人間の存在に関わる出来事だということを意味している。私たちの人生のあちこちに見られる混乱、方向転換、分岐点、行き詰まり、窮地、そしてライフクェイクは、物語にできた穴や裂け目であり、物語の修復によって対処されるべきものである。私たちは、人生の物語の筋書きに生まれた欠陥や矛盾を修正しなければならない。

人生の移行は、まさにそのための道具立てと仕組みである。それは、具体的には内なる自伝を微調整し、特定のテーマをもっと大きく取りあげる一方で、別のテーマは簡潔に述べるに止め、新たな章をひとつ2つ追加することであり、その過程で物語全体に再検討を加え、見直しを図り、ひいては再出発を期するための機会として捉えるべきなのだ。そして最終的には、自伝的自己における主要な3つの要素、すなわち「私の物語」「私たちの物語」そして「あなたの物語」のバランスを確実に維持していくのが重要だ。

5　人生に移行は欠かせない

私のリストの最後の項目は、ムーンショットとも言える私の夢をこれまでずっと支えてきたその動機、すなわち、人生の移行に新たな意味を持たせ、ブランド再生させる必要があるという強い思いである。私たちは人生の移行を、どんな手段をもってしても制圧しなければならない敵地とみなすのではなく、糧が得られる肥沃な大地だと捉えるべきなのだ。「私たちは不快であれば、たとえそれがどんな形であっても、すべて悪い知らせと考える」とは、チベット仏教の尼僧、ペマ・チョドロンの言葉だ。しかし失望、当惑、いらだち、憤り、怒り、そして絶望などの感情は決して悪い知らせではなく、「私たちがいったいどこで行き詰まっているのか、恐ろしいほどの明晰さで示している」と彼女は書いている。

そこに移行のもつ力がある。移行は激しい動揺と不安に満ちているが、一方では有益な浄化作用と目を見張るほどの創造性をもたらしてくれる。言い換えれば、それはカオスだ。そして新世代の科学者たちが教えてくれたように、カオスは騒音ではなく信号であり、無秩序は誤りではなく設計要素である。もしもその期間を、常軌を逸脱した時期とみなせば、せっかくの機会を逃してしまう危険性がある。だがそれを好機への窓と捉えれば、私たちもまた移行に対して心を開くようになるだろう。

移行がなくなることはない。そこから恩恵を受けるための鍵は、背を向けたりしないことだ。恐ろしい事態が起き始めても目を覆ってはならない。そのときにこそヒーローが誕生するのだ。

これで自分のABCがわかった

すべてのインタビューを終えてから間もなく、私はその経験がいかに感動的だったか友人に語っていた。幸運にも実り多き職業体験が得られたと言い、「私にとってこれが一番奥深い、重要なものだった」と続けた。

すると彼女は「なぜ?」と尋ねた。

彼女のその質問に不意を突かれた私は、1分ほど考えた末にひとつの話をした。プロジェクトの3分の1ほどに達したころ、私はボストンにいてインタビューを続けていた。ある金曜日の午後遅く、ジョン・ムーリーという男が、私の義理の両親の家に車でやって来た。それまで私はジョンと面識こそなかったが、最初に彼を知ったのは彼から送られてきたeメールで、そこには私のウェブサイト上のリンクに問題があるらしいこと、そして私の仕事の社会的意義に対する感謝の言葉が記されていた。そのときふと心のなかに「自己開示」の4文字が浮かんだ私は、彼を招き、話を聞かせてもらおうとしたのである。

本書の前半で少しだけ登場したジョンは、アイルランド系アメリカ人でカトリック教徒である軍人の父親と、彼が韓国で軍務に就いていたときに出会った北朝鮮出身の母親とのあいだに生まれた子どもだった。アメリカンドリームを夢見てアメリカにやって来た母親は、簡単に成功してお金持ちになれるほど現実は甘くないと気づき、ショックを受けた。彼女はジョンを妊娠中に手首を切って浴槽で溺死しようと試みたが、ジョンがお腹の中で蹴るのを感じ、思いとどまった。「母は子どものために生きようと決めたんです」と、ジョンは言った。「つまり私がいたから、困難も乗り越えられたのだと思います」両親は数年後に別居した。

2つの文化といがみ合う両親のあいだで板挟みになったジョンは、気性の激しい暴力的な若者に育っていった。彼は18歳を迎え、カーネギーメロン大学に入学した。2週間がすぎたころ、ピッツバーグの通りを歩いていると、彼の耳に神の声が届いた。彼は信者になり、聖書大学に編入し、その後マサチューセッツ州に移住して教会を開いた。そのときにはすでに結婚もし、3人の子どもを授かっていた。「賢く勤勉な人間でありたいと願っていました」と、彼は言った。

その後、彼は度重なる混乱の渦に飲み込まれた。およそ10台の車の玉突き事故に相当するほどの話は、私がそれまでに聞いた波乱に富む数々の人生の物語のなかでも類を見ないものだった。まず彼の妻が、ある種の胃がん——世界でも70の家系（しかもそのほとんどがニュージーランドのマオリ族）にしか見られない希少な病気——を患い、胃と、腸の大部分を切除し、間もなく両乳房切除術も受けた。次に末の子どもが自閉症と診断され、一番上の子どもは多動児になり、真ん中の子どもはどうしてよいかわからず混乱するばかり。そんな彼らを見かねて手伝おうと近くに引っ越してくれたジョンの弟が突然亡くなり、果てはジョンの教会も立ちゆかなくなってしまったのである。こうしたなか、妻はストレスの治療を、彼自身も気分障害で投薬治療を受け、彼らの結婚生活は破綻した。

「賢さと勤勉さは、もうなんの役にも立たなくなっていました」と、彼は言った。「私には助けが必要だったのです」

この物語は語る側だけでなく聞く側にもカタルシスをもたらし、最後は2人とも涙を流していた。私は彼を玄関まで送り、互いに強く抱きしめ合った。

ちょうどそのとき義母のデビーが現れた。ジョンはとてもハンサムだったので、義母はまるで高校生のように、少しばかり心がときめいたようだった。彼が出て行くと義母は私に「あの男性はどなた？」と、尋ねた。そこでジョンが私に語ってくれた物語を話すと、義母はぐったりとして壁にもたれかかってしまった。「なぜ彼はこんな金曜日の午後に1時間も車を運転し、信じられないような話をし、そのうえ最後にあなたを抱きしめてさえくれたのかしら?」

このとき私が彼女に言ったその答えは、この経験がなぜそれほど価値があるのかを説明するのに役立つだろう。

つまり、物語を共有すると、意味の3つのABCがすべて豊かになるのだ。

A 物語は私たちに力を与え、同時に、行為主体性の意味も教えてくれる。ジョンが私のために与えてくれたのは、私的時間、誠実さ、自己開示であり、他の多くの人たちと同じように、彼もまたそれらに対する感謝の念を告げ、会話を終えた。私は長いあいだなぜだろうと考えるうち、その理由の一部は、科学者が記憶に関して発見したことに関連しているのではないかと確信するようになった。子どものころに学んだ内容とは異なり、記憶に持続性や永続性はない。必要なときはクローゼットから取り出し、必要のないときには元のようにしまっておく思い出の品のように、小さなパッケージとして脳のなかに保管されている。記憶は生きて呼吸するひとつの存在であり、呼び戻すたびに変化する。私たちは毎回、少しずつ異なる方法で記憶の糸をたぐり寄せているのだ。

物語の筋立ても同様だ。私たちは人生の物語を語るたびに、少しずつ異なるやり方でそれを伝えている。おそらく相手となる聴衆や語る環境が違うからだろう。理由はどうあれ、私たちはその瞬間に必要な意味を作り出す。解釈し直す行為は、基本的に行為主体的による。それは物事が制御不能で自信を失ったと感じるまさにその瞬間、自らの手で制御しているという感覚と自信を呼び覚ましてくれる。人生の物語をもう一度語ることで、私たちの回復は加速するのである。

B

物語は私たちを結びつけ、帰属意識をもたらしてくれる。それまでなんの関係も持たなかった2人に、生涯にわたる関係性を築くきっかけさえ与えてくれるだろう。もちろん物語を語れば力が生まれ、物語を聞くことでも力が生まれる。しかしそれらを相互に行えば、さらに大きな力が生まれるのだ。ほぼすべての人たちが、インタビューにおける互いの会話から、何か価値あるものを学んだと語り、私もまた同じように感じていた。自分1人の力ではできなかったものを、私たちはともに作りあげたのだ。そしてそれが終わったとき、気がつけば私たちはみな同じように、「もう一度やりたい、もっと他の物語が聞きたい、私の知るすべての人たちとこのプロセスを共有したい」という思いを抱いていた。

そう、「すべての人たち」だ。このプロジェクトをスタートさせたとき、私にはすでに、特定の年齢や特定の人生経験を持つ人を探そうという心づもりがあった。そこに間違いがあると最初に指摘してくれたのは妻であり、そして彼女は正しかった。25歳の人にも人生最良のとき、人生最悪のとき、岐路、人生のテーマ、パターン、形状があり、それは75歳の人となんら変わりはないとわかった。また、話を聞く前は病気や失業に関する物語だと思ってインタビューに臨んだのに、実は家庭内暴力や臨死体験の物語だったというケースにもたびたび遭遇した。誰もが物語を持っているが、必ずしも聞き手が期待し、話し手がこうだと思い込んでいるような物語とは限らない。互いに共有することで驚きが生まれるのだ。

C

そして最後のポイントである。物語は私たちを刺激し、意欲をかき立てる。私たちに目的、焦点、大義を与えてくれる。より一層の人間らしさや深みをもたらしてくれる。にもかかわらずなんらかの理由により、私たちはこの最も古くから存在するやりがいのある時間のすごし方から手を引いてしまった。私たちは今、身の回りで**あなたの物語を話して**という言葉が鮮やかな光で明滅を繰り返す瞬間に生きている。しかしながら私たちは、例えばすぐに消え去ってしまうSNSへの投稿やつかの間のクリスマスカードなど、慎重に選りすぐった些末な断片以外、実際にはあまり頻繁には利用しないし、それらは包括的で思慮に富むような、意味を生み出してくれる方法だとは言いがたい。私たちは物語を語らない世代になった。それが、慢性的に不満を抱えた世代である理由のひとつだろう。

私たちはキャンプファイヤーの場に戻らねばならない。

それは可能であり、実に簡単だ。誰かに**あなたの人生の物語を話して**と言いさえすればよいのだ。そして話が終わったらこう言おう。「今度は私の番だ」

そのあとに何が起ころうとも、2人はその出会いを語る物語、そして2人で共有したという新しい有意義な経験を手にするだろう。

森を抜けて

ジョン・ムーラーとの会話の最後、私は彼の人生の形について尋ねた。答えは「曲がりくねった川」だった。「陳腐に聞こえるかもしれませんが、現実に影響を受けたガース・ブルックスの歌があるんです」と、彼は語った。「それは『ザ・リバー』という歌でした。夢とは川のようだと彼は言います。流れに合わせて常に変化するのだと。私たちは単なる舟にすぎず、進むにつれて変化する必要がある。私は今、そう感じています。私の責任は世界を変えるのではなく、世界のなかで正しき人間であろうとすることだというのが、この暗闇のなかから生まれる私の物語の大部分を占める主題なのです」

ジョンは知るよしもないが、私には数十年前、カントリーミュージックの本を書こうとしてガースと一緒に1年間旅行した経験があり、彼がこの「ザ・リバー」を演奏するのを何度も耳にした。曲の終わり近くには、私が人生の物語を1000時間以上も聞き続けてたどり着いた、おそらく最も重要な事柄に共通する一節がある。それは私自身の人生が軌道から外れ、不安、失望、そして恐れが渦巻く泥沼に陥る何年も前に、まさに私が聞いておくべき教訓だった。

たとえ私たちに川を制御する力が備わっていなくとも――たとえ人生がとめどなく流れ、変化し、脅かし、狂気をもたらすとしても――私たちは「敢えて潮に身を任せ、激流のなかで踊ることを選択」すべきなのだ。

私たちは決して、幸せな結末を諦めてはならない。振り子のような物語は、上向きにも下向きにも揺れるのだと強く主張しなければならない。

私たちは非線形時代の物語を書き、できる限り大きな声でそれを唱えなければならない。そうすれば、彼らは個人的な激動の期間、すなわちひとつの物語の終わり、ひとつの夢の終わりに対する最良の対応方法は、暗闇を突き抜け、急流を漕ぎ渡り、森のなかを耐え進むことだと教えてくれるだろう。そして、私たちはひとりではないと知るべきだ。森のなかには私たちと同じような人がたくさんいる。川筋の湾曲、夜間の遠吠え、道端のオオカミなど、私たちが道中で出会うあらゆる妨害は、誰もが夢の合間に遭遇するのだ。

それらはまた、私たちが再び夢を見るのを可能にしてくれる。なぜならひとたび森を抜ければ、私たちは光のなか、乾いた地面の上にいる。そこはオオカミの力の及ばぬ場所だ。もしも矢筒の矢をすべて使い果たし、もう2度と闘う勇気が持てなくなるかもしれないと不安になれば、私たちができる最も恐ろしく、それでいて必要不可欠な物事を行えばよい。森にとって引き返し、水のなかに再び飛び込み、別のオオカミに立ち向かおう。

今度はまた別の夢を見るのだ。

それはもう一度、人の心を魅了し、人生を肯定するような言葉を口にするときである。

それは物語を暗示する言葉だ。もしかすればお伽噺かもしれない。


むかしむかし……。

ライフストーリー　インタビュー

The Life Story Interview

これはあなたの人生の物語に対するインタビューである。私は、あなたが自分の人生についてどのように考え、人生の浮き沈みをいかに首尾一貫したわかりやすい物語に変換するのかに興味がある。ただし私たちの会話は、すべてを網羅するようなものではない。その方法は次の通り。あなたに求めたいのは、まず全体的なストーリーを想定し、そのうえで選択すべきいくつかの出来事、そしてとくにあなたの人生におけるより大きなテーマに対して焦点を当てることだ。言うまでもないが、私はあなたを判定しようとしているのではない。私が目指すのは、私たちの誰もが今、どのように生きているのか——意味、バランス、そして喜びを持って生きられるよう、人生における移行、破壊的要因、そして改革にいかに対処しているのか——を理解することにある。私たちのやりとりを楽しんでいただけるのではないかと思う。

あなたの人生の物語

私に、あなたの人生の物語を15分で話してほしい（たいていの人が15分では時間が足らない）。あたかも目の前に初めて会ったばかりの人がいて、互いにコーヒーを飲みながら、その人に自分にとって重要なことは何か、どうしてそうなったのか、今の自分はどうなのかなど、あなたがどんな人間かを伝えるようなつもりで語ってほしいのだ。私はとくに、あなたの人生の様々な章がどのようなつながりを持ち、どんなふうに影響し合っているのかに興味がある。

あなたの人生の重要な場面

あなたの人生の全体的な流れを説明し終えたところで、今度はいくつかの重要な場面に焦点を当てていこう。重要な場面とは、ことのほかよかったり悪かったり、鮮やかだったり、あるいは記憶に残っていたりする瞬間または期間である。ここでそれぞれの場面について、何がそうさせたのか、そのあいだに何を考え、何を感じていたのかなど、その状況を詳しく説明してほしい。私はさらに、その場面があなたの人生の物語全体にどのように影響しているのかを尋ねるだろう。

1　最良のとき

ポジティブでとくに際立っていた場面、エピソード、あるいは瞬間について説明してほしい。それはあなたの人生のなかの**最高**地点であるかもしれないし、単に他に比べて幸せな、あるいは素晴らしい瞬間なのかもしれない。

2　転機

再び人生を振り返ってみて、人生の物語に大きな変化をもたらすきっかけとなった重要な転機が特定できるだろうか？

3　有意義な体験

多くの人が人生において、超越的感覚、世界との一体感をもたらしてくれる非常に深遠な体験をしたと述べている。それはある人にとっては精神的なもの、ある人にとってはごく自然なもの、またある人にとっては芸術的なものである。そのような瞬間が特定できるだろうか？

4　最悪のとき

この場面は1の問いとは対照的だ。人生を振り返ってみて、人生の最悪のときとして際立っていた場面、おそらくは人生の**最低**地点と言えるような場面が特定できるだろうか？　たとえそれが不愉快なものであっても、誰が関わり、あなたが何を考え、どう感じたのか、その出来事について語ってほしい。

5　容易に乗り越えられた移行

人生を振り返り、その過程で重要だった移行（そこにはおそらく家庭、仕事、家族、健康、宗教などが関係しているだろう）について考えたい。他の人なら難しいと考えるような類いの移行のなかで、あなたにとっては比較的、それほど苦労なく乗り越えられたものがあれば、ひとつ挙げてみよう。

6　乗り越えるのが困難だった移行

前項とは逆の質問である。人生における重要な移行のうち、他の人にとっては容易でも、あなたに大きな動揺と困難をもたらした移行が特定できるだろうか？

移行を成功させる秘訣

ここでは、これまで話を聞いてきたあなたの人生の移行のうち、最大の出来事に焦点を当てていきたい。以下の一連の質問は、その移行に対するものである。

1　その移行は自発的、あるいは非自発的なものだったか？　それが対処における容易さ、あるいは難しさに影響したと思うか？
2　この期間になんらかの名前を付けたか？
3　この期間にあなたを最も苦しめたのはどんな感情だったか？
4　儀式を作り出したり、お祝いを行ったり、その他にも具体的な目印を設けたりしたか？
5　過去の思い出の品を保管しているか？
6　過去を嘆き悲しんだか？
7　諦めなければならなかった過去の習慣を教えてほしい。
8　この期間中、どうやって予定を組み立てたか？
9　新たな自分を再構築するために行った創造的な活動があれば、3つ挙げてほしい。

10 アドバイスを与えてくれるような信頼できる相談相手、友人、家族や配偶者、良識ある外部の人間はいたか？

11 その移行は自伝的機会だったと言えるか？

12 移行は3つの段階に分かれている。すなわち「長い別れ」「面倒な中間期」そして「新たな始まり」である。どの段階があなたにとって最も難しかったか？

13 移行が完了するまでどれくらい時間がかかったか？

14 最後に自由、喜び、あるいは新たな始まりを自分なりに表現したか？

あなたの人生における5つのストーリーライン

ここでは、あなたの人生に顕著に認められるストーリーラインについて話をしていく。ストーリーラインとはいまだに続く確執、争い、挑戦を生む根源、あるいはあなたが重点的に目を向けてきた領域である。それでは人生における5つの大きな活動領域を示すので、まずあなたの人生で最も重要な位置を占めてきたストーリーラインを、さらに2番めと3番めについても教えてほしい。5つのストーリーラインとは、アイデンティティ、愛、仕事、身体、信念である。

未来

次は未来に目を向け、何点か質問したい。

現在あなたが抱えている個人的なプロジェクトを3つ教えてほしい。それは猫のトイレの砂を片づけるという細やかなものから、世界から飢餓をなくすという壮大なものまで、なんでもかまわない。

あなたの人生の物語には、過去に関する重要な章だけでなく、未来をどのように考えたり、どんなふうに思い描いたりしているのかも含まれる。あなたの人生の物語が指し示す次の章はどんなものだろう？

どうかあなたの人生の物語における未来の夢を語ってほしい。

あなたの人生のかたち

最後にこの2つの質問で終わりたい。

あなたの人生の物語を、すべての章、重要な場面、そして挑戦や課題という視点から振り返ってみて、中心となるテーマは見つかっただろうか？

やや異なる視点からの質問になるが、これまで振り返ってみて、あなたの人生はどのような形に集約できるだろう？　そのかたちを選んだ理由も説明してほしい。

語の構造に関するマクアダムスの研究を最もうまく包括的かつ詳細にまとめたものが『The handbook of Personality』(Guilford Press)の「Personal Narrative and Life Story」に掲載されており、ペネベーカーの『Open Up』p.143 - 152はこれに基づいている。

夢のあいだで

物語学の概要を説明した最近の著作のなかで、私の知る限り最も優れたものはアンソニー・サンフォード（Anthony Sanford)、キャサリン・エモット（Catherine Emmott）共著『Mind, Brain and Narrative』（Cambridge）だろう。「物語とはなにか？」についてはとくにp.1 - 8に詳述されている。「最高の秘密（best kept secret)」はウォンの『The Human Quest for Meaning』p.xliii、「画期的な論文（landmark study)」はロイ・バウマイスター、キャスリーン・ヴォーズ（Kathleen Vohs)、ジェニファー・アーカー（Jennifer Aaker)、エミリー・ガルビンスキー(Emily Garbinsky)による「Some Key Differences between a Happy Life and a Meaningful Life」（The Journal of Positive Psychol, vol.8, no.6）p.505 - 516から引用。「誘導的自伝（guided autobiography)」に関する記述は、ジェームズ・ビレン（James Birren)、キャスリン・コクラン（Kathryn Cochran）共著『Telling the Stories of Life through Guided Autobiography Groups』（Johns Hopkins）ならびにビレンとの個人的インタビューによるもの。「数え切れないほど多くの研究（countless studies)」についてはウルスラ・シュタウディンガー(Ursula Staudinger)による『Review of General Psychology』誌vo.5, no.2の「Life Refrections」参照のこと。「苦しみ（suffering)」は、フランクル著『Man's Search for Meaning』p.67、「構築する（constructs)」はオリバー・サックス（Oliver Sacks）著『The Man Who Mistook His Wife For A Hat』（Touchstone）p.110、「悪い知らせ（bad news)」はPema Chödrön（ペマ・チョドロン）著『When Things Fall Apart』p.12から引用。

entmihalyi)、ユージン・ロックバーグ＝ハルトン（Eugene Rochberg - Halton）共著『The Meaning of Things』（Cambridge）p.91による。

語る

「精神的単位（psychic unit）」はダン・マクアダムス（Dan McAdams）著『The Stories We Live By』p.23から、「脳の半分（half of our brains）」はスコット・バリー・カウフマン（Scott Barry Kauffman）著『Wired to Create』（TarcherPerigee）p.xxⅷから引用した。「夢（dream）」については、Duke University Pressの査読付きジャーナル『Novel』に掲載されたバーバラ・ハーディ（Barbara Hardy）「Towards a Poetics of Fiction」を参照されたい。「点滅（blinking）」はブライアン・ボイド（Brian Boyd）著『On the Origin of Stories』p.137から、「Hot streaks（連勝）」はジェームス・ゲーリー（James Geary）著『I Is an Other』（Harper Perennial）p.39から、「著作権（copyright）」はヒラリー・マンテル（Hilary Mantel）著『Giving Up the Ghost』（Picador）、p.66から引用。（p.338）

「時制（tense）」は『The Human Quest for Meaning』に掲載されたデニス・ベイク（Denis Beike）とトラビス・クローン（Travis Crone）の「Autobiographical Memory and Personal Meaning」p.320 - 323による。「傷跡（scars）」はナンシー・グローブスの「The Moth in Australia」（The Guardian, September 4, 2015）から引用。バーンズは、詩人のナディア・ボルツ＝ウェーバーからこの言葉を教えてもらったと語っている。「豚を空に飛ばす（Make Pigs Fly）」の歴史に関しては、これまでマーサ・ヒーズリー・コックス・スタインベック研究センター（The Martha Heasley Cox Center for Steinbeck Studies）の資料に頼ってきた。彼らのウェブサイト、sjsu.eduによれば、センターにはエレイン・スタインベック（Elaine Steinbeck）からの手紙も所蔵されている。神経科学における動作動詞については、アントニア・ダマシオ（Antonia Damasio）著『Looking for Spinoza』（Harvest）（当書は『感じる脳 情動と感情の脳科学 よみがえるスピノザ』［ダイヤモンド社］の題名で翻訳出版されている）、ベンジャミン・バージ（Benjamin Berge）著『Louder Than Words』（Basic）p.235、『ニューヨーク・タイムズ』紙掲載のベネディクト・キャリー（Benedict Carey「This is Your Life（and How You Tell It）」（May 22, 2007）、ジェームス・ゲーリー『I Is an Other』p.89、ジェームズ・ペネベーカー（James Pennebaker）著『Opening Up』p.151（当書は『オープニングアップ：秘密の告白と心身の健康』［北大路書房］の題名で翻訳出版されている）、ヤノス・ラースロー（Janos Laszlo）著『The Science of Stories』（Routledge）2008, p.141、ポール・ウォン編『The Human Quest for Meaning』第2版p.318、以上を参考にした。物り引用。「自己編成形（self-organizing）」についてさらに詳しく知りたければ、ブリッグスの『Seven Life Lessons of Chaos』p.16を参照されたい。「精神的適応（Psychic adaptation）」および「偏りをもって相殺する（counterbalancing）」はグリアソンの『U-Turn』p.73から、「コア構造（core constructs）」と「ゴーグル（goggles）」はブライアン・リトル（Brian Little）著『Who Are You, Really?』（Simon & Schuster）p.26から引用。

人生は、雨のなかで踊るのを学ぶことです

ファン・ヘネップの生涯は「Arnold Van Gennep」（American Anthropologist, vol.84, no.2, 1982）で確認できる。「翻訳者たち（Translators）」については彼の『The Rites of Passage』（Monika Vizedeom, Gabrielle Caffee共訳）（Chicago）p. viiで確認できる。「ブリッジズ（Bridges）」は『The Rites of Passage』p.48から、「再定義（reorientation）」についてはブリッジズの『Transitions』p. xiiから引用。「場所（place）」はファン・ヘネップの『The Rites of Passage』p.17から、「局面（phases）」は同p.21から、「どっちつかず（betwixt and between）」はヴィクター・ターナー（Victor Turner）著『The Ritual Process』（Aldine）p.95から、「終わり（endings）」はブリッジズの『Transitions』p. viiから、「その順序に従って（in that order）」は同p.10から引用。

マークする

儀式:「孤独（alone）」はクリスティーン・ダウニング（Christine Downing）著『A Journey Through Menopause』（Spring Journal）p.5から、「句読点（punctuation marks）」はイェルチェ・ゴードン＝レノックス（Jeltje Gordon-Lennox）著『Crafting Secular Ritual』（Jessica Kingsley Publishers）p.30から、「つながりを実感（integrate）」はダウニングの『A Journey Through Menopause』p.7から引用。

服喪期間：「甘い時間（sweet time）」はエリザベス・ギルバート（Elizabeth Gilbert）著『Eat, Pray, Love』（Riverhead Books）p.164から（当書は『食べて祈って恋をして』［武田ランダムハウスジャパン他］の題名で翻訳出版されている）、「悲しい言葉（sad words）」はジョン・グリーンリーフ ホイッティア（John Greenleaf Whittier）の詩「Maud Muller」から引用。「哀悼（mourning）」についてはエイミー・グリーンバーグ（Amy Greenberg）著『Lady First』（Knopf）p.203以降、「60パーセント（60 percent）」についてはジョージ・ボナンノ（George Bonanno）著『The Other Side of Sadness』p.60以降、および「確実な（consistent）」は同p.6による。

思い出の品：「品物（Things）」はミハイ・チクセントミハイ（Mihaly Csiksz-

についてはウィリアム・ブリッジズ（William Bridges）著『Transitions』（DaCapo）p.53 および p.96（当書は『トランジション』［パンローリング］の題名で翻訳出版されている）、「ザ・ブリッツ［ロンドン大空襲］（the Blitz）」はベッセル・ヴァン・デア・コーク（Bessel van der Kolk）の『The Body Keeps the Score』p.212 による。「職場（workplace）」についてはジェーン・ダットン（Jane Dutton）、グレッチェン・スプレイツァー（Gretchen Spreitzer）編『How to Be a Positive Leader』（Berrett - Koehler Publishers）p.12、「新入社員（New hires）」については CBS ニュース「Inside Google Workplaces」（January 22, 2013）、「フィードバック（feedback）」については前述の『How to Be a Positive Leader』p.25 - 27、e メールについてはガブリエル・ドイル（Gabriel Doyle）らによる「Alignment at Work」（Proceedings of 55th Annual Meeting of the Association for Computational Linguistics, 2017）p.603 - 612 による。

大義：「ボランティア（volunteer）」についてはファスト・カンパニー（Fast Company）「Volunteering Makes You Happier」（September 3, 2013）、「自分に大義はない（no cause）」についてはポール・フローゼ（Paul Froese）著『On Purpose』（Oxford University Press）p.4、「全体の３分の１（third of us）」および「仕事をしようとする（perform work）」についてはエミリー・エスファハニ・スミス（Emily Esfahani Smith）著『The Power of Meaning』（Broadway）p.93、「病院内の仕事（jobs in a hospital）」についてはダットンら編『How to Be a Positive Leader』p.57、「caregivers（介護者）」についてはストロガッツ（Strogatz）の『Sync』p.263 - 264 による。

形状変化

ダンテについては R.W.B. ルイス（R.W.B.Lewis）著『Dante』（Penguin Lives）とマルコ・サンタガタ（Marco Santagata）著『Dante』（Belknap）を参考にした。「死すべき運命（mortality）」についてはフランクル（Frankl）著『Recollections』p.29 を、「運命から逃れ（escape）」についてはアーネスト・ベッカー（Ernest Becker）著『The Denial of Death』（Free Press）p.25 以降を参照されたい。ピーター・ブラウン（Peter Brown）は独創的な伝記『Augustine of Hippo』（University of California Pres）を著した。「Inward Healer（内なる癒し手）」に関してはマリア・ボールディング（Maria Boulding）訳『The Confessions』p.198、ロバート・ザスマン（Robert Zussman）の「自伝的機会（Autobiographical Occasions）」は『Qualitative Sociology』（vol.23, no.1,2000 および『Stories about Lives』p.5 に登場する。私はデイヴィッド・レイノルズ（David Reynolds）の『Walt Whitman's America』に大きな恩恵を受けている。「私は矛盾している（contradict myself）」は『Leaves of Grass』Section 51 よ

（当書は『夜と霧』［みすず書房他］の題名で翻訳出版されている）、「苦しみ(suffering)」は同 p.117、フリードリヒ・ニーチェの言葉は同 p.104 より引用。「世紀の病(Sickness of the century)」は『Reflections』の p.66、「充実(fullness)」はジェームズ・ホリス（James Hollis）著『Finding Meaning』p. 8、「中心的概念(central concept)」はジェローム・ブルーナー（Jerome Bruner）著『Acts of Meaning』p.33 より引用。

行為主体性：「中心（heart）」の言葉はミンツ（Mintz）の『The Prime of Life』p.292、「主導権（in charge）」はベッセル・ヴァン・デア・コーク（Bessel van der Kolk）著『The Body Keeps the Score』（Penguin Books）p.97、「より幸せでより健康的（Happier and healthier）」はロイ・バウマイスター（Roy Baumeister）著『Meaning of Life』（Guilford Press）p.215, p.227、「自分に思い込ませる（deluding yourself）」は同 p.42、「行動する人（people of action）」はアリストテレスの『ニコマコス倫理学（Nicomachean Ethics）』第２巻による。

従業員：ミンツ（Mintz）の『The Prime of Life』p.49、「ワークスペース（workspace）」はティム・ハートフォード（Tim Hartford）著『Messy』（Riverhead Books）p.58、「スケジュール（schedule）」はクルツナリック（Krznaric）著『Fulfilling Work』p.133 - 134、「ゼネラル・ミルズ（General Mills）」についてはマシュー・クロフォード（Mathew Crawford）著『Shop Class as Soulcraft』(Penguin Books）p.67、「イケア（IKEA）」についてはマイケル・ノートン(Michael Norton)、ダニエル・モション（Daniel Mochon)、ダン・アリエリー(Dan Ariely）の「IKEA Effect」（Harvard Business School, 2011)、「老人ホーム（nursing home）」に関するものはブライアン・リトル（Brian Little）著『Me, Myself, and Us』（Public Affairs）p.102 による。

帰属意識：「最も強く（Most reinforced）」に関してはブリム（Brim）らによりまとめられた論文「How Healthy Are We?」p.336、「89 パーセント(89 percent)」の数値に関しては、バウマイスターの『Meaning of Life』p.147 に引用されているエリック・クリンガー著『Meaning and Void』による。「Stanford study（スタンフォード大学の研究）」は、ハワード・フリードマン、レスリー・マーティン共著『The Longevity Project』（Plume）p.182、「人生で本当に重要なもの（Only thing）」は『アトランティック』誌（June 2009）に掲載されたジョシュア・ウルフ・シェンク（Joshua Wolf Shenk）の「What Makes Us Happy」による。「文化的器官（cultural organs）」はベッセル・ヴァン・デア・コーク(Bessel van der Kolk）の『The Body Keeps the Score』p.86、「がん患者（cancer patients）」はバウマイスターの『Meaning of Life』p.259 にある。アルツハイマー（Alzheimer's）についてはポール・ウォン編『The Human Quest for Meaning』第２版 p.92、アルコール依存症患者についてはガボール・マテ(Gabor Mate）の『In the Realm of Hungry Ghosts』p.33、外傷患者および PTSD 患者よる。中年期に関する研究結果は、オービル・ブリム（Orville Brim）、キャロル・ライフ（Carol Ryff）、Ronald Kessler（ロナルド・ケスラー）らの編集により『How Healthy Are We?』としてUniversity of Chicago Pressより出版された。本文中で引用した「証拠は比較的少ない（little evidence）」の言葉はp.586に、「被験者の4分の1（Quarter of participants）」はp.30に登場する。『ニューヨーク・タイムズ』紙の見だしは1999年2月15日のものである。中年期に対する見方についてはヒース（Heath）の『Aging』p.5に詳しい。人の生涯における柔軟性や変化に関する研究はガボール・マテ（Gabor Mate）著『In the Realm of Hungry Ghosts』（North Atlantic Books）p.363、ブリッグス（Briggs）の『Seven Life Lessons of Chaos』p.96、ブライアン・グリアソン（Brian Grierson）著『U-Turn』（Bloomsbury）p.100以降などで論じられている。「脳は（中略）自らを再構築する」は、マテの『In the Realm of Hungry Ghosts』p.363で引用さるジェフリー・シュワルツ（Jeffry Schwartz）の言葉。仕事や引っ越しなど既出事項に関するデータ：事故については『フォーブス（Forbes）』誌（July 27, 2011）「How Many Times You Crash Your Car?」、結婚と離婚についてはピュー研究所「The Marrying — And Divorcing — Kind」（January 14, 2011）、浮気についてはNPRの「Sorting Through the Numbers on Infidelity」（July 26, 2015）、心臓病については『USAトゥデイ（USA Today）』紙「Nearly Half of Americans Have Heart Disease」（January 31, 2019）、依存症についてはアメリカ中毒センター（American Addiction Centers）の「Alcohol and Drug Abuse Statistics」（July 29, 2019）、ダイエットについては『デイリー・エクスプレス（Daily Express）』紙「Weight Loss」（February 8, 2018）、経済的苦境についてはCNNニュース「76 Million Americans Are Struggling Financially」（June 10, 2016）による。

意味を示すABC

ヴィクトール・フランクル（Viktor Frankl）は自伝『Reflections』（ジョセフ・ファブリィ［Joseph Fabry］、ジュディス・ファブリー［Judith Fabry］共訳）（Basic Books）のなかで、自身の人生について詳細に述べている。私はまたウィリアム・ブレア・グールド（William Blair Gould）の手になる伝記『Frankl』（Brooks / Cole Publishing）およびアレックス・パタコス（Alex Pattakos）著『Prisoners of our Thoughts』（Berrett-Kohler Publishers）を参考にした。「私を悩ませたのは（What troubled me）」の一文は『Reflections』p.29から、「父母を敬え、だ（honor thy father and mother）」は同p.83より引用した。「Dream（夢）」についてはヴィクトール・フランクル著（イルゼ・ラッシュ［Ilse Lasch］訳）『Man's Search for Meaning』（Beacon Press）p.29

States Census Bureau)「Reason for Moving：2012 to 2013」、ピュー研究所「Who Moves? Who Stays Put? Where's Home?」(2008)、ジェンダーについては『デイリー・テレグラフ（The Telegraph)』紙「Facebook's 71 Gender Options Comes to UK Users」(June 27, 2014)、流動性については『ニューヨーク・タイムズ』紙「Harder for Americans to Rise from Lower Rungs」(January 4, 2012）による。

信念：宗教の変更についてはピュー研究所「U.S. Religious Landscape Survey」(2008)、宗教が異なる者同士の婚姻および無宗教についてはピュー研究所「America's Changing Religious Landscape」(2015)、政治的信念についてはギャラップ（Gallup)「Americans Continue to Embrace Political Independence」(2019)、ミレニアル世代についてはポリティコ（Politico)「Half of Millennials Independent」(2014)、旅行については全米旅行観光局（travel.trade.gov）の月例観光統計データ（Monthly Tourism Statistics）による。

仕事：仕事の数についてはBureau of Labor Statistics, August 22, 2019、転職およびスキルセットについてはミンツ（Mintz）の『The Prime of Life』p.xii、就業期間についてはジェニー・ブレイク（Jenny Blake）著『Pivot』(Portfolio) p.4、オートメーションについてはカール・ベデディクト・フレイ（Carl Bedetikt Frey）とマイケル・オズボーン（Michael Osborne）によるthe Oxford Martin Programme of Technology and Employment 2013の研究報告書「The Future of Employment」、離職についてはブレイク（Blake）の『Pivot』p.4、異なるキャリアについてはローマン・クルツナリック(Roman Krznaric)著『How to Find Fulfilling Work』(Picador) p.11、サイドビジネスについては『The Motley Fool』の「How Many Americans Have a Side Hustle」(June 25, 2018)、ポートフォリオについてはクルツナリックの『How to Find Fulfilling Work』p.85による。

身体：性早熟症については『Scientific American』の「Early Puberty」(May 1, 2015)、遅発閉経についてはヒース（Heath）の『Aging』p.74、伝染病についてはCBSニュース(March 14, 2019)「Depression, Anxiety, Suicide Increase in Teens and Young Adults」、長寿については『ワシントン・ポスト（Washington Post)』紙「U.S. Life Expectancy Declines Again, a Dismal Trend Not Seen Since World War Ⅰ」(November 29, 2018)、慢性疾患についてはミンツ(Mintz)の『The Prime of Life』p.312、がんやその他の疾患については同じくミンツの『The Prime of Life』p.314、1920年における65歳以上のアメリカ人についてはアメリカ合衆国国勢調査局（United States Census Bureau）におけるホッブス（Frank B. Hobbs）とダモン（Bonnie L. Damon）の「65+ in the United States」(1996)、将来における65歳以上のアメリカ人の数については、オルトマン（Ortman）らアメリカ合衆国国勢調査局の「An Aging Nation」(2014) に

Press）のなかで詳述している。私が行ったライフストーリーインタビュー全文については本書の後付けを参照されたい。ジム・コリンズ（Jim Collins）によるデータ分析技法は彼の著書『Good to Great』（HarperCollins）に詳しい。

アリストテレスはペリペテイアについて、『詩学』（紀元前350年）第6章で説明している。ブルーナー（Bruner）の「物語はほころびから始まる（A story begins with some breach…）」との言葉は2003年に出版された彼の『Making Stories』（Harvard University Press 2003）p.17から引用したものであり、ジェームズ（James）の名言「人生は移り変わりのなかにある（Life is in the transitions…）」は彼の1904年のエッセイ『A World of Pure Experience』（『The Journal of Philosophy, Psychology and Scientific Methods, Vol.1, no.21』）からの引用。「お伽噺のなかのオオカミ（Lupus in fabula）」はウンベルト・エーコ（Umberto Eco）著『Six Walks in the Fictional Woods』（Harvard University Press）p.1で詳細に論じられている。

非線形の生活を受け入れる

カオス理論と複雑物理学に関する文献は多数揃っているが、なかでもジェームズ・グリック（James Gleick）著『Chaos』（Penguin Books）、ジョン・ブリッグス（John Briggs）、F・デイヴィッド・ピート（F. David Peat）共著『Seven Life Lessons of Chaos』（HarperCollins）、ジョン・グリビン（John Gribbin）著『Deep Simplicity』（Random House）、スティーブン・ストロガッツ（Steven Strogatz）著『Sync』（Hyperion Theria）（当書は『SYNC：なぜ自然はシンクロしたがるのか』［ハヤカワ文庫］の題名で翻訳出版されている）には大いに助けられた。ローレンツ（Lorentz）の論文「Deterministic Nonperiodic Flow」は『Journal of the Atmospheric Science, 20（2）』に掲載されている。「私たちは捉え始めている（We begin to envision…）」は前出ブリッグス『Seven Life Lessons of Chaos』p.5から、グリックの言葉は同p.24からの引用。

T.H. ホームズ（Holmes）とR.H. レイエ（Rahe）は『Journal of Psychosomatic Research, vol.11, issue2, 1967』のなかで「社会的再適応評価尺度（The Social Readjustment Rating Scale）」を発表した。破壊的要因一揃えに関する統計数値は以下による。

愛：婚姻率についてはミンツ（Mintz）の『The Prime of Life』p.169、夫婦二人の世帯については同じくミンツの『The Prime of Life』p.98、ひとり親、離婚した親によって養育された子どもについてはhttps://census.gov/topics/families.html、成人しても親元で暮らす子どもについてはピュー研究所（Pew Research Center）（2016）のデータによる。

アイデンティティ：引っ越しについてはアメリカ合衆国国勢調査局（United

出典

本書で取りあげたインタビューはすべて録音された音源を文字に起こしたものである。私はインタビューの際、長年にわたるアカデミック・ライティングの習慣から、その人が自分の言葉で自らのライフストーリーを語れるよう配慮してきたつもりだ。物語のなかに登場する人物たちに、異なる視点を求めて接触した事実などまったくない。私が常に心がけてきたのは、その人のライフストーリーには、他の人たちが語り手とは異なるような理解の仕方をする可能性のある、なんらかの出来事が含まれていると理解したうえで、その物語を尊重・考慮・分析することだった。私は本書の執筆にあたり、そうして収集した膨大な物語からの引用だけでなく、物語心理学、ポジティブ心理学、応用神経科学、社会学、人類学、経済学、カオス理論、さらには歴史、哲学、文学、美術史など、幅広い分野にわたる文献を参考にした。以下は各章に登場するすべての引用や学術参考文献の出典を提示したものである。

ライフストーリー プロジェクト

私の全著作リストは本書の前付けを参照されたい。日本滞在時の経験は『Learning to Bow』、サーカスでの経験は『Under the Big Top』、中東歴訪の旅は『Walking the Bible』や『Abraham』など、がんに罹患した経験は『The Council of Dads』で詳しく知ることができる。これらの書籍はいずれもWilliam Morrowより出版されている。マーシャル・デューク（Marshal Duke）とロビン・フィバッシュ（Robyn Fivush）による家族史の研究については同じくWilliam Morrowから出版された『The Secrets of Happy Families』に詳しい。『The Stories That Bind Us』は2013年3月17日に『ニューヨーク・タイムズ（New York Times）』紙に掲載された。自費出版された父の物語をお読みになりたい場合には、www.brucefeiler.comを参照されたい。キェルケゴールは人々と語り合った事実を「人々の風呂（people baths）」と呼んでいるが、これについては、サラ・ベイクウェル（Sarah Bakewell）著『At the Existentialist Café』（Other Press）p.17 - 18に詳しい（当書は『実存主義者のカフェにて』［紀伊國屋書店］の題名で翻訳出版されている）。ダン・マクアダムス（Dan McAdams）は物語心理学の歴史を「The Psychology of Life Stories」（『Review of General Psychology, 2001, vol.5, no.2』）および『Personal Narrative and the Life Story』（『The handbook of Personality, 2008』）、さらに2冊の重要な書籍『The Stories We Live By』（Guilford Press）、『Power, Intimacy, and the Life Story』（Guilford

カバーデザイン
金澤浩二

カバーイラスト
岡野賢介

本文デザイン・DTP
石澤義裕（Serbia）

［著者略歴］

ブルース・ファイラー（Bruce Feiler）

ジョージア州サバンナ生まれ。著書のうち7冊がニューヨーク・タイムズのベストセラー。TEDトークの再生回数は400万回を超える。ニューヨーク・タイムズ紙に長年寄稿しているほか、ウォール・ストリート・ジャーナル紙、ハーバード・ビジネス・レビュー誌、グルメ誌など数多くの出版物に寄稿。

［訳者略歴］

髙橋功一（たかはし・こういち）

青山学院大学卒業。航空機メーカーで通訳・翻訳業務に従事し、その後専門学校に奉職。現在は主に出版翻訳に携わる。訳書に『自信がつく本』（共訳、ディスカヴァー・トゥエンティーワン）、『エディー・ジョーンズ 我が人生とラグビー』（ダイヤモンド社）、『世界の天才に「お金の増やし方」を聞いてきた』（文響社）などがある。

翻訳協力：株式会社トランネット

人生《じんせい》の岐路《きろ》に立《た》ったとき、あなたが大切《たいせつ》にすべきこと

2024年7月1日　初版発行

著　者　ブルース・ファイラー
訳　者　髙橋功一

発行者　小早川幸一郎

発　行　株式会社クロスメディア・パブリッシング
〒151-0051 東京都渋谷区千駄ヶ谷4-20-3 東栄神宮外苑ビル
https://www.cm-publishing.co.jp
◎本の内容に関するお問い合わせ先：TEL（03）5413-3140／FAX（03）5413-3141

発　売　株式会社インプレス
〒101-0051 東京都千代田区神田神保町一丁目105番地
◎乱丁本・落丁本などのお問い合わせ先：FAX（03）6837-5023
service@impress.co.jp
※古書店で購入されたものについてはお取り替えできません

印刷・製本　中央精版印刷株式会社

ISBN978-4-295-40982-3　C2034